本书为杭州市哲学社会科学研究培育基地—数字城市国际传播研究基地课题成果

受浙大城市学院"新闻传播学（百强学科培育建设）"项目资助

智能环境下
消费者个人信息保护的自律规制研究

孟茹 著

RESEARCH ON SELF-REGULATION MECHANISM OF
CONSUMERS' PERSONAL INFORMATION PROTECTION
IN INTELLIGENT ENVIRONMENT

ZHEJIANG UNIVERSITY PRESS
浙江大学出版社
·杭州·

图书在版编目(CIP)数据

智能环境下消费者个人信息保护的自律规制研究 /
孟茹著. —杭州:浙江大学出版社,2025.1
ISBN 978-7-308-24245-5

Ⅰ.①智… Ⅱ.①孟… Ⅲ.①消费安全-安全信息-
消费者权益保护-研究 Ⅳ.①D912.294.04

中国国家版本馆 CIP 数据核字(2023)第 180744 号

智能环境下消费者个人信息保护的自律规制研究

ZHINENG HUANJING XIA XIAOFEIZHE GEREN XINXI BAOHU DE ZILÜ GUIZHI YANJIU

孟 茹 著

策划编辑	吴伟伟
责任编辑	丁沛岚
责任校对	陈 翩
封面设计	雷建军
出版发行	浙江大学出版社
	(杭州市天目山路 148 号 邮政编码 310007)
	(网址:http://www.zjupress.com)
排 版	杭州星云光电图文制作有限公司
印 刷	杭州钱江彩色印务有限公司
开 本	710mm×1000mm 1/16
印 张	16.75
字 数	218 千
版 印 次	2025 年 1 月第 1 版 2025 年 1 月第 1 次印刷
书 号	ISBN 978-7-308-24245-5
定 价	78.00 元

前　言

　　大数据与人工智能时代的到来,为广告信息的精准推送与数据库营销提供了无限可能。营销者可以追踪到网络消费者的精确地址,可以利用面部识别技术判断消费者的身份信息,可以分析网络消费者的商品搜索历史与购物信息等,以此研究消费者的潜在需求与个人偏好,向他们精准推送广告。新技术在广告营销活动中的应用,如同一把双刃剑。一方面,节省了消费者在网络上搜寻商品的时间成本;另一方面,这种精准营销行为犹如将网络消费者围困在"全景敞视监狱"中,侵犯了数据主体理应享有的选择权利。这就引发了一个值得关注的问题:营销者如何在追求商业利益与保护消费者个人信息之间找到平衡点?

　　面对新技术革命带来的市场监管挑战,研究者通常会从政府规制、行业自律与社会监督三个方面提出解决方案。与传统媒体时代的广告监管环境不同,智能环境下,极快的技术更迭速度催生出层出不穷的新型营销方式,比如短视频营销规范尚未确立,新的直播带货模式又异军突起,政府规制的确立需要时间与过程,显然已经很难跟上行业发展速度。在这种情况下,行业自律作为一种重要的监管力量开始发挥比以往更重要的作用。

　　本书以拥有一百多年广告行业自律监管经验的美国、英国为主要研究对象,通过在有代表性的广告行业协会、隐私保护协会、数字互动媒体平台的官网上搜寻有价值的一手资料,翻译后进行内容梳理与分析。为了进行对比研究,也关注了国内相关领域的官方平台。

　　通过研究美国和英国广告行业协会近年来对消费者个人信息的保护和对行业的监管,可以看到行业自律正在发挥对政府他律的重要补充作用。面对智能环境下消费者个人信息保护中出现的新问题,两个国家的行业协会通过颁布或修订自律规范来约束会员的数据收集与使用行为,通过行业协会之间以及跨行业协会、跨国际组织的合作共同制定算法时代的监管对策,在探索数据隐私保护原则与规范制定、敏感数据保护、弱势群体保护等方面积累了不少经验。不过,由于两个国家的广告自律监管历史不同,在隐私规制方面的监管政策差异较大,两国在消费者个人信息保护监管方面的自律规制存在较大区别,这说明需要根据本国的监管历史与传统、规制内容与特点选择合适的行业自律监管方式。

　　智能环境下,消费者个人信息保护监管出现了一个新的特征,即数字互动媒体平台作为数据产生、支持、承载或收集企业,因其较强的信息控制能力正在成为行业自律监管的一支重要力量。数字互动媒体平台正在通过不断更新隐私政策、利用技术干预以及尝试与隐私协会合作强化自律效果,以赢得社会的信任,从而避免政府过多的干预,在维护行业自由健康发展的同时,也积极承担起网络消费者个人信息保护的社会责任。

　　1997 年,我国的互联网广告市场开始兴起,2000 年前后政府开始加强对网络广告相关内容的监管,先后颁布了多个法律规制。我国在不断完善网络消费者个人信息保护他律规制的同时,也积极倡导政府监管、经营者自律与社会监督相结合的社会共治格局。2016 年,习近平总书记就提出:"随着互联网特别是移动互联网发展,社会治理模式正在从单向管理转向双向互动,从线下转向线上线下融合,从单纯的政府监管向更加注重社会协同治理转变。"[①]2018 年 4 月,习近平主席

　　[①]中华人民共和国国家互联网信息办公室. 习近平的"网络治理观"[EB/OL].
(2017-09-15)[2022-03-14]. http://www.cac.gov.cn/2017-09/15/c_1121667775.htm.

在全国网络安全和信息化工作会议上指出,要"提高网络综合治理能力,形成党委领导、政府管理、企业履责、社会监督、网民自律等多主体参与,经济、法律、技术等多种手段相结合的综合治网格局","加强互联网行业自律,调动网民积极性,动员各方面力量参与治理"。①

我国在近年先后颁布了《中华人民共和国民法典》《中华人民共和国数据安全法》《中华人民共和国个人信息保护法》《网络交易监督管理办法》等法律规制,从政府监管层面加大了对消费者个人信息的保护力度,但是广告行业协会的自律监管力度有限,行业自律未能成为政府他律的有效补充。此外,网络消费者对个人信息的自我防范与保护意识、禁止网络信息追踪的操作技能也有待提升。对此,我们可以依据我国国情,参考借鉴美英两国的行业自律监管经验,使行业自律发挥积极的作用,完善协同共治的监管体系,加强跨行业、跨国之间的网络监管合作,携手构建网络空间命运共同体。

目前,我国对网络消费者个人信息保护问题的研究更多地是从法学研究的视角来探讨,强调从私法、刑法、民法等方面构建立法体系,主要研究用户的信息权、人格权、隐私权、数字遗忘权等,对行业自律监管机制的研究还不够充分。在他律规制不够健全时,自律监管是一种很好的补充。本书依托传播学科的相关理论与社会学中的"理性选择"理论来探讨网络营销活动中消费者个人信息的保护问题,摆脱法学研究的单一视角,从数字互动媒体平台把关、网络舆论监督、消费者感知能力教育与信息传播、广告行业自律等角度进行探索。

---

①中华人民共和国中央人民政府.习近平出席全国网络安全和信息化工作会议并发表重要讲话[EB/OL].(2017-09-15)[2022-03-14]. http://www.gov.cn/xinwen/2018-04/21/content_5284783.htm.

目　录

第一章　个人信息安全保护
自律规制研究概述

　　科技的迅猛发展将我们带入万物互联时代。随着生物识别技术、语音识别技术、大数据与云计算在商业中的大规模应用,"地球村"里的人们在享受智能时代极大生活便利的同时,也遭受到前所未有的数据安全威胁。商业营销的有效性越来越依赖于对消费者个人信息的搜集与使用,如何在获取商业盈利与保护个人信息安全之间找到平衡点,已成为近几年国内外业界和学界关注的焦点。

　　探讨个人信息安全保护的自律规制,首先需要了解行业自律的发展历史,寻找互联网时代与智能环境下行业自律监管的合理性,然后再追溯"隐私权"(the right to privacy)的诞生与发展。这一路径参考了美国普通法对隐私权先拒绝后承认的立法经验,美国《隐私法案》(*Privacy Act*)中即有对个人信息的保护条例。

第一节　行业自律的起源与历史传统

　　"自律并不是新事物,早在中世纪,已经有了行会(guild)自律,主要是为了检查市场,制定应对措施,判定商品质量和为贸易定下规则。"①广告行业自律可以追溯到近千年前的中世纪行会,虽然那个时代被很多人称为"黑暗的时代",但其间诞生的行业自律却具有划时代的意义。

一、自律起源于中世纪的行业协会

在欧洲,行会被定义为"由相同职业或行业联合组成的,被当地的、地方性的或中央政府认可的一种永久的、普遍的当地组织,目的是维护当地居民的贸易垄断权,抵御外部竞争"。不过,也有研究证明行会并不是欧洲独有的,"在北非、中东、亚洲的一些地方(包括中国和日本)以及拉美地区,都有行会,有些国家甚至到了 19 或 20 世纪还存在行会"。② 不同国家的行会起源不同,名称、功能及发展路径也各异,但一般意义上的行会就是指商人和手工业者聚集在一起的同行业的联合体。

有关行会的起源众说纷纭。詹姆斯·汤普逊(James Thomson)研究了中世纪经济社会的大量史料,认为行会的诞生"不可归于任何一种特别的原因或基础,是中世纪倾向于社团联合的一种自然表现。它们与市民阶级的产生和城市的形成同时发生;在它们萌芽时,就是组织起来的自由商人或手艺人团体,以保护他们摆脱不自由的竞争和同类竞争。最先出现的这类团体应是商人公会,在 11 世纪,我们就发现有其存在的迹象,而自由工匠的组织直到 12 世纪晚期才出现"③。克

---

①CAP. The UK Code of Non-broadcast Advertising, Sales Promotion and Direct Marketing(The CAP Code)[EB/OL]. (2015-03-09)[2023-04-21]. http://www. cap. org. uk/Advertising-Codes/～/media/Files/CAP/Codes％ 20CAP％ 20pdf/The％ 20CAP％ 20Code. ashx. Edition 12：114.

②Lucassen J,De Moor T, Van Zanden J L. The Return of the Guilds：Towards a Global History of the Guilds in Pre-industrial Times[J]. International Review of Social History,2008(53)：6-8.

③[美]詹姆斯·W. 汤普逊. 中世纪晚期欧洲经济社会史[M]. 徐家玲,等,译. 北京：商务印书馆,1996：539.

鲁泡特金(Kropotkin)在《互助论》中写道:"12和13世纪,由于职业、行业和艺术愈来愈繁多,远地的商业愈来愈发达,为满足需要,行会作为一种新的联合形式出现,在城市的解放中起了极大的作用。"①可见,行会是中世纪商业发展催生的新生事物。真正意义上的行会是伴随中世纪城市的发展诞生的,并于16世纪随着城市的衰败而衰落,"在14和15世纪的欧洲,哪里有工商业,行会制度就在哪里发展"②。

中世纪行会是一种封闭性组织。出于维护会员利益最大化的考虑,行会主要关注内部保护、排斥外部竞争。有了行会这样的组织,每个手工业中的工人都抱有不卖次货的雄心,正如某条法规所说的,"它们将破坏公众的信誉"③。由此可见,早在中世纪,行会内部已经意识到发展信任关系在生产、交易以及行业管理中的重要作用。虽然竞争越来越激烈,行会"却能保持会员相当程度的富足,并使行会各成员都能达到传统的生活标准",这与行会"对内政策在于用一切手段使行会所有成员实现机会均等,对外政策纯粹是垄断性的"④有密切关系,而各个行业之所以采取这样的集体行为,与实现各自利益最大化的动机密不可分。

二、行业自律伴随商品经济发展而发展

16世纪中叶,随着商品经济的进一步发展,城市政治、经济、文化发展环境发生变迁,宗教对行会瓦解也有一定的影响,"文明的发展因教会神权统治而受到不利影响,贵族和教会垄断了文化,只有他们才能读书写字"⑤。在这样的时代环境下,行会的自我监管制度也

①[俄]克鲁泡特金.互助论[M].李平沤,译.北京:商务印书馆,1963:156.
②[美]詹姆斯·W.汤普逊.中世纪晚期欧洲经济社会史[M].徐家玲,等,译.北京:商务印书馆,1996:547.
③[俄]克鲁泡特金.互助论[M].李平沤,译.北京:商务印书馆,1963:177.
④[德]韦伯.人类社会经济史[M].唐伟强,译.北京:中国画报出版社,2012:88-90.
⑤陈培爱.中外广告史新编[M].北京:高等教育出版社,2009:231.

受到很大的冲击与影响,"16世纪宗教纠纷把宗教兄弟情谊裂解的时候,行业公会这种经济组织中的合作共济性质早已被严重破坏了"①。

虽然行会萌生时的自我管制意识以及行使的部分内部监督职能,具有明显的封建时期地方保护主义色彩,同时也是一种基于区域性、宗教性私人关系而建立并维护的,并且是一种限制竞争的手段,这与现代意义上的行业协会有很大的不同,但仍可以称之为一种萌芽时期行业自律的监管实践。

1445年,德国人约翰·古登堡(Johannes Gutenberg)制成了铅活字和木质印刷机械,其印刷术从德国传到意大利,再传到法国,到1447年传至英国时,已经传遍欧洲了。中世纪早期十分流行的叫卖、招牌、标记等广告形式与行会制度逐渐退出历史舞台。② 基于印刷技术的海报、报纸等广告形式大量兴起,新的广告形式促使行业自律开始了自发自觉阶段的探索,"广告和营销自律最早能追溯到19世纪80年代的海报业(poster)"③,这种专门性广告行业自律协会的管理呈现出与中世纪行会迥然不同的特征,开启了以英、美为主的西方国家广告行业自律的早期探索之路。

据《印刷者油墨》(*Printer's Ink*)的有关文章,"1840年,巴纳姆(Barnum)④率先在美国使用海报做宣传,很快其他马戏团经理也开始

---

① [美]刘易斯·芒福德. 城市文化[M]. 宋俊岭,等,译. 北京:中国建筑工业出版社,2012:36.

② 杨海军. 中外广告史新编[M]. 上海:复旦大学出版社,2009:272.

③ CAP. The UK Code of Non-broadcast Advertising, Sales Promotion and Direct Marketing(The CAP Code)[EB/OL]. (2015-03-09). http://www.cap.org.uk/Advertising-Codes/~/media/Files/CAP/Codes%20CAP%20pdf/The%20CAP%20Code.ashx. Edition 12:114.

④ 菲尼亚斯·泰勒·巴纳姆以"斐济美人鱼""瑞典夜莺""拇指将军"等为噱头,进行最奢侈的广告宣传和报道,不仅为其带来丰厚的利润,而且还为其赢得美国历史上最伟大的马戏团经纪人的头衔。引自:韩毅等. 美国经济史(17—19世纪)[M]. 北京:社会科学文献出版社,2011:249.

模仿。南北战争时期,海报被广泛应用于商品广告,几年之内这些'商业'海报就占据主导地位"①。19 世纪 40—50 年代,"随着彩色胶印技术的发展与大规模低成本生产,政府对公共空间的审查被取消(例如法国)以及广告商开始将大众产品推向城市中正在增长的民众"②,现代海报产业开始兴起。

随着行业竞争的加剧,为规范海报广告张贴市场有序发展,避免出现恶性竞争,确保行业利益,广告张贴者协会于 19 世纪末诞生,其中,英美两国的广告张贴者协会的创建与发展极具代表性,前者经历了从行业内部协会合并到产业链之间相关协会的共谋合作,后者实现了跨国行业协会的合作。美英两国广告张贴者协会早期所进行的在行业自律上的探索性尝试,为现代广告行业早期自律发展积累了重要的管理经验。

1889 年 10 月 19 日,英国的广告张贴者联合会(the United Bill-Posters' Association)成立,它由英国广告张贴者协会(the United Kingdom Bill-Posters' Association)与广告张贴者协会(the Bill-Posters' Association)合并而来,合并的原因是"发现国家内战既没能让竞争对手获利,也未能给他们希望控制的团体带来益处",因此通过成立联合体谋求建立一个影响力更强的组织。为了表达行业自律的管理信心,广告张贴者联合会将拉丁文"Lux e Tenebris"(意为"Light in Darkness")作为座右铭,表达了行业希望在黑暗中寻找光明的愿望,协会的主要宗旨是"惩罚违规者,保护和促进协会成员的利益"。③美国的广告张贴者协会也于 19 世纪末期成立。该协会分为国家式和部门式。随着协会发展,该协会还对跨国协会进行了探索,成立了美

①Sherman S A. Advertising in the United States[J]. Journal of the American Statistical Association,1900(7):125.

②Wikipedia. Poster[EB/OL]. (2015-3-16). http://en. wikipedia. org/wiki/Poster.

③Moran C. The business of advertising[M]. New York:Routledge,2013:116.

国与加拿大广告张贴者协会(Associated Billposters of the United States and Canada)。①

　　与中世纪成员被动承受行会监管有所不同,20世纪初,随着西方国家公众自主意识的觉醒,在自己利益受到损害时,印刷者与广告主开始发出抗议,将谴责的矛头指向了"数量高达七八百个的巡回剧团公司",这种来自内部的制衡力量,一定程度上影响到协会的发展走向。"广告张贴者为了保护和维护他们的商业利益,开始意识到他们在公共事务中的责任,更愿意支持他们自己的委员会作为监管组织的控制者。"②

三、现代广告行业自律协会成立

　　18世纪的欧洲(主要是西欧),在经历过第一次工业革命后,迅速进入了工业化、城市化和市场化时代,人口的迅速增长、工商业的快速繁荣以及消费主义的兴起,导致了对广告的较大需求。正如托马斯·奥吉恩(Thomas O'Guinn)等所言,"工业革命是广告由近代向现代过渡的一个基本影响力"③。现代广告行业自律协会开始于19世纪末期,于20世纪初期陆续成立。"美国于1891年在纽约成立了它的第一个广告行业组织——美国户外广告协会(Outdoor Advertising Association of America,OAAA);英国于1900年在伦敦成立了它的第一个广告行业组织——广告主保护协会(The Advertisers' Protection Society,APS)。"④随后,两国的广告行业协会纷纷成立。

　　广告行业自律组织在美国和英国的诞生,与两国长久以来的规制

---

①Sherman S A. Advertising in the United States[J]. Journal of the American Statistical Association,1900(7):126.

②Moran C. The business of advertising[M]. New York:Routledge,2013:118-121.

③杨海军.中外广告史新编[M].上海:复旦大学出版社,2009:286-287.

④查灿长.英国:19世纪末20世纪初世界广告中心之一[J].新闻界,2010(5):153.

传统有关，"在大多数西方国家，规制体系的形成和发展深深植根于几个世纪前就已存在的政府结构，在实现新规制目标的过程中，不能完全脱掉这层传统的甲胄"①。正如英国广告标准局（Advertising Standards Authority，ASA）所主张的，英国相信广告行业的社会责任会强化和驱动自律监管的效果，行业自律可以为广告业创造公平的竞争环境，而且自律监管的成本也比政府规制要低。因此，近百年来英国、美国等西方国家的广告行业自律协会始终发挥着重要的监管作用。

随着英美等国广告行业自律协会的诞生与发展，国际广告自律组织也开始成立，为统一各国广告行业自律标准奠定了基础。1919 年，代表全球企业利益的权威性商业组织——国际商会（International Chamber of Commerce，ICC）成立，并于 1937 年制定了首个广告自律实践的国际规范——《国际商会广告与营销沟通实践统一规范》（*the Consolidated Code of Advertising and Marketing Communications Practice of the International Chamber of Commerce*），为许多国家建设自律体系提供了参照基准；1938 年，国际广告协会（International Advertising Association，IAA）②成立；1953 年，意大利广告主协会（Count Metello Rossi）与另外 8 个其他国家的广告主协会联合成立广告主协会国际联盟（International Union of Advertisers Associations，IUAA）③，这是代表广告主共同利益的全球性组织；1992 年，欧洲重要的自律组织——欧洲广告标准联盟（The European Advertising Standards Alliance，EASA）成立，对欧盟以及世界广告标准制订与发展都发挥了重要的影响。

---

①［英］安东尼·奥格斯.规制：法律形式与经济学理论［M］.骆梅英，译.北京：中国人民大学出版社，2009：中文版序.

②最初名为 Export Advertising Association，1954 年更名为 International Advertising Association。

③1984 年更名为世界广告主联合会（World Federation of Advertisers，WFA）。

自 1891 年开始,各国的现代广告行业自律协会与国际广告自律组织纷纷成立,至今已经积累了 130 多年的监管经验,为网络媒体时代与智能环境下消费者个人信息保护的自律监管奠定了坚实的基础。

第二节　隐私权的诞生与发展

美国作为"隐私权"的诞生地,对消费者个人信息保护的关注已有 100 多年的历史。经过漫长的时间积累与成功实践管理经验的积淀,行业自律监管的有效性已经赢得政府及利益相关群体的认同,为网络营销传播建立起了良好的信任基础。隐私权的发展同时也为消费者个人信息保护规制的制定奠定了法律基础。

一、隐私权在美国的诞生与发展

"隐私权"这一概念诞生于美国,"早在权利法案中就有所体现"。上诉法院的判决意见中首次提到"隐私"是在 1881 年,当年密歇根高等法院受理了一名妇女的侵权诉讼案——"迪梅诉罗伯特案(DeMary v. Robert)",被告未经原告同意在其生育期间观察其生育过程,法官马斯顿(Marston)在判决意见中引用了"隐私"概念——"此时原告对其居所的隐私享有法律权利,法律通过要求他人尊重她的权利并且禁止对此权利的侵犯来保护她的这一权利",并判决该案原告获得赔偿。①

隐私权理论可以追溯到 1890 年 12 月 15 日塞缪尔·沃伦(Samuel D. Warren)和路易斯·布兰代斯(Louis D. Brandeis)合写的刊登于

①[美]阿丽塔·L.艾伦,理查德·C.托克音顿.美国隐私法:学说、判例与立法[M].冯建妹,等,编译.北京:中国民主法制出版社,2004:3-5.

《哈佛法律评论》上的《论隐私权》一文。该文提出人权保护的特征应该随着政治、社会与经济的发展而重新定义,"隐私的实质是人类价值的缩影,这些价值可以概括为'个人自决''个性'和'个人人格'"①。人的"生存权"中应该加入"有权享受生活(the right to enjoy life)"和"独处而不受他人干扰的权利(the right to be let alone)"。②

隐私权理论起初仅适用于个人权利,当其被应用于商业领域的权利保护时还是遇到了一些障碍。美国对消费者享有隐私保护的权利的承认,也是经历了多个判例之后才逐步确立的。这些判例最早可以追溯到1902年的"罗伯逊诉罗彻斯特公司案"(Roberson v. Rochester Folding Box Co.,171 N. Y. 538,1902)。当时,纽约州奥尔巴尼的阿比盖尔·罗伯逊(Abigail Roberson)以侵犯隐私权为由提起诉讼,状告对方在她毫不知情的情况下,将她的照片当作广告海报到处张贴。结果州最高法院判决罗伯逊败诉,因为当时的法律环境认为"隐私权"在司法界的地位还不稳固,该权利会对"既有法律原则造成损害"。③

不过,一年之后,纽约州议会就修正了《纽约州权利法案》(*New York Civil Rights Act*),通过了美国的首部隐私法,规定"在未经他人同意的情况下将他人的姓名或类似物用于广告或商业目的的行为"为轻罪。除了刑事惩罚外,还允许受害方申请停止使用其姓名或照片的禁令,并寻求赔偿金救济。

1905年"佩维西奇诉新英格兰人寿公司案"(Pavesich v. New England Life Insurance Co.,112 Ga,190,1905)的判决对美国隐私权

---

①［美］阿丽塔·L.艾伦,理查德·C.托克音顿.美国隐私法:学说、判例与立法[M].冯建妹,等,编译.北京:中国民主法制出版社,2004:17.

②Warren, Brandeis. The right to privacy[J]. Harvard Law Review,1890(4):193.转引自 University of Louisville. The right to privacy[EB/OL]. (2015-04-05). http://louisville. edu/law/library/special-collections/the-louis-d.-brandeis-collection/the-right-to-privacy.

③［美］唐·R.彭伯.大众传媒法[M].张金玺,赵刚,译.北京:中国人民大学出版社,2005:238.

的发展具有重大意义。与罗伯逊有类似遭遇的亚特兰大画家保罗·佩维西奇(Paolo Pavesich)状告新英格人寿保险公司未经允许使用他的肖像,在佐治亚州最高法院胜诉。该法院判决道:"原告的形象和特征归其本人所有。身为被告的人寿保险公司及其代理商无权将它们用于广告宣传目的。"①

从上述两个判例可以看到,从拒绝到承认消费者也能享有隐私保护的权利,美国花了三年时间。

随着美国对公民隐私保护权利的社会环境、舆论环境以及法律环境的逐渐成熟,1974 年 12 月 31 日,美国参众两院通过了《隐私权法》(*Privacy Act*)。1979 年美国第 96 届国会修订《联邦行政程序法》时将其编入《美国法典》,形成第 552a 节。这是美国个人信息立法保护的典范。该法中有专门针对个人隐私的规制,规范了行政机关对个人信息进行收集、储存、使用与传播行为的规则,以保证政府正确处理个人信息,避免政府滥用个人信息以及侵犯个人隐私。② 由此,美国的法律中创设了一种新的权利,即基于人格的隐私权,这种"将个人信息纳入隐私权中加以保护,体现出英美法系国家隐私权的主要规制特点"③。

美国对个人隐私的法律保护主要通过确立四种民事侵权行为或民事违法行为来捍卫,这四种行为通常指商业利用、隐私事实的揭露、错误曝光和侵扰隐居生活。④ 涉及侵犯消费者隐私权利的主要是出于经济目的的"商业利用"行为。这里存在着关于商业言论自由与消费者隐私保护之间如何寻求平衡点的问题。

---

①[美]唐·R.彭伯.大众传媒法(第十三版)[M].张金玺,赵刚,译,北京:中国人民大学出版社,2005:239.

②Privacy Act of 1974[EB/OL].(2015-02-06)[2022-10-25].http://www.justice.gov/opcl/privacy-act-1974.

③何霞.国外如何通过法律保护个人信息?[N].光明日报,2012-06-11(002).

④[美]约翰·D.泽莱兹尼.传播法判例:自由、限制与现代媒介[M].王秀丽,译.北京:北京大学出版社,2007:91.

电子媒体的兴起与发展,加剧了商业营销活动中对消费者隐私权利的侵犯。为了解决新问题,美国于 20 世纪 80 年代又先后修订或颁布了三个重要的法案,分别为 1984 年 10 月 30 日国会通过的《有线通信政策法案》(*Cable Communications Policy Act*)、1986 年颁布的《电子通信隐私法》(*Electronic Communications Privacy Act*)、1988 年颁布的《电脑匹配与隐私权法》(*The Computer Matching and Privacy Protection Act of* 1988)。

二、美国消费者隐私规制

20 世纪 90 年代初,互联网由军用转为大规模民用,个人电脑和网络、移动装置开始得到普及。1993 年,《纽约客》的作者彼得·施泰纳(Peter Steiner)在一幅漫画上写了一句话:“在互联网上,没人知道你是一条狗。”然而,这种有关在网络上可以充分享受隐私安全的乐观言论很快被推翻。随着互联网的飞速发展与营销传播活动中信息搜索技术的日益成熟,网络消费者的隐私安全问题逐渐浮出水面。美国作为一个有着“轻规制、重自律”传统的国家,在互联网时代也意识到消费者隐私保护监管难度在增大,于是在鼓励行业自律监管的同时,也在不断加强政府他律规制在网络消费者隐私权利保护中的作用,先后颁布多个法律法规。

1995 年的“性恐慌”(Great Internet Sex Panic of 1995)事件成为 1996 年克林顿政府签署《通信规范法案》(*Communications Decency Act*,CDA)的导火索(该法后因违反言论自由被判违宪);①同年,美国联邦贸易委员会开始研究在线隐私保护问题,并于 1998 年发布《公平信息处理原则》(*Fair Information Practice Principles*,FIPPs),为管理

---

①PdfSR. The Communications Decency Act:A Legislative History[EB/OL]. (2018-01-20)[2022-10-21]. http://pdfsr. com/pdf/the-communications-decency-act-a-legislative-history.

收集和使用个人数据提供了一系列标准,以解决隐私和准确性问题,共制定了限制收集(collection limitation principle)、数据质量(data quality principle)、目的明确(purpose spectification principle)、使用限制(use limitation principle)、安全保护(security safeguards principle)、公开(openness principle)、个人参与(individual participation principle)、责任(accountability principle)共八个原则。

1996年,美国国会颁布《电信法案1996》(*Telecommunications Act of 1996*),规定电信经营者有保护用户财产信息秘密的义务。[①]

1997年,美国联邦政府颁布《电子邮箱保护法案1997》(*Electronic Mailbox Protection Act of 1997*);同年,商务部颁布《有效保护隐私权的自律规范》(*Elements of Effective Self Regulation for Protection of Privacy*),要求美国网站从业者必须制定保护网络上个人资料与隐私权的自律规约。10月21日,国会颁布《儿童在线隐私保护法案》(*Children's Online Privacy Protection Act*,COPPA),这是美国第一部互联网隐私法案,该法案于2000年4月21日生效,规定网站运营商在以任何手段收集儿童的个人信息(包括姓名、住址、社会保险号码、电子邮箱和电话号码等)时,必须遵守一定的原则。[②] 该法案分别于2013年、2015年做了修订,细化了儿童在线隐私信息保护的内容。

1998年,美国联邦政府颁布《电子邮件使用者保护法》(*E-Mail User Protection Act of 1998*);同年10月,《儿童在线隐私保护法》(*Child On-Line Protection Act*,COPA)由国会通过并经克林顿总统签署生效,被称为《通信规范法》的后继者(CDA Ⅱ)(该法后来亦被判违宪)。

---

①[美]阿丽塔·L.艾伦,理查德·C.托克音顿.美国隐私法:学说、判例与立法[M].冯建妹,等,编译.北京:中国民主法制出版社,2004:226.

②分别是:(1)在网站上明确提示自己正在收集有关儿童的信息,并说明自己将如何使用这些信息;(2)只收集对儿童参加某活动而言合理而且必要的信息;(3)提供合理的途径,使父母能审查网站收集的有关他们孩子的信息;(4)提供一种方法,使父母能删除有关他们孩子的信息;(5)父母可以要求网站不再收集他们孩子的信息。

2000 年 5 月,联邦贸易委员会制定了"在线披露政策"(Dot Com Disclosure),强调宪法《第一修正案》中对消费者的保护政策不会"受限于任何特殊的媒体";9 月,联邦贸易委员会消费者保护局颁布了《互联网上的广告营销》(*Advertising and Marketing on the Internet：Rules of the Road*),对保护消费者在线隐私等进行了具体规定;同年 12 月 21 日,《儿童互联网保护法》(*Children's Internet Protection Act*,CIPA)开始生效。

2002 年,明尼苏达州成为全美第一个通过《网络隐私法》的州,该法规定互联网公司出于促销目的向他人披露任何个人信息之前,必须征得消费者同意。①

2009 年 2 月,美国联邦贸易委员会针对在线追踪网络消费者个人信息、收集与使用个人信息的行为,颁布了专门的规制——《在线行为广告自律原则》(*Self-Regulatory Principles for Online Behavioral Advertising*),其主要包括透明性、消费者可控性、安全性、限制保留消费者的数据、使用敏感数据时需要进行肯定的表述五个方面的内容,提出消费者享有"选择性退出"(opt-out)与"选择性进入"(opt-in)的权利。

2011 年,美国国会颁布《禁止追踪儿童法案(2011)》(*Do Not Track Kids Act of 2011*),禁止互联网公司未经家长同意对上网儿童进行跟踪,同时限制针对未成年人的网络营销活动。2015 年,修订了《禁止追踪儿童法案(2015)》(*Do Not Track Kids Act of 2015*),扩展、加强、修改了面向儿童的信息收集、使用、披露的规定,需要遵守"公平信息处理原则",尊重"被遗忘权"。②

2012 年 2 月 22 日,奥巴马政府提出了一系列隐私保护原则,并在

①张妍妍.美国的商业言论自由[D].济南:山东大学,2012:146-147.
②Do Not Track Kids Act of 2015[EB/OL].(2017-12-21)[2023-03-15]. http://www.markey.senate.gov/imo/media/doc/2015-06-11-DoNotTrackKids-BillText.pdf.

此基础上制定了《消费者隐私权利法案》(*Consumer Privacy Bill of Rights*)。虽然该法案未能获得国会通过,但是奥巴马政府推出信息时代消费者隐私保护的国家标准,显示出政府保护消费者隐私安全的决心与努力。

特朗普政府也颁布了一些相关法案。例如,2016 年 12 月,美国联邦通信委员会(FCC)颁布了《宽带和其他电信服务中用户隐私保护规则》(*Protecting the Privacy of Customers of Broadband and Other Telecommunications Services*)。2017 年 2 月,美国众议院通过了《电子邮件隐私法案》(*Email Private Act*,EPA),更新了之前的《电子通信隐私法案(1986)》。但是,特朗普执政初期,隐私保护规制也出现了一些转向。2017 年 3 月 28 日,美国国会众议院投票废除奥巴马执政时期隐私保护相关的一条法规,即"服务提供商要先征得用户允许,才能将个人信息共享出去——当中包括定位数据",这意味着该条法规被废除之后,美国的互联网服务提供商无须征求用户同意,就能将他们的网络浏览历史共享给市场以及其他第三方机构。① 不过,由于数据隐私已经成为一个日渐重要的问题,特朗普政府在 2018 年又开始努力制定消费者数据隐私政策,商务部与脸书(Facebook)、康卡斯特(Comcast)和 Alphabet 等进行会面,"以确定共同基础并为数据隐私制定高级核心原则"②。

除了国家层面的法律规制,美国各州也在消费者隐私保护方面进行了积极探索。2018 年 9 月,加利福尼亚州颁布了《加利福尼亚州消费者隐私法案》(CCPA),成为全国第一个拥有智能物联网设备安全法的州政府。该法规定,企业有责任保护个人信息,大型企业对未能

---

① 参考消息. 美国网络隐私条例废除引发众怒[EB/OL]. (2017-03-29)[2023-05-09]. http://www.cankaoxiaoxi.com/world/20170329/1827059.shtml.
② 新浪科技. 特朗普政府加快制定消费者数据隐私政策[EB/OL]. (2018-07-28). https://finance.sina.com.cn/stock/usstock/c/2018-07-28/doc-ihfxsxzf7365336.shtml.

保护个人信息负有责任(可能要支付罚款)。该法案于 2020 年 1 月 1 日起生效后,所有联网设备制造商都要在产品上进行安全设置,以防信息被修改和泄露。2021 年初,弗吉尼亚州颁布了《消费者数据保护法》(CDPA),成为美国第二个拥有全面数据隐私法的州。预计州一级的消费者数据隐私法倡议将激增,并推动联邦一级的行动。

美国第 46 任总统拜登上台后,继续关注隐私尤其是儿童群体的网络隐私安全问题。2022 年 2 月美国推出《儿童网络安全法(草案)》(*Kids Online Safety Act*),该草案针对 16 岁及以下的儿童与青少年予以保护,要求平台向其提供服务时需要以"最有利于保护其不受伤害"为原则,为保护对象及其监护人提供易于使用的数据安全保护措施,包括拒绝算法推荐、清除个人账户的数据、防沉迷模式等。[1] 在 2022 年 3 月举办的第一次国情咨文演讲中,拜登指出需要"加强隐私保护,禁止针对儿童的精准广告,并要求科技公司停止收集孩子的个人数据"。美国国会正在推进几项法案,包括《儿童和青少年在线隐私保护法》的修订。[2]

政府对于网络消费者隐私保护的监管态度与不断修订、废除或出台的相关规制,推动美国行业自律协会积极投入网络消费者隐私保护中,他律与自律相互配合,共同发挥在网络消费者隐私安全保护中的作用。

三、从隐私权到个人信息权

由于"隐私权"与"个人信息权"有很多内容交叉,比如"个人病例、

---

①拜登首次国情咨文强调儿童隐私保护,引发全美瞩目[EB/OL]. (2022-03-04) [2022-10-20]. https://www.secrss.com/articles/39932.

②拜登指控美国社交媒体拿青少年做实验 誓言追究科技公司责任[EB/OL]. (2022-03-03) [2022-10-20]. https://finance.sina.com.cn/tech/2022-03-03/doc-imcwip-ih6319596.shtml? finpagefr=p_114.

行踪轨迹、网络浏览记录,既属于个人隐私,也属于个人信息。我国的《民法典》就将个人信息分为隐私信息、公开信息和一般信息,对隐私信息采取隐私权和个人信息权的双重保护"①。因此,两者经常被混为一谈。其实,这两个词并不是同一个含义,个人信息权是逐渐从隐私权中分离出来的。"隐私权与个人信息利益在性质上均属于人格权益,隐私保护与个人信息保护息息相关。当有关个人信息被认定为私密信息时优先适用隐私权的规定,隐私权没有规定的私密信息,仍适用个人信息保护规则。隐私权与个人信息保护规则既相互独立,也存在交叉。"②

有关个人信息与隐私的理论,最早的研究是 1967 年阿伦·威斯汀(Alan F. Westin)在《隐私与自由》(*Privacy and Freedom*)一书中提出的"信息性隐私权","自然人对自己的个人信息应享有完全控制的权利,比如在什么时间、以什么样的方式将自己的何种信息公开,都由个人信息主体自主决定"。③ 域外法对个人信息权的理解主要有以德国为代表的个人信息自决权模式和以美国为代表的个人信息隐私权模式。

个人信息自决权(das Recht auf informationelle Selbststimmung)起源于德国。施泰姆勒(Steinmüller)在 1971 年的联邦个人信息保护草案中最早提出了这个概念。在德国,一开始该权利并没有获得法律上的地位,直到德国法院在判决中确认了个人信息权,其才正式得到法律的认可。随着大数据时代的来临,《德国基本法》为了解决数据保护和确权相关的问题,对个人信息自决权进行了规定,最初被定位为宪法基本权利,之后将其范围扩展到"已识别(直接)或是可识

①汪庆华. 个人信息权的体系化解释——兼论《个人信息保护法》的公法属性[J]. 环球法律评论,2022(1):79.

②靳雨露. 论《民法典》隐私权:源起、冲突与重塑[J]. 青海民族大学学报(社会科学版),2022(1):92.

③Westin A F. Privacy and Freedom[M]. New York:Atheneum,1976:7.

别(间接)自然人的任何数据"。①

"美国主要是通过对系列案例的宪法解释,将个人信息权纳入隐私权保护范畴。"②有关个人信息保护的实践可以溯源到美国的"公平信息实践"(Fair Information Practices,FIP)。20 世纪 70 年代,美国卫生、教育和福利部的一个咨询委员会关注到美国政府需要处理大量个人信息,提出了以"公平信息实践五项原则"来应对个人信息处理与运用中的不合理行为。其在报告中指出:"基于档案保存中的互惠观念,保护个人隐私需要档案保存者遵守公平信息实践中的基本原则。"到了 1977 年,公平信息实践进一步发展出了公开、个人访问、个人参与、收集限制、使用限制、披露限制、信息管理、问责等原则,初步确立了个人信息保护制度的基本框架。③

理论上,美国个人信息保护与传统隐私权逐渐分离,是威斯汀(Westin)和米勒(Miller)分别提出了信息控制论的结果,他们认为"隐私意味着个人、群体或组织能够决定自身信息何时、如何以及以何种程度与他人进行交流"或是"有能力控制信息的流通"。建立在信息控制论基础上的个人信息保护,更为关注个人信息的不当收集、使用和传播对个人的侵害,而且其侵害不限于隐私,也可能涉及个人的权利和自由。这也就意味着其突破了传统隐私保护侧重于"私密、独处"等目的,更加偏重个人自主自治权利的保护。④

此外,互联网营销活动对用户数据的收集与使用,又出现了"数

---

①余圣琪.数据权利保护的模式与机制研究[D].上海:华东政法大学,2021:24-25.

②戴激涛.数字社会治理的权利逻辑:以个人信息权为中心[J].中共天津市委党校学报,2022(1):54.

③U. S. Department of Health Education and Welfare, Records, Computers, and the Rights of Citizens Report of the Secretary's Advisory Committee on Automated Personal Data Systems[M]. Cambridge, MA: The MIT Press, 1973.转自:李芊.从个人控制与产品规制到合作治理——论个人信息保护的模式转变[J].华东政法大学学报,2022(2):100-101.

④王苑.数据权力视野下个人信息保护的趋向——以个人信息保护与隐私权的分立为中心[J].北京航空航天大学学报(社会科学版),2022(1):46.

据"与"个人信息"的区分,不同组织、国家对此有不同的界定。在欧盟,无论是在立法还是在理论上,一般并不严格区分数据和个人信息这两个概念。比如《通用数据保护条例》(*General Data Protection Regulation*,GDPR)中的数据完全可以用个人信息替换。美国的立法则区分了个人信息和数据。根据 2018 年 5 月 25 日欧盟颁布的《通用数据保护条例》第 4 条,"个人数据"是关于一个已识别或者可能识别的自然人(即数据主体)的任何信息。一个可能识别的自然人是指能够直接或间接识别的人,尤其是借助标识符,如该自然人的姓名、身份证号码、位置数据、在线标识符,或者自然人的一个或多个特定因素的组合,比如物理、心理、遗传、精神、经济、文化属性或社会身份等。从这个宽泛的定义中可以看到,消费者个人信息的保护涵盖面特别广,不仅涉及数据主体,还包括了一些模糊的边界,比如信息追踪的Cookies 技术、消费者使用的 IP 地址以及他们的生物识别数据等。美国《加利福尼亚州消费者隐私法案》(CCPA)给出了"个人信息"的定义:直接或间接地识别、关系、描述、关联或可合理地连接到特定消费者或家庭的信息。根据定义,该法案罗列出了 11 种个人信息类别,包括姓名、驾照等信息,也有互联网 IP 标识符,而且把能反映消费者偏好、特征、心理倾向、行为、态度、智力、能力和资质的画像也列入了个人信息范畴。

在我国,根据《中华人民共和国网络安全法》(简称《网络安全法》和《中华人民共和国民法典》(简称《民法典》)中的有关表述,"个人信息"被定义为以电子或者其他方式记录的与已识别或者可识别的自然人有关的各种信息。这些信息不包括匿名化处理后的信息,从而明确"匿名化处理后的信息"不属于个人信息,这是因为匿名化处理后的信息已不能识别出特定的个人,即不具有识别特定的自然人的功能。

对比上述定义,可以看出《加利福尼亚州消费者隐私法案》采用了个人信息的概念,在功能上和《中华人民共和国个人信息保护法》(简称《个人信息保护法》相近，区别在于《加利福尼亚州消费者隐私法案》的立法是在消费者隐私权保护框架下进行的，美国联邦层面的《澄清境外数据合法使用法》(*The Clarifying Lawful Overseas Use of Data Act* ,CLOUD)则采用了数据的概念，我国《数据安全法》的域外效力条款与该法接近。但美国学者在相关研究和讨论中，并不对数据和个人信息进行区分。①

第三节　个人信息安全保护的理论基础

欧盟颁布的《通用数据保护条例》明确了数据主体享有知情权、访问权、更正权、可携权、删除权、限制处理权、反对权、自动化个人决策权等相关权利。大量的法学理论已经论证了公民应该享有个人信息受保护的权利，不过，除了法学这个显性的学科基础之外，有关网络消费者个人信息安全保护研究还可以基于经济学、政治学、伦理学等相关理论进行思考。

一、隐私经济学理论

2021 年 3·15 晚会曝光了"科勒卫浴、宝马、MaxMara 商店安装人脸识别摄像头，未经消费者同意搜集了海量人脸信息，通过这些数据信息还能分析出顾客的性别、年龄，甚至此时此刻的心情"②。如今，得益于智能技术支持与大数据分析能力的不断提高，搜集到的消费者

---

①汪庆华.个人信息权的体系化解释——兼论《个人信息保护法》的公法属性[J].环球法律评论,2022(1):79.

②央视财经.3·15 晚会曝光 | 科勒卫浴、宝马、MaxMara 商店安装人脸识别摄像头,海量人脸信息已被搜集！[EB/OL].(2021-03-15)[2022-10-22].https://news.cctv.com/2021/03/15/ARTIieo9QjynMSXTVDb224QE210315.shtml? spm=C94212.Ps9fhYPqOdBU.S51378.9.

个人信息已经越来越全面和准确。商家搜集到消费者的个人信息之后,下一步就是如何使用的问题。

2020年5月,脱口秀演员池子在社交网络控诉中信银行在未经其本人授权的情况下,将个人账户明细提供给与其有经济纠纷的笑果文化。不久后,银保监会发布的《关于中信银行侵害消费者合法权益的通报》显示,中信银行在未经客户本人授权的情况下,向第三方提供个人银行账户交易明细,违背为存款人保密的原则,涉嫌违反《中华人民共和国商业银行法》。2021年3月19日,银保监会发布的罚单显示,中信银行因此事被处罚450万元。其实,不仅是中信银行,在人民银行开出的行政处罚里,"违反信用信息采集、提供、查询及相关管理规定"已成较为常见的违法类型。[①] 由于池子是脱口秀演员,具有一定的社会舆论影响力,因此该事件才能被广泛关注并对违规银行进行处罚。而对于普通的消费者而言,维权的难度还是很大的,银行业之所以屡屡侵犯消费者的个人信息权利,一方面是因为很多消费者对于自己的信息遭到泄露并不知情,即使知情也未必能获得理想的解决方案,因此可以说银行的违规成本相对较低;另一方面是出卖消费者的个人信息可以获得更多的经济利益,从而促使该行业铤而走险。

上述侵犯消费者个人信息权利获取商业价值的行为,可以用理查德·波斯纳(Richard Posner)大法官在《正义的经济学》一书中提出的"隐私经济学"理论来解释。波斯纳假定"人们需求隐私并不是因为它的固有价值,其价值在于它产生收入和其他的功用"[②]。某种信息能给需求者带来获利机会,有些信息人们愿意付出代价来隐藏,而这些信息对另一些人而言是有价值的,他们愿意付出代价来获取这些信息,

---

①腾讯新闻.个人信息安全问题已成金融消保重点[EB/OL].(2022-03-18)[2022-10-28]. https://new.qq.com/omn/20220318/20220318A03M1H00.html.

②[美]阿丽塔·L艾伦,理查德·C托克音顿.美国隐私法——学说、判例与立法[M].冯建妹,等,译.北京:中国民主法制出版社,2004:175.

因而有两种经济商品:隐私和窥探。很多黑色产业链就是非法贩卖网络消费者的个人信息,从中牟取暴利,这是因为个人信息作为一种商品具有非常低的复制成本。波斯纳提出,可以将隐私和窥探视为纯粹的消费商品,也可以将它们视为中间商品而非最终商品,拥有工具价值而不是终极价值,这样就可以进行经济学分析。人们并不重视或需求隐私和窥探本身的价值,而是把它们作为某种投入以产生收入,或广义的效用或福利。

在经济学研究中,亚当·斯密(Adam Smith)很早就提出"经济人(economic man)"概念,这是一个相对于"道德人"或"社会人"的概念,"我们所需的食物不是出自屠宰业者、酿酒业者、面包业者的恩惠,而仅仅是出自他们自己的利益顾虑,我们不要求助于他们的爱他心,只要求助于他们的自爱心"①。亚当·斯密假定人的思考和行为都是有理性目的的,为了集体利益,人人应当随时心甘情愿地牺牲自己微小的利益,但事实上,商家在获取私利与社会公利之间做选择时还是会经常失衡。例如,2021 年 3·15 晚会曝光智联招聘、猎聘等国内知名招聘网站,对于求职者的个人简历只要给钱就能随意下载,这些个人数据大量流向黑市,商家获取私利的前提是大量消费者隐私信息被泄露。

消费者隐私保护相关的法律、规定都写明,消费者是个人数据信息的拥有者,有时候出于某些目的比如购物、求职、就医等必须提供个人信息,并不等于可以公开或未经过消费者许可就随意出售。通过销售个人数据信息来获得信息的商品价值,属于商家牟取不法收入,造成了极大的外部性损害,从整个社会层面来看,会导致消费者的不信任,造成社会福利受损,具有极大的不经济性。

为了应对数字时代出现的数据库营销、生物识别数据等新技术的

---

①［英］亚当·斯密.国富论(上)［M］.郭大力,王亚南,译.上海:上海三联书店,2009:11.

使用带来的监管挑战,《通用数据保护条例》明文规定了网络消费者拥有"被遗忘权"(right to be forgotten),可以要求责任方删除关于自己的数据记录。该条例的正式生效为探索全球范围内消费者个人信息保护监管打通了一条新路径。

二、政治学研究范畴

在互联网上获得、汇集并共享消费者的数据信息已经成为对个人消费行为分析的主要方式。有学者指出:"数据行为在一段时间内积累到一定程度,就能够构成与实际人格相似的数字人格,即以在交易中体现出来的数据为基础的个人的公共形象,被用来作为该人的代号。"[①]营销者通过对网络消费者个人搜索行为、购买记录、位置信息等数据的挖掘与分析来为用户画像,这样就描绘出了用户的数字人格特征,同时洞察了他们现实或潜在的消费需求,从而通过发送定向广告操纵和控制网络消费者的购买行为,因而个人信息保护问题又可以纳入政治学的研究范畴中。我们以公民权利与社会监控为例。

我们仿佛能在黑暗的网络虚拟世界中看到一双双可以洞察人心的窥视目光,这种场景像极了英国功利主义思想家边沁(Bentham)提出的"全景敞视监狱"(panopticon)。这种建筑的"基本构造是一个环形建筑,中心是一座瞭望塔。瞭望塔有一圈大窗户,对着环形建筑,通过逆光效果,观察里面被囚禁者的身影"[②]。网络营销者也如同站在瞭望塔上,借此他们可以窥见消费者的一举一动,参透他们的所思所想,而消费者对自己的数据隐私被侵犯的情况无力反抗,除非具备专业的个人信息保护知识,否则只要上网就会留下数据痕迹,这些信息就可

---

①[美]阿丽塔·L.艾伦,理查德·C.托克音顿.美国隐私法——学说、判例与立法[M].冯建妹,等,译.北京:中国民主法制出版社,2004:207.

②[法]米歇尔·福柯.规训与惩罚(修订译本)[M].刘北成,杨远婴,译.北京:生活·读书·新知三联书店,2012:224.

能被网络营销者围观和利用。

米歇尔·福柯（Michel Foucault）在《规训与惩罚》一书中详细介绍了这种全景敞视监狱，他认为在看与被看的背后呈现出一种可见的但又是无法确知的权力关系。"所谓'可见的'即被囚禁者应不断地目睹着窥视他的中心瞭望塔的高大轮廓，所谓'无法确知的'，即被囚禁者应该在任何时候都不知道自己是否被窥视"①。网络消费者与营销者之间也存在这样不对等的权力关系，而且显然营销者在这个关系中处于支配地位。

"全景敞视监狱"是边沁于 1791 年首次提出的构想，却在 21 世纪的互联网空间里变成了现实。数字世界里，消费者无时无刻不被窥视，无论他们知道或者不知道，数据商和营销者都在联手追踪他们的个人信息。"这种可怕的做法像'吸墨水纸'一样，吸收和获取了我们在数字世界留下的一切印迹。由于我们在注册时面对'您接受以下用户一般条款吗'诸如此类问题时都会选择默认，机械性地打勾同意并按下确认按钮，这使得大数据公司可以毫无阻碍地获取我们的信息"②。而且，网络营销者在获取、利用、转卖消费者数据信息时无须向数据的主人付费。

福柯曾经担心"全景敞视监狱"所利用的监视规则会因为人们无法察觉和回避，从而破坏思考的独立性。他批判规训权让人们自然地顺从秩序并且乐于顺从秩序。数字时代的学者也开始担心，"被占有隐私的个体成为新形式的数字劳工——自己的数据和信息成为科技

---

①［法］米歇尔·福柯.规训与惩罚（修订译本）［M］.刘北成，杨远婴，译.北京：生活·读书·新知三联书店，2012：226.
②［法］马尔克·杜甘，克里斯托夫·拉贝.赤裸裸的人——大数据，隐私与窥视［M］.杜燕，译.上海：上海科学技术出版社，2017：39.

巨头的资本和权力。最糟糕的是我们似乎还对剥削者形成了依赖"①。作为网络消费者,我们已经习惯了地图导航功能,虽然明知它会暴露我们的位置信息;我们也习惯了使用手机蓝牙、耳机与摄像头功能,虽然面临可能被监听、监视的风险;我们还习惯了拍照后发朋友圈分享个人信息,知道或不知道社交媒体其实时刻都在追踪我们的上网痕迹。

"18世纪40年代,本杰明·富兰克林设计了'宾夕法尼亚壁炉',其不仅采暖效果好,还能借助烟囱来排烟,这样一来,人们就可以关上门使家变成了至圣所,披上了隐私与安全的外衣。"②数据追踪技术将烟囱诞生后实现的隐私保护彻底摧毁,只要是产生数据的地方就可以搜集、使用消费者的个人信息,不仅门锁、窗帘、墙壁不会造成干扰与影响,甚至连国家地理边界的限制也被打破了,在"地球村"中的消费者被数据商与营销者围困在网络这个"监狱"里,丧失了理应享有的个人隐私信息受保护的权利。

三、伦理学的关注视角

由于"互联网在发展之初并没有明确地被定位为一种媒体,而且法律总是滞后于技术的发展。在人们还没有完全适应互联网到来的时候,它已经异军突起,因此才会出现一个'Non-Regulation'的历史时期"③。随着互联网及其他新媒体技术的发展,许多国家不断地尝试制定新的网络消费者个人信息保护规制,但是大数据与算法的不断精细化一直催生出新的精准营销方式,使得政府规制的速度赶不上行业

---

① 扎克伯格拒绝拆分脸书:我们的隐私真的"非死不可"吗? [EB/OL]. (2019-05-20) [2022-10-22]. https://baijiahao. baidu. com/s? id = 16340168520344339248wfr = spider&for=pc.

② [美]安德雷斯·韦思岸. 大数据和我们——如何更好地从后隐私经济中获益? [M]. 胡小锐,李凯平,译. 北京:中信出版社,2016:54.

③ 张化冰. 互联网内容规制的比较研究[D]. 北京:中国社会科学院研究生院,2011:58.

发展速度。在这样的市场环境下,"大数据杀熟"、消费者个人信息泄露等问题也暴露出企业追求私利与维护社会公利之间的矛盾日益突出。正如亚当·斯密在《国富论》中所指出的,"理性经济人"所具备的趋利避害本能,会促使他们为获取利益铤而走险,因此,我们可以从伦理学视角对这个问题给予关注。

从"点对点"发送手机短信与电子邮件,到利用 Cookies 追踪技术、面部识别技术等获取日常信息的搜索行为,依托新技术的广告提高了信息的有效到达率,却更为严重地侵犯了消费者的隐私。"Cookies、Mouse droppings、Sniffers 等程序设置,可以通过秘密的途径,趁用户在网络上冲浪的时候获得他们的资料。"[①]广告主之所以青睐这种营销手段,是因为可以"消除广告过程中的某些风险和不确定性,有的放矢的营销活动意味着消费者的反馈具有更大的可预见性"[②]。例如,在消费者隐私保护方面,各国均主张大力维护未成年人的隐私权益,但是网络营销者却常常通过侵犯儿童的隐私来牟取商业利益。"儿童访问广告网站时经常会有泄露个人信息的风险,与电视广告不同,网络媒体使得营销商直接与儿童交流成为可能。"[③]虽然美国早已制定相应规制,但实证研究的结果显示执行情况并不乐观,"在 117 家网站中,36 家(占 30.8%)网站会从上网儿童那里收集个人信息;在这 36 家网站中,有 34 家在主页呈现了对所收集的信息进行隐私保护的声明,有17 家(占 47.2%)会征求上网儿童父母的许可,仅有 16 家(占 44.4%)能

---

①[美]唐·R.彭伯.大众传媒法[M].张金玺,赵刚,译.北京:中国人民大学出版社,2005:257-258.

②[美]理查德·斯皮内洛.铁笼,还是乌托邦——网络空间的道德与法律[M].李伦,等,译.北京:北京大学出版社,2007:142.

③Cai X, Zhao X. Online advertising on popular children's websites:Structural features and privacy issues[J]. Computers in Human Behavior,2013(29):1512.

同时遵守 COPPA 规制中对公布隐私保护政策与征得父母同意两项要求"①。从上述行为与数据中我们可以看出,规制虽然能够监管网络侵犯个人隐私的市场行为,但是规制本身也处于不断完善之中,有时难免会"鞭长莫及",同时不少营销者存在侥幸心理,"明知故犯"以牟取个人私利。

这就涉及伦理学关注的问题,"从古希腊的逻各斯,到康德的道德律令,再到罗尔斯的正义法则,都在很大程度上来自对理性的认知和应用"②。比如康德(Kant)认为,道德的根据既不是外在的上帝,也不是人们的外在利益、幸福,而是人的内在的理性,"全部道德概念都先天地坐落在理性之中,并且导源于理性"③,而这种理性需要严格的自律来实现。可是,并不是每个营销者都有崇高的道德追求。伦理学以道德为研究对象,"从道德观点看,假设广告没有欺骗、误导或强迫,它有助于达到买卖双方各自的目的,因此它是道德公正的,并且是许可的"④。但是博弈论也提醒我们,一旦有人动了侵犯隐私的念头,就会打破道德约定中的平衡关系,经济的天平也会倾斜。

理查德·T.德·乔治(Richard T. De George),在《经济伦理学》中提出,针对广告的不道德行为,以下五个主体均须负责:产品生产商、广告机构、广告媒体、公众、政府部门与监管机构。产品生产商是广告的发起人和指导者,应对广告负首要责任;广告机构有责任向消费者说明产品的质量和卖点,在道德上有责任不对产品进行撒谎和做出误导消费者的行为;广告媒体有道德责任公开他们的节目和出版的

---

① Cai X, Zhao X. Online advertising on popular children's websites: Structural features and privacy issues[J]. Computers in Human Behavior,2013(29):1514.

② 程同顺,张国军.理性选择理论的困境:纠结的理性与不确定性[J].理论与现代化,2012(2):55.

③ 康德.道德形而上学原理[M].苗力田,译.上海:上海人民出版社,1986:62.

④ [美]理查德·T.德·乔治.经济伦理学[M].李布,译.北京:北京大学出版社,2002:308.

内容,有义务进行广告审查,有责任拒绝刊播虚假性或误导性广告;公众应该披露自己的真实感受,他们可以写信给制造公司进行抗议,可以反馈给媒体,可以向监督机构投诉;政府部门与监管机构在广告领域中扮演着保护公众利益的角色,立法者和管理者应该聆听有关道德的辩论,重视道德性辩论、质询性辩论以及合法的先例,但不能通过法律界定道德的性质。① 乔治的观点凸显出道德在维护广告行业有效运转中的重要作用。

随着互联网的兴起与发展,网络媒介伦理逐渐进入研究者的视野中,依托于网络媒体发布的广告也需要进行新的伦理思考。早在1985年,美国著名哲学杂志《形而上学》10月号就同时发表了泰雷尔·贝奈姆的《计算机与伦理学》和杰姆斯·摩尔的《什么是网络伦理学》两篇论文,这是西方网络伦理学兴起的重要标志。此后,随着计算机信息技术的进一步发展,国外一些计算机协会与网络组织就制定了一些相应的行为规范,如美国计算机伦理协会的十条戒律、南加利福尼亚大学的网络伦理声明等。运用伦理道德引导和规范新媒体的失范问题一直是西方哲学界、科技界、计算机业界和全社会关注的一个热点。②

四、社会学的代表性观点

伦理学有关理性的思考,其实也被社会学者所广泛借用。比如科尔曼(James S. Coleman)在1990年出版的《社会理论的基础》一书中提出了理性选择理论,认为"理性人"兼有经济人和社会人的双重性质,他既以合理性行动追求效益的最大化,又受社会关系的管束和制约,在社会的、文化的、情感的、道德的多种偏好影响下发挥综合效用。

①[美]理查德·T.德·乔治.经济伦理学[M].李布,译.北京:北京大学出版社,2002:323-326.
②宫承波.新媒体概论[M].北京:中国广播电视出版社,2012:278.

科尔曼以宏观与微观水平相结合的方式,研究了行动者理性选择的动机、方式与优势,其提出的理性选择理论同样适合具有外部性影响的广告行业。

科尔曼认为理性选择理论的基础是经济学、社会学方法论及交换理论,他采用的是个人主义(methodological individualism)方法论,其理论是由包括行动系统、行动结构、行动权利以及社会最优等四组基本概念构成的。在《社会理论的基础》一书中,科尔曼用大量的篇幅论证了个体的理性行为最终可以通过相互交换,通过将权利转让给一个权威的机构,来实现共同利益的最大化。这种利益上的一致性,是通过契约,也就是通过社会规范和社会制度设置来保障的。在法人层面上的利益最大化,已经不一定是每个参与者个体利益的最大化,保障每个参与者达成社会选择的,往往是社会关系和社会规范的因素。社会规范对社会选择的达成具有重要的保障意义,而良好的社会关系、信任关系,有利于团体行动的最终实现。[①]

按照科尔曼的观点,"包含信任的行动是诸种风险行动中的一种,个人在这类行动中承担的风险程度取决于其他行动者完成交易的情况"[②]。广告行业作为一个关系交织的复杂系统,提升信任关系需要系统中各个行动者如广告主、媒体、生产商等共同努力。"大众媒介的出现减少了以欺骗性信息为基础的信任扩散,同时却导致了信任减弱"[③],智能媒体时代,广告主体范围的增大与自媒体信息的激增,更削弱了广告主与受众之间的信任关系。广告主作为理性人,会在诚实守

---

①刘少杰,等.社会学理性选择理论研究[M].北京:中国人民大学出版社,2012:85.

②[美]詹姆斯·S.科尔曼.社会理论的基础[M].邓方,译.北京:社会科学文献出版社,2008:91.

③[美]詹姆斯·S.科尔曼.社会理论的基础[M].邓方,译.北京:社会科学文献出版社,2008:178.

信与违背诺言之间做出选择，"因为违背诺言可能为他带来某些益处"①。不过，由于处在一种集体关系中，单一广告主的选择还会受其他竞争对手的影响，他们相互之间存在力量博弈。追求系统内利益均衡的努力，会促使广告主做出最有利于实现自身利益最大化的理性选择。此外，广告主愿意将监管权力转让给行业协会，这也是基于相互间的信任关系。行业协会以公平、公正的方式处理行业内的问题，制定内部规范，对会员的行为进行约束。

因此，在智能环境下保护消费者的个人信息，需要营销者自律、政府监管、社会监督以及消费者教育等多种力量的共同作用，尤其需要行业内更多从业者做出理性选择，才能赢得广大消费者的信任，从而减少政府干预。这样，不仅为行业创造了更为宽松的环境与自由的发展空间，而且也会因信任关系的建立赢得消费者的持久认同。

第四节　行业自律规制的价值与作用

自律和他律的概念最早出现在伦理学中有关道德根据的研究中。对道德根据的理解分为道德根据自律性和道德根据他律性两种观点。政府他律与行业自律存在辩证统一的关系。正如欧洲广告标准联盟（EASA）所指出的，"自律在一个有法可依的框架中运作得最好。两者是相辅相成的，就像网球拍的框架与绳子的关系，要想发挥最好的作用需要两者相互配合"②。由于网络营销者一般都隶属于某个行业自

---

①［美］詹姆斯·S.科尔曼.社会理论的基础［M］.邓方，译.北京：社会科学文献出版社，2008：100.

②The European Advertising Standards Alliance. EASA Guide to setting up an SRO［EB/OL］.（2014-12-18）［2022-10-22］. http://www. easa-alliance. org/binarydata. aspx? type＝doc&sessionId＝0aghlz55litk3ybarj14a245/EASA_guide_how_to_set_up_an_SRO. pdf. European edition as of May 2009：8.

律协会,因此通过自律约束的方式保护网络消费者的个人信息安全就具有较高的价值与直接作用。

一、自律的含义与内容

《汉语大词典》中对"自律"的解释是"遵循法度,自加约束"。《左传·哀公十六年》中有"呜呼哀哉! 尼父,无自律";唐朝张九龄的《贬韩朝宗洪洲刺史制》中有"不能自律,何以正人";宋代苏辙的《西掖告词》之十五中有"朕方以恭俭自居,以法度自律,宜得慎静之吏,以督善治之功";明朝的李东阳在《石公墓志铭》中写道:"虽居官久,家无赢赀,亦以俭自律,不少变"。① 与"自律"相近的词是"自治",其含义为"自行管理或处理"或"自然安治"。例如《史记·陈涉世家》中有"诸将徇地,至,令之不是者,系而罪之,以苛察为忠,其所不善者,弗下吏,辄自治之";《汉书·南粤传》中有"服领以南,王自治之"。"自治"也有"修养自身的德性"的含义。例如《淮南子·诠言训》中有"德可以自修,而不可以使人暴;道可以自治,而不可以使人乱"。② 与"自律"含义相对的词是"他律",主要指政府出台的强制性的管理制度。自律与他律之间是辩证统一的关系,两者都是"规制"的组成部分。

"自律"对应的英文单词有 autonomy、self-discipline、self-regulation。朱迪·皮尔索尔(Judy Pearsall)主编的《新牛津英语词典》(*The New Oxford Dictionary of English*)对 autonomy 的解释是"the right or condition of self-government,especiaaly in a particular sphere",指的是一种自我管理的权利或情况,尤其适用于某个特殊领域。该词起源于 17 世纪早期,由希腊语 autonomia(意为"having its own laws")演变而来,其中,"autos"对应"self","nomos"对应"law"。③

---

①罗竹风.汉语大词典(缩印本)(中卷)[M].上海:汉语大词典出版社,2002:5285.
②罗竹风.汉语大词典(缩印本)(中卷)[M].上海:汉语大词典出版社,2002:5284.
③[美]皮尔索尔.新牛津英语词典[M].上海:上海外语教育出版社,2001:115.

self-discipline 的释义为"the ability to control one's feelings and overcome one's weakness"①,即一种控制人的情感、克服自己弱点的能力,与汉语中的"自治"含义更加接近。self-regulation 是 self-regulating 的名词,释义为"regulating itself without intervention from external bodies"②,即无须外部力量介入就可以自我管理。国外有关广告自律的研究一般采用这个词语。

1971 年,波尔曼(Pohlmann)对"自律"这一术语的使用历史作了简单全面的回顾。在古希腊语中自律原本指的是一种政治构想;在宗教改革时期,它被用在各种宗教论战中;在近代早期,它仍主要用于政治学讨论中。康德似乎最先赋予它更宽泛的含义,在自己的理论哲学和实践哲学中都用到了它。③ 现代意义上的道德自律则意味着,人作为道德主体,按照自己立下的道德准则,自主地约束自己、限制自己。④

巴戈特(Baggott)对自律的定义是"一种制度安排,是组织控制其成员的行为准则",认为其本质是"一个集体管制的过程"。布莱克(Black)认为:"自律用以描述自己、约束自己的行为,描述了一群人或组织一起行动,履行监管功能,而无须考虑他们自己或其他人是否认可其权威性。"⑤

欧洲广告标准联盟(EASA)对广告自律的定义"是广告行业自身积极监管、有效运作的体系,由广告主、广告代理公司与媒体三方构成,有共同的行业实践标准,通过设立一个体系以确保未按标准传播

---

①[美]皮尔索尔.新牛津英语词典[M].上海:上海外语教育出版社,2001:1686.
②[美]皮尔索尔.新牛津英语词典[M].上海:上海外语教育出版社,2001:1688.
③[美]J.B.施尼温德.自律的发明:近代道德哲学史(上册)[M].上海:上海三联书店,2012:3.
④李抗美.论道德的社会监督[J].江淮论坛,1998(1):67.
⑤Rodriquez S. Self-regulation as a regulatory strategy:the Italian legal framework[J]. Utrecht Law Review,2007(2):141.

的广告可以迅速被移除或修改"[①]。广告自律（advertising self-regulation，ASR）有广义和狭义之分。拉巴贝拉（LaBarbera）认为，广义上的广告自律是指"有关道德、行为的标准或原则或政策性规则，是关于成员的广告活动的纲领性或程序性的自愿规制"，狭义上的广告自律是指"公司、媒体与广告主在广告相关活动中做出的决定"。[②] 拉里·欧文（Larry Irving）也有相似的看法："自律有广泛的内涵，对其最窄的定义仅仅指政府对规制有正式的授权，正如授权证券业进行股票交易；在其含义的另一端，无论出于何种原因，当私营企业需要自我规范时也使用这个术语，例如回应消费者需求、履行道德信仰、强化企业声望，或者确保市场良性竞争秩序等。"[③]综上，我们认为广告自律是由广告主、广告代理公司以及媒体组成的广告行业协会，通过制定约束性与限制性的规范，对行业运作实行自我监督的一种管理方式，以确保广告活动符合法律法规以及道德规范的要求。

二、行业自律的作用

有关自律的价值与作用，著名学者博迪温（Boddewyn）从行业实践的角度分析，总结出以下四点：第一，比起政府规制，企业自律更加快速灵活、成本更低、更富效率、更具效益，因为企业最清楚自身问题所在，能更好地找到补救措施。第二，通过超越最低位阶法律规定，自律虽然不能替代规制，但可以成为规制的较好补充。事实上，在比利

---

① The European Advertising Standards Alliance. EASA Guide to setting up an SRO [EB/OL]. (2014-12-18)[2022-10-22]. http://www.easa-alliance.org/binarydata.aspx?type=doc&sessionId=0aghlz55litk3ybarj14a245/EASA_guide_how_to_set_up_an_SRO.pdf. European edition as of May 2009:7.

② Bian X, Kitchen P, Cuomo M T. Advertising self-regulation: clearance processes, effectiveness and future research agenda[J]. Marketing Review, 2011(4):395.

③ Campbell A J. Self-Regulation and the media[J]. Federal Communications Law Journal, 1999(3):714.

时和法国,自律体系除了制定自己的法令与指南外,甚至还采用法律标准,以评判显而易见的不良广告行为。自律甚至成为规制出台前的"试验场地",以检验该规制的有效性。第三,比起法律,自律会彰显更大的道德约束力,因为其法令与指南是自愿发展起来的,被愿意遵守的成员所采纳,不仅是文字表述,更是自愿接受的精神约束。第四,自律可以使企业与顾客之间的摩擦最小化,而规制则是通过施加强制执行的压力、冲突(例如起诉)、惩罚替代劝服与调解。①

自律也是负责任的广告主承担责任与义务、赢得受众信任、实现品牌资产价值增长的关键所在。《国际商会广告与营销传播实务统一准则(2011 年版)》指出了广告主自律的优势,"负责的广告与营销传播应建立在得到广泛支持的自律行为准则之上,这代表着商业界对社会义务的认可。自律的根本价值在于能够建立、增强和保护消费者对自律背后的商界乃至市场本身的信任和信心。有效的自律也有利于保护各公司的商誉和声誉。自律是一种充分促进企业责任,使全世界消费者从中受益的可靠体系"②。

以新经济社会学的视角研究新媒体时代广告行业的自律,可以发现其价值主要在于通过增加受众信任的机会实现市场中的竞争优势,因为"在市场交易中,如果两个出售同样货物的卖主都承诺会在同一期限内交货,毫无疑问,理性行动者将选择其中被信任程度较高的卖主进行交易。其结果必然是下列诸种情况中的一种:信任程度较高的卖主将具体陈述自己的承诺,他的保证可能采取各种方式,甚至延续到以后的交易中才兑现;信任程度较低的卖主以更多的承诺做成信任

---

①Boddewyn J. Advertising self-regulation：private government and agent of public policy[J]. Journal of Public Policy & Marketing,1985(1):131-132.

②Consolidated ICC Code of Advertising and Marketing Communication Practice[EB/OL]. (2011-8-1)[2022-10-22]. http://www.iccwbo.org/advocacy-codes-and-rules/document-centre/2011/advertising-and-marketing-communication-practice-(　consolidated-icc-code)/.

程度较高的卖主以较少承诺便可做成的交易,而且只有在信任程度较高的卖主将货物售完以后,他们才能从事交易"①。

另外,自律也是广告主确保获得行业规制主动权的一个有效手段。2011 年,美国联邦贸易委员会曾向国会建议,考虑"禁止追踪"(do not track)领域的监管问题。由于政府的介入会对价值 250 亿美元的在线广告行业产生巨大的影响,美国广告主协会意识到"如果没有整个行业的支持,我们的自律努力将会被新的政府规制所替代",因此号召在线广告行业加强自律,并得到不少广告公司与广告主的响应。"两家主要的公司阳狮集团(VivaKi)与群邑集团(GroupM)代表美国电话电报公司、威瑞森通讯(Verizon)、宝洁(P&G)、克莱斯勒(Chrysler)表示,将与其广告代理公司一起遵守数字广告联盟制定的相关规定。"②广告主自律的有效性一旦赢得政府与公众的认可,意味着它已基本掌握了行业自我监管的主动权。

三、行业自律的有限性

博迪温将广告自律的劣势也归纳为四点:第一,由于部分联盟的自我服务限制,损害了商业竞争与创新。例如许多广告组织反对比较广告。第二,明目张胆地破坏严格的政府标准,假装按要求行事,实际上执行的标准比强制执行标准低。第三,当反垄断或其他法律(如自由联盟)出台时,自律组织通过联合抵制等方式使其无效。第四,较少代表消费者与公众利益。③

黛布拉·哈克(Debra Harker)也指出了行业自律的两面性。她

---

① [美]詹姆斯·S.科尔曼.社会理论的基础[M].邓方,译.北京:社会科学文献出版社,2008:99.

② Online privacy self-regulation now—or FTC regulation later[J]. Hudson Valley Business Journal,2011(1):21.

③ Boddewyn J. Advertising self-regulation: private government and agent of public policy[J]. Journal of Public Policy & Marketing,1985(1):131-132.

认为广告自律可确保公共领域内的商业自由言论,但会引发两个问题:"其一,广告自律程序由行业掌控,逐渐地,规制者易于服从规制而非公众利益。通过提高诉讼程序的门槛而牺牲其他群体利益即是明证。其二,政府规制者、政策制定者与美国的反信任法案之间的同谋问题,反映出经济力量对行业自律所施加压力的问题。"①

可以说,上述两位学者对广告自律劣势的评价都是非常客观的,自律作为一种监管方式,其有效性多次得以证明,但管制无效率也时常发生。按照科尔曼的观点,广告主作为理性人有追求利益最大化的天然诉求,如今他们愿意出让部分权利给行业协会,协会为了使受托人恪守承诺,也会制定内部普遍认同的规范及惩罚手段,但是究竟怎样才能达到一种最优状态,是一个复杂的问题。因为这里所指的最优状态,不仅要考虑委托人与受托人的利益,而且要考虑整个社会系统的利益,即考虑受委托人与受托人之间交易影响的所有人的利益。②也正因为行业内部要达到最优监管状态的诸种困难,广告自律需要与他律发挥协同作用。

有关广告他律与自律的关系,1978 年国际商会(ICC)就指出,"对自律与法定规制进行优劣比较过于简单了。一大批自律法令被法院作为法律依据来使用,而法定规制也被自律组织作为职业规范遵守。那种持有'行业规则没有法律严格'的想法是错误的,行业规则对商业自由的影响可能与法律相当,甚或更加严格"③。欧洲广告标准联盟(EASA)也提出了相似的观点:"法律制定主要原则,例如广告不应误导;而自律规范则用以快速有效地处理具体的广告问题。因此,当自

---

① Harker D. Towards effective advertising self-regulation in Australia: the seven components[J]. Journal of Matketing Communications, 2003(9):94.

②[美]詹姆斯·S科尔曼. 社会理论的基础[M]. 邓方,译. 北京:社会科学文献出版社,2008:106.

③ Boddewyn J. Advertising self-regulation: private government and agent of public policy[J]. Journal of Public Policy & Marketing, 1985(1):137.

律遭遇欺诈或不合法的广告,以及顽固的流氓商家时,可以求助法律手段予以解决。"①的确如此,试图对他律与自律两种规制方式进行高下比较的想法过于简单粗暴了,更多的研究证明,两者之间是相互促进、互为作用的辩证关系。

法律在为社会成员制定一个基本评价标准和保障机制的同时,往往需要道德的帮助,促使整个社会将法律条文内化为社会成员普遍的共识与信仰。与他律的强制性介入不同,自律是一种软性的社会规范,它强调人主观意识上对规则的认同与遵循,是"某一社区成员间相互施加的、带有许多轻微但偶尔有力的惩罚的、规范性的约束","只要社会规范被主观内化为每个主体的心理意识,它就能对所规范的行为起到同步约束的功效",②而且主观性越强,约束效果就越好。

在很多自律主导型国家中,他律数量不仅比自律少,而且往往在自律效果不显著时才出台他律规制。"如果有机会,大多数企业会在屈从于政府干涉之前选择自律"③。之所以成立行业自律性组织,颁布自律规范,主要原因有三:第一,避免政府插手行业运作从而进行强制性管理。第二,当他律因为政治或经济等原因失灵时,自律可以作为一个重要的补充力量发挥作用。例如,"尽管美国立法赋予联邦贸易委员会(FTC)一些强制性权力,但在相当长一段时间里它还是被视为纸老虎,直到 20 世纪六七十年代消费者运动兴起。在 70 年代后期,联邦贸易委员会在少儿电视广告领域的管理很积极,以至于国会威胁

---

① The European Advertising Standards Alliance. EASA Guide to setting up an SRO [EB/OL]. (2014-12-18)[2022-10-22]. http//www. easa-alliance. org/binarydata. aspx? type=doc&sessionId=0aghlz55litk3ybarj14a245/EASA_guide_how_to_set_up_an_SRO. pdf. European Edition as of May 2009:8.

② 展江,吴薇. 开放与博弈——新媒体语境下的言论界限与司法规制[M]. 北京:北京大学出版社, 2013:143-144.

③ Harker D, Harker M. Dealing with complanits about advertising in Australia:the importance of regulatory self-discipline[J]. International Journal of Advertising. 2002(1):25.

要削减对它的拨款,因为许多与国会保持着友好关系的强权广告商感受到了其行动的威胁。80年代,里根政府大幅削减了对虚假广告进行规范的部门的预算,联邦贸易委员会的权力被削弱"①。第三,无论从经济方面还是从道德层面,自律都更具有效性,这是因为外在的政府管理需要支付大量的运转成本,而且还存在不了解行业特性导致出台规制不适宜的可能,而政府规制一旦被判违宪,立法成本将非常高昂。

自律应遵守他律中的相关规则。安德鲁·布朗(Andrew Brown)研究指出:"广告商相信,为了使广告规制更有效率,拥有相应的规范、充足的资金、相应的体系以及没有商业因素干扰的独立审判权的自律体系必须被包含进来……广告自律也需要来自消费者、竞争对手以及第三方的监督投诉,最重要的还是要服从规制。"②

自律与他律协同发挥作用,广告规制效果最为显著。欧洲广告标准联盟(EASA)指出:"在任何国家,有两个主要因素形塑广告自律:传统与机会。国家的自律体系主要反映了该国的文化、商业及法律传统;自律与他律互为补充,只有当法律领域留给它足够的机会与空间,自律才会更有效。"③黛布拉·哈克研究了澳大利亚、加拿大、新西兰、英国和美国五个国家的广告监管体系,认为"政府监管和行业自律的适当组合会提高广告的可接受度"④。行业自律与政府他律在这样既

---

①Creech K C.电子媒体的法律与管制[M].王大为,等,译.北京:人民邮电出版社,2009:216.

②Brown A. Advertising regulation and co-regulation:the challenge of change[J]. IEA Economic Affairs,2006(6):32.

③The European Advertising Standards Alliance. EASA Guide to setting up an SRO [EB/OL]. (2014-12-18)[2022-10-22]. http://www. easa-alliance. org/binarydata. aspx? type＝doc&sessionId＝0aghlz55litk3ybarj14a245/EASA_guide_how_to_set_up_an_SRO. pdf. European Edition as of May,2009:11.

④Harker D. The role of codes of conduct in the advertising self-regulatory framework [J]. Journal of Macromarketing,2000(2):155-166.

竞争又互补的环境中相互影响,从而实现广告监管系统的均衡状态。以科尔曼的理性选择理论来解释,那就是行业协会虽然获得了广告主转让的管理权利,但其"拥有某种行动的权利,并不意味着他拥有某种不受其他有关行动者制约的资源",如果未能实现系统利益的最大化,"导致权利产生的协议被撤销,权利便不复存在"。[①] 这时,只有通过政府介入才能协调各方的利益,即"如果非行动者的势力超过行动者的势力,社会最优状态只有凭借法律规范才能实现,这种规范保证了非行动者对行动的控制权"[②]。

①[美]詹姆斯・S.科尔曼.社会理论的基础[M].邓方,译.北京:社会科学文献出版社,2008:56.

②[美]詹姆斯・S.科尔曼.社会理论的基础[M].邓方,译.北京:社会科学文献出版社,2008:41.

第二章　智能环境下消费者个人信息保护的独特性

在传统媒体时代,买方和卖方在一次性交易结束后基本上很少再联系,个别有心的商家会通过会员服务的方式登记顾客的信息,借助电话回访或者寄送商品目录来了解他们对商品的评价、刺激其再次消费,如果顾客不愿意接受会员优惠服务,商家一般很难获取他们更多的信息。随着互联网的飞速发展,大数据、云计算、Cookies在线追踪、生物特征识别技术等不断更新并在电子商务中得到大规模应用,完全颠覆了以往买卖双方的信息隔绝状态。营销者不仅可以准确地了解消费者的消费时间、地点、数量与金额等,而且可以根据数据信息获悉他们的搜索内容、分析他们的购买偏好与潜在需求,这就使得网络消费者变成了"透明人"。因此,智能环境下个人信息安全保护的重要性和迫切性被提到了前所未有的高度。

第一节　计算机诞生影响个人信息保护

计算机诞生之前,营销者对消费者个人信息的获取都是采取手工记录、录入以及问卷调研统计等方式进行的,这种基于人工的数据统计只能做出相对简单的消费情况分析。计算机的广泛应用极大地提高了对数据信息的处理能力,使得20世纪80年代整合营销传播学者有关"数据库营销"的畅想变成了现实。技术的进步不仅革新了营销方式,在为消费者提供更方便、快捷与准确服务的同时,也带来了个人信息安全保护的难题。

一、计算机改进数据处理能力

记录保存技术在人类文明曙光出现时就已经存在,因此我们可以将其历史追溯到一万四千年前:原始人为了算清楚两次满月之间究竟有多少天,就在老鹰的翅膀骨头上刻下了一道道印痕。① 之后,人们不断地寻找更为方便、易于保存的记录媒介,相继出现了绳结、泥板、纸草卷轴和羊皮纸等。这种人工的、少量记录信息的方式,在 19 世纪 80 年代机械化时代的来临得以大大改善,例如赫尔曼·霍勒瑞斯(Herman Hollerith)发明了打孔卡片和电子读卡装置,该技术成功应用于 1890 年美国的人口普查,使统计效率提高了 8 倍。②

20 世纪 40 年代,电子数字计算机的发明与使用,极大地提升了商业数据的处理速度。到了 50 年代,记录保存技术已经不再是简单的计算和制表,比如 IBM 公司和雷明顿兰德公司(Remington Rand)开发的先进技术可以进行复杂且精准的处理操作,记录速度比以往的打孔技术提高了 50 倍。③

随后,计算机又先后经历了机器语言、程序语言、简单操作系统和 Linux、Macos、BSD、Windows 等四代操作系统,运行速度也得到了极大的提升,第四代计算机的运算速度已经达到几十亿次每秒。计算机

---

① DHEW Secretary's Advisory Committee on Automated Personal Data Systems. Records, Computers and the Rights of Citizens. Washington D. C: U. S. Government Printing Offices,1973,转引自 https://epic. org/privacy/ppsc1977report/Appendix5. pdf.

② Huskey H D, Huskey V R. Chronology of computing devices[J]. IEEE Transactions on Computers,1976(12):1190-1199.

③ The Report of the Privacy Protection Study Commission[R]. Technology and Privacy,1977.

图 2-1　计算机诞生之初的使用场景

性能正在向着微型化、网络化、智能化和巨型化的方向发展。

20世纪80年代，人工智能掀起了全球性浪潮。日本在1981年向世界宣告要开始研发第五代计算机，也就是首代智能计算机，总投资为1000亿日元，计划10年内完成。1983年，美国总统里根提出"星球大战"战略防御计划，其中也涉及智能计算机技术。1985年，西欧提出"尤里卡计划"，该计划横跨多个领域，信息技术和人工智能项目是重中之重。[①]

此外，量子计算机（quantum computer）也成为关注的焦点。1982年，诺贝尔奖得主、物理学家理查德·费曼（Richard Feynman）首次提出量子计算机的概念，他认为"没有任何经典计算机能像量子计算机那样达到指数级加速，而且确信量子力学效应应该可以为计算提供

①李月白，江晓原.钱学森与20世纪80年代的人工智能热[J].西安交通大学学报（社会科学版），2019（11）：24.

一些全新的东西"。2008 年,加拿大初创企业 D-Wave 公司研发推出了世界上第一台量子退火计算机。2016 年,马里兰大学的科学家成功构建了第一台可编程量子计算机。① 2020 年 12 月 4 日,中国科学技术大学宣布该校潘建伟院士团队成功构建 76 个光子的量子计算原型机"九章",是我国实现"量子计算优越性"的里程碑。②

虽然量子计算机还面临着硬件与算法带来的挑战,但这些不断探索的行动计划,为人工智能时代的来临奠定了强大的技术支持。2013年,《自然》期刊发表的一篇文章中提到:"未来的量子计算机将潜力极大地推动人工智能的发展,这些计算机以'模糊'量子状态编码信息,可以同时为 0 和 1,有能力在某一天解决'经典'计算机无法解决的问题,比如破解密钥。这种量子人工智能技术可以极大地提高诸如图像识别、比较网络上的照片或使汽车自动驾驶等任务的处理速度。"③

计算机的诞生极大地提升了信息记录与数据处理的能力,随后互联网的开发及其在商业中的投入使用,开始引发越来越多的个人数据使用与隐私保护问题。网络技术的发展导致新媒体的传播形态迭代更新、传播特征不断演进,它对当今人类社会的影响正在迅速且悄无声息地渗入我们生活的每个角落,正如尼古拉·尼葛洛庞帝(Nicholas Negroponte)所言,"计算不再只和计算机有关,它(已)关系到我们的生存"④,计算机的大规模普及和使用,也深深影响着营销传播方式的变革。

①张辉,李蕾,窦猛汉,等.量子计算与人工智能[J].自然杂志,2020(4):321-322.
②常河.量子计算机"九章"[N].光明日报,2021-12-18(01).
③Powell D. Quantum boost for artificial intelligence[EB/OL].[2022-10-22]. https://www. nature. com/articles/nature,2013. 13453.
④[美]尼古拉·尼葛洛庞帝.数字化生存[M].胡泳,范海燕,译.海口:海南出版社,1997:16.

二、网络技术在营销中的应用

1989 年,欧洲核子研究组织(European Organization for Nuclear Research,CERN)的英国科学家蒂姆·伯纳斯-李(Tim Berners-Lee)开发了一个名为"ENQUIRE"的项目,万维网(World Wide Web,WWW)诞生,同年,AOL 推出"即时通讯聊天服务"。一年后,美国成年人使用电脑的比率已经高达 42%。1992 年,"上网"(surfing the internet)一词开始流行。① 互联网诞生后,很快便被尝试着应用于商业推广,数据信息丰富的网络海洋为营销者找到了更为精准的信息接收对象,同时也因为垃圾信息侵扰、个人隐私被侵犯等问题遭到网络消费者的抗议,个人信息安全保护的重要性和迫切性被提到新的高度。

1994 年发生的三个网络营销事件,决定了我们对网络消费者个人信息安全保护的研究,需要以这一年为元年。4 月,劳伦斯·坎特(Laurence A. Canter)和马莎·西格尔(Martha S. Siegel)在 Usenet 为他们的律师事务所 Canter & Siegel 发布了大量 E-Mail 广告;②8 月,丹·科恩(Dan Kohn)向他的朋友出售了一张斯汀(Sting)的《十个召唤师的传奇》CD,首次采用安全网络交易系统进行了支付,宣告历史上第一笔真正意义上的电子商务交易诞生;③10 月,美国著名杂志 *Wired* 在其网站主页为 AT&T 发布了一则横幅广告。④

---

① World Wide Web Timeline[EB/OL]. (2014-3-11)[2022-10-22]. http://www.pewinternet. org/2014/03/11/world-wide-web-timeline/.

②[美]约翰·帕夫利克.新媒体技术——文化和商业前景[M].周勇,等,译.北京:清华大学出版社,2005:32-33.

③追寻互联网上卖出的第一件商品[EB/OL]. (2015-11-28)[2022-10-22]. https://tech. qq. com/a/20151128/006219. htm.

④ Hertz L M. Advertising transactions on the internet[J]. The Computer & Internet Lawyer,2002(5):26.

当时,营销者面对互联网这个潜藏着丰厚利润的宝地,绞尽脑汁尝试各种新奇有效的广告方式,不过,从第一封电子邮件就被贴上"垃圾邮件"的标签,发送之后旋即遭到 3 万多名愤怒的网络消费者回应开始,就拉开了一场网络营销者与互联网用户之间关于个人隐私的旷日持久的拉锯战。

目前,学界和业界普遍接受使用不同的 Web 时代来划分网络营销的不同阶段。

1991—2004 年是 Web1.0 时代。在这一时期,主要以门户网站、垂直网站、搜索引擎、游戏为主,此阶段门户网站是主要的媒介形态,论坛和电子邮件的使用改变了原有的单向传播方式。由于这一阶段还是属于传统媒体的延伸,这个时期有关数据库营销的尝试还没有兴起,消费者的个人信息还没有被大力挖掘和使用。

2004—2010 年是 Web2.0 时代。随着数字技术的发展,社交媒体、购物网站等媒介形态开始出现,尤其是社交媒体的出现,标志着 Web2.0 时代的到来。与 Web1.0 时代相比较,"Web2.0 站点本身不生产和提供内容,只是一个信息交互平台,只提供框架和规则,信息内容由受众生成(user generated context,UGC),站点运用特定的技术模块将受众生成的信息分类以对应其他受众的搜索行为,最终让受众与受众之间实现便捷的横向交流"①。由于通过社交媒体发布和传播的广告信息内容更为丰富,更具开放性和互动性,获得的消费者互动信息更多,挖掘到的数据库信息也更全面,开启了数据库营销的新时代,网络消费者个人隐私问题也开始得到全球关注。

2011—2020 年是 Web3.0 时代。在这一时期,分布式应用技术与语义交互、搜索和空间技术的大规模使用,意味着 Web3.0 时代的来临。"通过语义技术实现对网页数据和知识的挖掘","倡导个性化的

———————————
①舒咏平,鲍立泉.新媒体广告[M].北京:高等教育出版社,2016:105.

互联网应用,实现人与网络、人与人之间的信息交互"。^① 在这种全新的网络互动环境中,出现了个性化营销,同时也更加注重倾听消费者的声音,学界和业界也开始探讨如何让消费者更好地掌握其个人数据所有权,能在不同的网站上自由地使用这些数据。这种探索也说明,有关网络消费者个人信息保护问题已经由之前的无意识状态发展到自发状态,继而进入了目前的自觉状态。

Web4.0 是继 Web3.0 后又一次互联网信息技术的飞跃,大致开始于2015 年,该时代呈现出共生网络(symbiotic web)、大规模网络、同步网络和智慧网络等特征,"智慧网络生活"成为发展主题。安索帕(Isobar)全球首席执行官马克·克兰默(Mark Cranmer)指出:"Web4.0 是数码社会,数字化的时代已经改变了消费者的生存环境。人们如何使用技术,以创新的方式为消费者创造新价值和新体验,这就是网络 4.0 时代的数字营销。……计算机网络的发展速度比预计的超出了 8 倍。"^②

三、数据技术带来隐私保护问题

虽然早在 20 世纪 30 年代美国无线电广播业发展初期,隐私问题就已经受到人们的关注,但那时讨论的焦点仅仅是"商业与非盈利"^③,尚没有对市场化运作与消费者隐私保护之间的矛盾做出更多的探讨。1968 年,美国国防部高级研究计划局(Defense Advanced Research Projects Agency, DARPA)组建了世界上第一个计算机网络ARPA网(Advanced Research Projects Agency Networks),为信息存储、分析与共享打开了方便之门,有关个人隐私信息保护的问题开始引起更多的重视,

---

① 张庆普,陈茫. Web4.0 时代的情报学创新探究[J]. 情报学报,2016(10):1049.
② Mark Cranmer. Web4.0 时代的数字营销[J]. 中国广告,2011(7):21-22.
③ Amador J N. The battle for online behavioral advertising regulation and legislation: a contemporary history[C]. International Communication Association 2012 Annual Meeting,2012:7-10.

最有代表性的大事件当属 1974 年《隐私权法》(*The Privacy Act*)的颁布。

三年后,有关个人隐私信息保护的监管范围开始扩大,除了规范政府对公民个人信息的使用条件与范围之外,还涉及很多个人信息在商用中的保护问题。1977 年 7 月,美国隐私保护研究委员会(The Privacy Protection Study Commission)在其《信息社会中的个人隐私》(*Personal Privacy in an Information Society*)报告中,主要探讨了消费信贷、邮件、托管、保险、雇佣、医疗、教育关系中个人信息的保护问题,总结出"公平信息发展原则"。① 值得注意的是,在这份报告的附录里还专门就技术对隐私的影响进行了研究,指出"随着信息社会的到来,计算机与电信技术为获取个人信息创造了新的方式,而个人保护自己信息的能力却在减弱,这就带来如何平衡个人与组织之间的权力关系问题"。另外,《技术与隐私》(*Technology and Rrivacy*)报告中还探讨了计算机记录保存系统(computer-based record-keeping system)带来的新影响,思考如何应对"搜集与存储信息、加工与检索信息数据、自动记录保存、披露给第三方"等问题,并对计算机中存储的高达四分之三的信息正在被商业化处理,可能带来对个人信息的影响与冲击表达出了关注的态度。②

20 世纪 80 年代以来,随着计算机被大规模使用,技术在广告中的应用如何影响消费者的隐私信息,以及如何更好地保护消费者权益开始得到更多的关注。我们以"垃圾邮件"③广告为例。1994 年 4 月,美

---

①Privacy Protection Study Commission. Personal Privacy in an Information Society[EB/OL]. (1977-7)[2022-10-22]. https://epic. org/privacy/ppsc1977report/.

②The Report of the Privacy Protection Study Commission[R]. Technology and Rrivacy[EB/OL]. (1977-7)[2022-10-22]. https://epic. org/privacy/ppsc1977report/Appendix5. pdf.

③《中国互联网协会反垃圾邮件规范》是这样定义垃圾邮件的:收件人事先没有提出要求或者同意接收的广告、电子刊物、各种形式的宣传品等宣传性的电子邮件;收件人无法拒收的电子邮件;隐藏发件人身份、地址、标题等信息的电子邮件;含有虚假的信息源、发件人、路由等信息的电子邮件。详见:腾讯. 什么是垃圾邮件? [EB/OL]. (2020-09-25)[2022-10-22]. https://new. qq. com/omn/20200925/20200925A000JY00. html.

国亚利桑那州的律师事务所 Canter & Siegel 在互联网站 Usenet 上发出大量 E-Mail 广告以推销其绿卡业务,"垃圾邮件"广告遭到网络用户的抵制,致使网站瘫痪。当时虽然没有明确的法律条文禁止这种做法,但是人们普遍对此反应强烈,很多人担心本来就有限的互联网宽带被这种广告信息堵塞而无法进行有意义的交流。[①] 1997 年,美国内华达州最早对电子邮件广告进行了规制。同年,康涅狄格州颁布《消费者隐私权法案》,对垃圾邮件进行了限制。1997 年美国联邦政府颁布《电子邮箱保护法》,1998 年颁布《电子邮件使用者保护法》。2004年 1 月 1 日,美国《反垃圾邮件法》开始生效。欧盟于 2002 年颁布了《隐私和数据保护指令》,部分适用于垃圾邮件,有双重措施:第一,开发过滤工具和计费工具,并要求运营商采取措施,阻止垃圾邮件的发送;第二,采用"选择进入"原则,赋予最终用户选择权,只有通过用户许可,垃圾邮件才可以到达用户邮箱。给予消费者选择主动权的做法,后来被广泛应用于多种类型的新媒体广告监管中。

早在 19 世纪下半叶现代广告诞生之初,商业逐利的本性很快就导致市场运作不规范,"买者不再认识和信赖卖者,市场上出现了越来越多的次品,甚至带有危险性的商品"[②],"新的竞争方式也产生了一些问题,终于导致(美国)联邦的强制管制"[③],从不断积累经验的判例到修订完善的法律,加之协会主导的行业自律,以美国和英国为代表的西方国家广告规制体系逐渐成熟。然而,一个半世纪之后,政府通过法律法规监管广告行业的有效性却受到前所未有的挑战,依托关键词搜索、Cookies 技术追踪、用户画像、生物特征识别等技术,网络广告不

---

①[美]约翰·帕夫利克.新媒体技术——文化和商业前景[M].周勇,等,译.北京:清华大学出版社,2005:32-33.

②[美]吉尔伯特·C.菲特,吉姆·E.里斯.美国经济史[M].司徒淳,方秉铸,译.沈阳:辽宁人民出版社,1981:570-571.

③[美]吉尔伯特·C.菲特,吉姆·E.里斯.美国经济史[M].司徒淳,方秉铸,译.沈阳:辽宁人民出版社,1981:435-436.

断地更新发展,使得其超出原有广告规制的监管范围,政府立法速度滞后于产业的发展速度。这些基于大数据与算法技术的广告具有个性化推送与精准传播能力,不仅可以进行跨媒体平台的信息扩散,而且可以打破国家地域边界的限制,这就使得政府对广告监管的权力日益受到削弱。因此,在政府他律之外,积极探讨多方力量的协同共治就凸显出重要的价值。

第二节　互联网商业化带来的监管困难

"200 年前,商家掌握的数据只有两样:货架上的存货和抽屉里的现金。"①在没有数据库的年代,商家几乎不清楚是谁买走了哪样商品,更别论对消费者的需求特征进行分析,买方和卖方的联系终止于这一次性的交易关系。随着互联网的诞生与发展,复杂的世界被简化成 0 和 1 储存在数字空间。在这里,网络营销者借助最先进的技术、最利己的隐私条款、最巧妙的页面设计、最透彻的数据解读,可以肆意窥视消费者的特征与潜在需求。这种基于大数据与算法技术的数据分析能力,使得营销者甚至能比消费者更了解自己的购买欲望与消费能力,同时也带来了网络营销监管的困难。

一、基于数据库的精准营销

计算机与互联网的飞速发展,可以让我们以最低的代价获取最大的数据信息价值。例如,1999 年 10 月,西雅图 Regence 集团安全规则经理柯克的同事为其演示如何在网上查找他的信息,结果只用了不

----

①［美］安德雷斯·韦思岸. 大数据和我们——如何更好地从后隐私经济中获益?［M］.胡小锐,李凯平,译.北京:中信出版集团,2016:20.

到一百美元,他的同事就调出了他的出生证明、社会保险号码、私人财务清单、电话费清单、大学成绩单、数字签名等个人隐私信息,甚至还能知道他的猫的食谱。①"当今社会所独有的新型能力是以一种前所未见的方式,通过对海量数据进行分析,获得有巨大价值的产品和服务或深刻的洞见。"②这种对数据的追踪、挖掘与分析技术的出现宣告了算法时代的到来,从而为广告行业带来无限商机与创新传播的可能性。

美国第二大零售商塔吉特(Target)公司曾基于海量的大数据推测出一个女孩未婚先孕,并向她寄送了育儿相关商品目录与优惠券,当女孩的爸爸发现这些广告愤怒地找到塔吉特想讨个说法时,女孩却承认自己确实怀孕了。一家大型零售商对消费者的数据分析甚至比朝夕相处的父母还能更深入地洞察到发生在女孩身上的事实,这是算法时代营销方式的一个典型案例。

随着网络技术的发展,人们的生活重心逐渐全面向互联网和移动互联网转移,然而我们在享受网络带来的消费便利的同时,也遭遇到信息爆炸引发的选择困难问题。在网络空间里,消费者面对的可获取的商品信息呈指数式增长,如何在这些海量的信息数据中快速搜寻到能满足自己需要的商品呢?精准营销(precision marketing)作为一种解决之道应运而生。精准营销就是在精准定位的基础上,依托现代信息技术和手段建立个性化的顾客沟通服务体系,实现企业可度量的低成本扩张之路。这种营销方式有三个层面的含义:其一,精准的营销思想;其二,实施精准营销的手段和体系保证;其三,促成企业低成本

---

①曾尔恕,黄宇昕.美国网络隐私权的法律保护[J].中国人民公安大学学报,2003(6):67-68.

②[英]维克托·迈尔·舍恩伯格,肯尼思·库克耶.大数据时代:生活、工作与思维的大变革[M].盛杨燕,周涛,译.杭州:浙江人民出版社,2012:17.

运作、可持续发展的策略和措施。①

比较有代表性的精准营销方式就是个性化内容推荐。早在 1999 年，德国德累斯顿技术大学的 Tanja Joerding 就开发出了个性化电子商务原型系统 TELLIM；2000 年，NEC 研究院的 Kurt 等人为搜索引擎 CiteSeer 增加了个性化推荐功能；2001 年，纽约大学的 Gediminas Adoavicius 和 Alexander Tuzhilin 实现了个性化电子商务网站的用户建模系统 1∶1Pro；同年，IBM 公司在其电子商务平台 Websphere 中增加了个性化功能，以便商家开发个性化电子商务网站；2003 年，谷歌开创了 AdWards 盈利模式，平台可以通过用户搜索的关键词来提供相关的广告；2007 年，雅虎推出了 SmartAds 广告方案，开始利用个性化推荐技术实现精准的广告推送，依靠掌握的海量用户信息，如用户的性别、年龄、收入水平、地理位置及生活方式等，以及用户搜索、浏览行为的记录，可以为用户呈现个性化的横幅广告；2009 年，美国著名的网上零售商 Overstock 开始运用 ChoiceStream 公司制作的个性化横幅广告方案，在一些高流量的网站上投放产品广告，很快就取得了惊人的成果，"广告的点击率是以前的两倍，随之而来的是销售额增幅也高达 20% 至 30%"②。

此外，基于位置的服务（location based services，LBS）也依托强劲的技术支持助力精准营销目标的实现。这是通过电信运营商的无线电通信网络（如 GSM 网、CDMA 网）或外部定位方式（如 GPS）获取移动终端用户的位置信息（地理坐标或大地坐标），在地理信息系统平台的支持下，为用户提供相应服务的一种增值业务。主要包含两层含义：其一，确定移动设备或用户所在的地理位置；其二，提供与位置相

---

① 段旭茹. 网络化背景下电商精准营销策略的研究[J]. 中国新通信，2020(1)：14.
② 王维国. 个性化推荐——人民网发展的利器[EB/OL]. (2016-03-16)[2022-10-22]. http://media. people. cn/n1/2016/0316/c403195-28203859. html.

关的各类信息服务,如定位服务。[①] 例如,2011 年,星巴克官网宣布,在全美七大城市推出基于地理定位的服务 Mobile Pour,这项服务是为了满足那些想喝星巴克咖啡,但又在附近找不到星巴克门店的用户推出的。他们只需在自己的智能手机上安装这款应用,就可以随时下单订购自己喜欢的咖啡,配送员会很快将咖啡送到用户手中。[②]

二、基于生物识别技术营销

生物识别技术是指对人体生理特征或行为特征进行识别的一种技术。每个个体都有唯一的可以测量或可自动识别和验证的生理特性或行为方式,即他们的生物特征,具体可以划分为生理特征和行为特征。生理特征主要有指纹、掌纹、脸型、眼睛(视网膜和虹膜)、手腕/手的血管纹理和 DNA 等;行为特征主要有步态、声音、笔迹、击打键盘的力度等。生物识别技术是以生理特征和行为特征等生物特征为基础,通过计算机与光学、声学、生物传感器和生物统计学原理等高科技手段密切结合,将生物和信息这两大技术融合为一体的身份识别技术。[③]

作为生物识别技术中应用最广的一种方式,人脸识别技术自市场化应用以来一直受到持续关注与争议。例如诞生于 2017 年的 Clearview AI 公司,通过使用"搜索器"在互联网上获取了 30 亿张图片,包括 Facebook、YouTube、Venmo、Twitter 和 Google Image Search 等网站所有公开可用的图片,然后把这些人脸图像与可以在网上找到的数据进行匹配,编译自己的人脸识别数据库,最后向执法机构授予访

①张国文.客户定位与精准营销——大数据时代的 O2O 核心应用[M].北京:人民邮电出版社,2015:3-4.

②星巴克推 LBS 服务 Mobile Pour 送咖啡上门[EB/OL].(2011-04-01)[2022-10-22].https://it.sohu.com/20110401/n280102867.shtml.

③马国强.指纹密钥及其在居民健康档案隐私保护中的应用研究[D].武汉:武汉大学,2011:607.

问权限。该公司已与 600 多家执法机构和一些私人保安公司合作,使用其人脸识别工具,只需一张照片就能从 30 亿张图像中锁定人脸对应个体的姓名、联系方式和家庭住址,协助 FBI 在内的数百家美国执法机构利用面部识别技术抓捕罪犯。一位匿名的加拿大执法官员称,对于这些罪行的调查,Clearview AI 是"过去十年中最大的突破"。但技术的双面性也展露无遗,Clearview AI 在上述网络科技公司不知情的情况下获取了用户数据,这种做法违反了这些网络科技公司的服务条款,从而遭到他们的联合抵制。①

　　虽然在市场化过程中,生物识别技术采集与应用受到一定的阻碍,但是目前指纹、人脸和声音等生物识别越来越多地得以应用,因为可以依托消费者手机终端上的采集设备,而不需要配备专用设备,这样就极大地降低了成本,而且更容易被市场接受,因此在个人消费、金融应用等领域得以快速发展。早在 2012 年,苹果公司就斥资 3.56 亿美元收购了指纹传感器制造商 AuthenTec,随后苹果公司就推出了具有嵌入式生物识别功能的移动设备。② 三星一直与延世大学的生物计量研发中心合作,合力打造"虹膜识别技术"(iris recognition technologis),该公司在 2012 年 5 月申请了虹膜识别技术专利,可以抓取用户脸部、眼睛的图像,然后生成图像信号。③ 2016 年,三星 Note7 产品就使用了虹膜识别技术。随着消费者移动终端的支持,近年来生物识别技术得以在商业活动中得到更大规模的运用,这虽然给消费者带来一定的便利,但也引发了隐私被侵犯的问题,如 2019 年的"中国人脸识别第一案"。

---

①超 30 亿人脸数据被泄露,美国 AI 公司遭科技巨头联合"封杀"[EB/OL]. (2020-03-03)[2022-10-22]. https://cloud. tencent. com/developer/article/1593021.

②生物识别技术应用广阔 上游芯片渗透率将提升[J]. 金卡工程,2016(6):33-34.

③三星 Note7 虹膜识别技术揭秘 生物识别技术背后的商机[EB/OL]. (2020-08-25)[2022-10-22]. https://www. 21ic. com/article/855234. html.

　　2019 年,为了优化年卡消费者的入园速度与个人生物信息识别的准确性,杭州野生动物世界引进了人脸识别技术以取代之前的指纹识别技术。10 月 28 日,一位法学博士用户将野生动物世界告上法庭。他认为根据《消费者权益保护法》第二十九条规定,"园区收集、使用原告个人信息,应当遵循合法、正当、必要的原则,明示收集、使用信息的目的、方式和范围,并经原告同意。而且,被告收集、使用原告个人信息,应该公开其收集、使用规则,不得违反法律、法规的规定和双方的约定。……一家动物娱乐游乐场也能采集人脸信息,安全性、隐私性我都表示怀疑,万一信息泄露谁能负责?"①该案于 2020 年 11 月 20 日公开宣判,法院判决杭州野生动物世界赔偿原告合同利益损失及交通费 1038 元,删除其办理年卡时提交的照片等面部特征信息,但是原告的其他诉讼请求被法院驳回。② 这一案件的出现,一定程度上反映了消费者隐私保护意识的觉醒(但在本案件中,这种觉醒并没有典型意义,因为原告是法学博士,他相比其他消费者有更强的专业意识),但也反映出生物识别技术正在被越来越多地应用于各种消费场景。

三、网络营销带来监管难题

　　智能环境下的网络营销带来了一个极具争议的监管难题,即这些数据中很大一部分是消费者主动提供或者分享的,正如约翰·帕尔弗雷(John Palfry)与乌斯·加瑟(Urs Gasser)教授的研究结论所指出的,"公开个人信息已经深深嵌入了全球的青年文化中,其中包括内容

---

①章然.杭州野生动物世界年卡改为强制刷脸入园,法学博士提出质疑并诉至法院[N/OL].（2019-11-04）[2022-10-22]. https://zjnews. zjol. com. cn/zjnews/hznews/201911/t20191104_11304322. shtml.

②"国内人脸识别第一案"判了!﹝EB/OL﹞.（2020-11-21）[2022-10-22]. https://www. sohu. com/a/433407202_120823584.

偏好与认同、个人地理位置等信息"①。这种主动分享的网络文化环境极大地增加了广告监管的难度,"大数据时代,(隐私监管)规则都成了无用的马奇诺防线,人们自愿在网络上分享信息"②。很多享受网络信息传播便利的消费者甚至都不知道营销者在搜集与利用他们的信息进行商业营利,或者即使知道也无法确定自己的隐私信息被利用到何种程度,以及如何防范个人数据、隐私信息被侵犯。伊利诺伊大学的凯利·卡拉哈丽奥斯(Karrie Karahalios)就曾做过相关研究。她指出,对于 Facebook 的"动态信息","有多达 62.5% 的实验对象不知道该网站推送给他们的信息都经过了算法的处理"③。当消费者既渴望享受网络给生活带来的便利,又不希望自己的隐私信息受到侵犯时,他们就寄希望于政府规制。

　　智能媒体时代来临之后,政府对网络广告的监管开始遇到困难,算法在应用于营销传播之后加剧了监管的难度。经分析,政府监管主要面临以下四个方面的困难。

　　第一,新的广告方式层出不穷,如何对这些新广告方式的内涵与外延进行准确界定尚存在争议,对其监管就更加困难。以我们前面提到的生物识别技术监管为例,我国于 2021 年 11 月 1 日实施的《中华人民共和国个人信息保护法》第二十八条第一款将"生物识别信息"纳入"敏感个人信息"范围进行特殊保护,但是这个法规并没有对"生物识别信息"做出界定,这就影响对其实施监管的有效性。全球影响较大的欧盟《通用数据保护条例》(GDPR)采用"定义+列举"方式来界定"生物识别数据"。定义部分从技术原理"特定技术处理"、人体特征

---

①[英]维克托·迈尔·舍恩伯格.删除:大数据取舍之道[M]袁杰,译.杭州:浙江人民出版社,2013:8.

②[英]维克托·迈尔·舍恩伯格,肯尼思·库克耶.大数据时代:生活、工作与思维的大变革[M].盛杨燕,周涛,译.杭州:浙江人民出版社,2012:29.

③[美]安德雷斯·韦思岸.大数据和我们——如何更好地从后隐私经济中获益?[M].胡小锐,李凯平,译.北京:中信出版集团,2016:112.

"身体、生理或行为特征"和识别目的"确认自然人独特身份"展开；列举部分包括"面部图像"和"指纹数据"两种类型（其实，这两种类型也不能穷尽目前已经出现的生物识别技术在市场中的应用）。①

　　第二，传统的广告三方构成方式被打破。在智能媒体时代，广告主可以不经过广告代理公司直接向消费者发送广告，这就大大削减了传统意义上媒体审查把关环节的约束力。此外，广告主也可以绕开对发布信息媒介的依赖，通过官方自媒体平台传播互动广告，或是借助算法将多个接触点搜集到的数据进行整合从而向消费者发送定向广告。因此，当这种广告构成力量发生了变化，我们对广告内容的约束就少了重要的一极，虽然科技公司与媒体平台对发布于其上的广告内容承担连带责任，但面对网络带来的海量信息，监管难度是前所未有的。

　　第三，与传统媒体的角色不同，诸如 Facebook 这样的社交媒体，不仅仅是广告的发布平台，还因掌握着大量消费者的信息数据成为新媒体广告的开发者，他们可以帮助广告主针对目标受众进行基于算法的精准投放。例如，2011 年，Facebook 利用其社交平台上的大量用户数据，包括用户的喜怒以及好友信息，发布更有针对性的广告，将在线广告带到了一个新的层面。② 这些平台的加入，导致了各种不对等关系的出现，从而加大了监管难度。"在个人信息被商品化的同时，个人和平台之间的地位产生了极大的落差。用户和平台之间存在着三个方面的不均衡：信息收集能力不均衡、信息处理能力不均衡、社会影响力不均衡。平台成为用户选择的架构，用户的自主性受到一定程度的

---

①张琪，肖冬梅.我国生物识别信息界定的司法适用困境与出路[J/OL].（2022-03-13）[2022-10-22]. https://kns.cnki.net/kcms/detail/44.1306.G2,20220313.1801.002.html.

②Facebook 开创社交广告 利用用户数据精确投放[EB/OL].（2011-07-01）[2022-10-22]. https://tech.qq.com/a/20110701/000410.htm.

限制和侵蚀。"①

第四,网络广告可以轻松跨越国家或地区的地理边界限制,意味着广告受众的构成发生了很大的变化,原来依靠国际组织、国家以及各种行政区域划分的监管权力受到极大的限制,单纯依靠政府的监管难以全面解决问题。以欧盟和美国为例,这两大经济体在保护隐私的态度上就有着明显的分歧。欧盟实施的《通用数据保护条例》被国际社会广泛称为"最严数据保护法",该条例规定欧盟居民享有对个人数据的绝对支配权利,对数据跨境输出采取严格态度。而美国的立法相对来说更为灵活,也更为分散,规则散见于具体领域的多部立法中。为了解决数据跨国流动中的矛盾,双方于 2016 年签订了关于数据跨境共享的《欧盟—美国隐私盾》(EU-US *Privacy Shield*)协议,对企业将欧盟用户数据传输到美国的相关行为做出了具体规定。② 不过,这个协议已于 2020 年 7 月失效。

上述四个困难直接改变了广告监管环境中原有的生态平衡关系,现有规制难以涵盖新出现的广告隐私侵犯问题,广告主自媒体传播力增强导致监管范围增大,媒体对海量广告的审查能力势弱,广告受众构成又非常复杂。算法技术、生物识别技术等为广告带来强势传播能力,正如安德鲁·麦克斯泰(Andrew McStay)所言,"技术与商业所释放出的潜能,已经证明了比政府规制的速度更为迅捷,这种创新力甚至已经远远超出社会对数据行为监控以及由物理的、电子的、社会与道德构成的数字环境对人们所产生影响的理解速度与宽度"③。显然仅仅依靠政府他律规制是不够的,亟须探索更为有效的监管方式。

---

①汪庆华. 个人信息权的体系化解释——兼论《个人信息保护法》的公法属性[J]. 环球法律评论,2022(1):71-72.

②黄婉仪. 防止美国监控欧盟公民,欧美就"数据主权"展开较量[EB/OL]. (2020-07-24)[2022-10-22]. https://3g. 163. com/tech/article/FIB09UQO00097U7R. html.

③McStay A. Digital advertising[M]. London:Palgrave Macmillan,2010:134.

第三节　网络消费信息的不可匿名化

1993 年,彼得·施泰纳(Peter Steiner)在《纽约客》上创作了一幅漫画,标题是"在互联网上,没人知道你是一条狗",这个深具洞察力的隐喻为很多网络匿名的拥护者带来了希望。但是,对网络消费者而言,这种匿名化的设想只能是一种期待,这是由网络购物的特殊性决定的。

一、网络购物时的身份信息要求

为什么匿名化的设想对网络营销活动并不适用呢？这是因为与普通的用户可以匿名上网不同,网络消费者通过电子商务模式来购物,要想确保能收到商品,他们必须提供至少一项真实的个人信息,即使姓名用昵称来隐匿,并采取到门店或快递点自提的方式不暴露家庭住址,但是联系方式也必须是准确的,不然就无法收到提货验证信息。就凭这一条真实的信息,营销者就可以通过数据匹配实现对消费者身份信息的分析与购物行为的追踪。此外,如果消费者有退货情况或者购买跨境商品,快递企业或电商平台都要求消费者提供真实的身份信息,这样商家和网络平台掌握的数据就更为准确了。

另外,在网购环节中有可能接触到消费者信息的渠道有很多,比如商家、网购平台、物流企业、支付机构等,虽然有些渠道获取的信息可能不完整,但是通过数据比对,想要得到更多信息还是可以实现的。这些渠道中只要有一方泄露了信息,消费者的身份隐私就会暴露,而且容易遭遇诈骗。2020 年,唯品会的多名消费者遇到电信诈骗。骗子以电商客服的名义给消费者打电话,他们能准确叫出消费者的名字以及购买商品的具体信息。之后,骗子以消费者下单的商品存在质量问题,需要办理理赔,或以误将消费者的信息提交成代理商,需要消费者配合取消等说辞为由,让受害人加客服 QQ 联系申请。然后借用腾讯 QQ 新功能——"分享屏幕",一边继续套路消费者,一边实时观看受害人的账户信息和密码以及银行的验证码,在受害人察觉不对前迅速将钱款转走,或让受害人下载多个借款平台,贷款后进行转账。① 这种被边沁、福柯称为"全景敞视监狱",被奥威尔(Orwell)称为"老大哥"的监视行为,正是网络消费者隐私保护中最大的障碍。

当然,网络消费者的身份信息可以借助一定的技术手段予以保护。比如,2016 年 6 月京东率先使用"微笑面单",利用技术手段在包裹生成时即部分隐藏用户的姓名和手机号信息,以笑脸(^_^)代替(见图 2-1)。京东作为电商平台,推出这项服务是为了保护消费者隐私,因为"通过快递单上显示的姓名、手机号、地址,基本可以还原出 99% 的个人信息,尤其是通过手机号可以查到消费者绑定的微信、支付宝、QQ 等社交网站账号,了解他们的兴趣爱好、最近关注、家庭成员等"②。"微信面单"在包裹一路风尘的运输途中,确实可以起到减少信息暴露的机会,增加消费者个人信息的保护力度,这也是作为购物平台遵守自律规范的一个重要体现,但是京东某离职员工在网上售卖消费者个人信息的行为、京东第三方店铺泄露消费者信息的行为等就很难一一避免了。这正是由网络购物的特殊性决定的,因为消费者必须提供真实信息才可以顺利买到网络上的商品。

---

①双 11:交易信息泄露背后 4000 万人遭遇网络购物诈骗![EB/OL]. (2020-11-12) [2022-10-22]. https://www.mpaypass.com.cn/news/202011/12093316.html.

②京东全国推行"微笑面单"[EB/OL]. (2017-03-28)[2022-10-22]. http://mjbbs.jd.com/thread-77843-1-1.html.

图 2-3　京东快递包裹上的"微笑面单"

二、消费者数据成为生产要素

《经济学人》中有篇文章提到,"一种新的商品可能催生出一个利润丰厚、发展迅速的行业,一百年前,石油就是这样的一种新产品",现在世界上最有价值的资源已经变成了数据。智能手机和互联网让数据大量产生、无处不在且价值飙升。无论你在跑步还是在看电视,甚至只是坐在交通工具中,几乎每项活动都会产生数字痕迹,这就为数据"提炼商"提供了更多的"原料"。由于手表和汽车等各种设备接入互联网,数据量还在持续增长。与此同时,机器学习等人工智能技术能从数据中获取更多价值。如今,GE 和西门子等工业巨头已把自己定位为数据公司。[1]

在商业经济活动中,消费者的数据已经成为一种新的生产要素,因其具有一定的市场价值,被很多企业营销者所青睐与使用。互联网企业、营销者或网络平台收集、存储数据的边际成本非常低,正如里夫

---

[1] 世界上最有价值的资源已经不再是石油 而是数据[EB/OL]. (2017-05-15)[2022-10-22]. https://finance.qq.com/a/20170515/014293.htm.

金(Rifkin)所言,"互联网带来了近乎零边际成本的社会"①,这也是导致消费者数据信息被搜集与使用的经济动因。确实,单从经济意义上衡量,消费者数据的搜集与商业应用是有效率的,"根据科斯定理,理论上说个人数据在交易市场上,只要商家阐明了数据的收集方式和使用范围,并且在数据主体知情同意的情况下,如果数据主体愿意出让自己的一部分个人信息以此获得一些其他利益(如便捷、社交、体验等利益)而订立的合同是可行且有经济效益的"②。但从社会学与法学的视角来衡量,这种经济效率却是以牺牲消费者个人信息保护权利为代价的,个人信息泄露导致滋生各种违法行为,最终使整个社会福利受损。

网络消费者的数据理应归他们本人所有,但却在无偿地为企业创造价值,消费者所能得到的"好处"就是根据他们的数据分析定制商品推送信息与定向广告,这或许可以节省一些他们在网络上搜索商品的时间成本,但也带来很多噪声干扰,"每一次点击都充斥着监测和金钱的味道,我们被迫浏览了大量重复内容"③。"数据本身存在利益不对等性,即其对不同利益方的价值是不同的,同时又具备价值的共生性,即数据是多方利益相关者共同创造的,其所有权十分模糊。"④这种数据产权错位的关系也加大了对网络消费者隐私保护的难度。

随着我国经济结构的转型升级、电子商务的快速增长,消费者个人信息逐渐成为一种重要资源,侵害消费者个人信息违法行为日益增

---

①[美]杰里米·里夫金.零边际成本社会——一个物联网、合作共赢的新经济时代[M].赛迪研究院专家组,译.北京:中信出版社,2017:中文版序2.

②余圣琪.数据权利保护的模式与机制研究[D].上海:华东政法大学,2021:28

③[美]威廉·穆贾雅.商业区块链——开启加密经济新时代[M].林华,等,译.北京:中信出版社,2018:149.

④宋远方,冯绍雯,宋立丰.互联网平台大数据收集的困境与新发展路径[J].中国流通经济,2018(5):6.

多,不仅威胁到消费者的人身财产安全,也影响经济社会的健康发展。由于太多的不良商家盯着消费者个人数据价值,2019 年 4 月 1 日至 9 月 30 日,国家市场监督管理总局专门开展了在全国范围内"守护消费"暨打击侵害消费者个人信息违法行为专项执法行动,重点打击侵害消费者个人信息违法行为,突出房产租售、小贷金融、教育培训、保险经纪、美容健身、装饰装修、旅游住宿、快递、电话营销、网站或 App 运营等违法行为多发高发的重点行业和领域,重点查处未经消费者同意,收集使用消费者个人信息、泄露信息的行为。① 这种违法犯罪行为也证明了消费者个人数据是具有商业价值的,合理的使用可以方便消费者购物,而信息泄露则会给他们造成生活中的困扰,甚至遭遇网络诈骗。

如今,消费者数据已经成为新的生产资料,互联网成为新的生产关系。"智慧社会中的人们,就逐渐从工商业时代那种生活于单一现实空间、以物理方式存在的自然人,转变成生活于现实/虚拟双重空间、以数字信息方式存在的'信息人'。"②消费者作为"信息人",一直在不断地生产数据,可是却无法控制和利用这些数据,也不知道自己的哪些数据正在被搜集与如何被使用,可是这种"'数据共享'(data sharing)却成为大数据公司重要的盈利模式,如果没有数据共享,将难以对数据进行二次开发,数据也难以成为财产,数据产业也难以发展",这不仅影响到数据产业发展,而且"也会对经济运行机制、社会生活方式和国家治理能力产生重要影响"③。如何解决这种冲突,已经成为全球性难题。

---

①国家市场监管总局:严查泄露出售消费者个人信息[EB/OL]. (2020-11-10)[2022-10-22]. https://www. 360kuai. com/pc/9ae89f365750f6ac9? cota＝4&kuai_so＝1&tj_url＝so_rec&sign＝360_57c3bbd1&refer_scene＝so_1.

②马长山. 智慧社会背景下的"第四代人权"及其保障[J]. 中国法学,2019(5):9.

③王利明. 数据共享与个人信息保护[J]. 现代法学,2019(1):45-46.

　　为适应当今新型社会结构,在消费者个体之上,可以将群体作为新的算法决策参考对象。"信息哲学家弗洛里迪(Luciano Floridi)等认为群组应当成为技术伦理的基本单元。在大数据时代,需要考虑的不能只是个人同意权,还要考虑群组同意(group consent)、集体同意(collective consent)等新的概念。"①这也是一种既发展产业又保护消费者信息的新型监管思路。

三、消费者对数据信息保护不敏感

　　除了上述两个有关网络消费者个人信息保护的困难之外,还有一个很重要的影响因素是消费者自身对个人数据信息保护的无意识或者不敏感,这种现象被顾理平教授称为"无感伤害","进入大数据时代,个人隐私与公共隐私的边界日益模糊,无感伤害因为伤害的无感而令伤害滞后并持续,最终导致伤害后果扩大,而且从整体上消解全社会的法治精神"②。

　　2018 年 1 月 3 日,支付宝宣布用户可以通过其平台获取自己的"个人年度账单",在其首页下方有一行不起眼的小字"我同意《芝麻服务协议》",设定的是默认勾选状态,如果网络消费者不取消勾选就自动视为同意,这种"不知不觉被同意协议"的行为后来被一位律师发现并提出质疑,很多网络消费者在事件持续发酵之前甚至都不知道自己默认同意了让平台收集自己的网络信息。我们前面提到的中国"刷脸第一案"与之类似,也是直到一名专业的法律博士抗议杭州野生动物世界擅自将指纹验证更改为刷脸入园的方式,才引起更广泛的社会关注,其实该园当年的年卡用户有 1 万人左右,由此可见,大多数人对个人信息搜集与使用是不敏感的。

---

①余成峰.法律与自由主义技术伦理的嬗变[J].读书,2021(3):68.
②顾理平.无感伤害:大数据时代隐私侵权的新特点[J].新闻大学,2019(2):31.

意大利学者弗洛里迪在《第四次革命：人工智能如何重塑人类现实》一书中指出："新式信息与通信技术已经使隐私成为当今社会最突出和最紧迫的议题，不仅仅因为它们像老式信息与通信技术一样不断地消除着信息摩擦，还因为它们破坏了一种基于匿名的隐私平衡，且能在增加或者减少信息摩擦这两个方向上给信息智能体授权。"①大数据、人工智能以及在线追踪、地理定位等技术在商业中的应用，正在不断地减少信息摩擦，网络消费者无法通过匿名的方式来保护自己的数据也打破了传统媒体时代所建立的隐私平衡关系。消费者作为商业活动中的数据提供者，正是齐美尔（Simmel）所称的"一种按客观的准则进行的奉献和报偿的平衡的载体"②，当买卖双方作为对立又互惠的两极没能实现一种平衡的关系时，就会破坏网络平台上商业经济活动中的信任机制，从而为在线交易活动带来发展隐患。

因此，加强对消费者的教育力度，提高其对个人数据信息保护的敏感度，在智能媒体环境下就变得愈发重要。例如，为了更好地预防和治理美国学校的教育数据安全，有效地保护学校师生等的个人隐私权，美国联邦教育部自20世纪70年代起就持续地发布了相关法案，如《隐私权法》，并陆续地建立起"教育数据隐私保护的政策、备案及评估体系，以此全面地开展了'教育隐私计划'（the department of education's privacy program）。进入大数据时代以后，美国联邦教育部持续地发布与更新了'教育隐私计划'实施策略，以更好地开展美国教育系统的数据安全治理与隐私保护实践"③。如同教育系统一样，更广泛的网络消费者也需要加强个人信息保护的相关教育，需要"建立

---

①［意］卢西亚诺·弗洛里迪.第四次革命：人工智能如何重塑人类现实［M］.王文革，译.杭州：浙江人民出版社，2016：134.

②［德］齐美尔.社会是如何可能的——齐美尔社会学文选［M］.林荣远，编译.桂林：广西师范大学出版社，2002：368.

③李莎，程晋宽.教育数据安全与隐私保护的防治——基于美国联邦"教育隐私计划"的分析［J］.比较教育研究，2022（3）：28.

有效的教育机制,扩大对消费者隐私保护的宣传,普及消费者隐私保护知识和技能,提高消费者的隐私保护意识和能力"[①]。

第四节 智能环境下的个人信息保护

媒介环境的变化加大了广告监管的难度,如何有效地约束基于消费者个人数据分析的网络广告推送? 传统媒体时代美英等国的广告主通过游说政策制定者实现放松管制的目的,这种规制俘虏行为在算法时代受到挑战。由于政府的规制速度滞后于行业发展速度,借助技术保护消费者的隐私具有干预能力强、成本低等优势,与企业俘虏规制相比更为经济。

一、智能环境中消费者的困扰

黄升民等学者提出,通常来说,我们将人工智能应用于媒体带来的改变,统称为"媒体智能化",用"媒体智能化"描述一个智能化程度不断提升的过程。在这个过程中,出现了"智能媒体"这一概念。他们从智能媒体的基础、进阶与突破三个层面提出六个"力",从而给出智能媒体的定义——具备较高的识别与理解能力,能够在营销传播场景中进行最优决策,并具备通用性进化与自我创造潜力的媒体。[②]

如今,人工智能底层芯片、传感器、计算机视觉、语音识别、自然语言处理、机器学习等通用技术能力持续提升,同时智能视觉物联、脑机接口、复杂场景下智能语音处理技术等也取得了较大突破。智能产业

---

①李颖灏,左金水.消费者隐私保护的经济分析与监管思考[J].消费经济,2016(3):96.

②黄升民,刘珊.重新定义智能媒体[J].现代传播(中国传媒大学学报),2022(1):126、134.

的快速发展,为营销传播活动的不断创新带来强劲的技术支持,同时也颠覆着消费者对网络时代个人信息保护难度的认知。

随着技术的不断探索,越来越多的智能设备正在被应用于消费者个人信息采集活动中,从而引发新一轮的隐私保护焦虑。例如,在2019年国家网络安全宣传周全民体验日活动上,上海信息安全行业协会副主任向公众提示了"剪刀手照片"泄露指纹信息的风险,"1.5米内拍摄的剪刀手照片,基本上能100%还原出被摄者的指纹;在1.5—3米的距离内拍摄的照片,能还原出50%的指纹"①。这组数据引发了广大网友的热议,很多人担心自己的生物信息这么轻而易举就能被获取,信息安全保护将如何实现?

一方面,智能媒体终端越来越强大,不断探索着营销活动中的应用方式,以其新颖独特与方便快捷等优势吸引消费者前来体验,比如刷脸支付、刷脸检票等。另一方面,各大智能终端与网络平台保护消费者的隐私条款越来越多,"根据研究者统计,按照平均阅读速度,如果一个美国人要把一年中遇到的所有隐私政策全部读完,需要花费244个小时"②。事实上,大多数消费者根本没有耐心把隐私政策看完才选择同意与否,加之专业化的法律条文式表述,也无法激发使用者对相关条例的关注和兴趣,这就大大增加了智能媒体环境下消费者个人信息保护的难度。

二、政府颁布的信息保护规制

美国不仅是互联网商业化的主战场,同时也是最早开始关注网络消费者在线隐私保护的国家。早在1995年,美国联邦贸易委员会就开始研究相关问题,并于1998年颁布了《公平信息处理原则》(*Fair*

---

① AI冒充李佳琦带货直播 生物识别技术会成为隐私泄露的重灾区吗[EB/OL].(2019-09-24)[2022-08-13]. https://www.sohu.com/a/343104547_100117963.

② 余成峰.法律与自由主义技术伦理的嬗变[J].读书,2021(3):67.

Information Practice Principles，FIPPs），为管理搜集和使用个人数据提供了一系列标准，以解决隐私和准确性问题，共制定了八个原则。①同年，商务部颁布《有效保护隐私权的自律规范》（*Elements of Effective Self Regulation for Protection of Privacy*），要求美国网站从业者必须制定保护网络上个人资料与隐私权的自律规约。同年 10 月 21 日，美国国会颁布《儿童在线隐私保护法案》（*Children's Online Privacy Act*），这是美国第一部互联网隐私法案，该法案于 1999 年末由美国国会通过，2000 年 4 月 21 日生效。它授权联邦贸易委员会管理收集 13 岁以下儿童的个人信息的网站。一年后，联邦贸易委员会颁布了执行该联邦法律的最后规定：网站运营商在以任何手段收集儿童的个人信息（包括姓名、住址、社会保险号码、电子邮箱和电话号码等）时，必须做到五个方面。②

---

①分别是：①限制收集原则。应限制收集个人资料，许多此类资料应通过法律许可及公开的方式并经数据所有者知道或者同意才能获得。②数据质量原则。个人数据应与它们使用的目的相关，必要的目的范围应该准确、完整，并及时更新。③目的明确原则。在数据收集之前应详细说明收集个人资料的目的，并且后来的使用也限制在实行这些目的，或实行不与这些目的相矛盾的目的，并且在目的变化时详细说明其原因。④使用限制原则。个人资料不应被公开使用，也不应用于与"目的明确原则"中指定目的不一致的用途，除非：a.取得数据所有者的同意；b.通过法律授权。⑤安全保护原则。个人资料应该有合理的保护来防止如下风险：遗失或者未经授权的访问、毁坏、使用、修改以及公开资料。⑥公开原则。应该有一个关于发展、实践及尊重个人资料的综合的公开原则。应当用容易可行的方法设置确实、自然的个人资料、它们使用的主要目的以及数据管理员正确、常用的地址。⑦个人参与原则。个人拥有以下权利：a.从数据管理员处或通过其他方式获得数据，证实数据管理员是否有与本人相关的数据；b.在一段合理的时间内有与本人相关的数据的话，要与本人交流；如果需要可以收费；使用合理的方式和形式使本人理解；c.当关于 a、b 条款中规定的权利被拒绝提供时可要求说明理由，可以质疑此类拒绝；d.可质疑与本人相关的数据，如果反对有效的话则可以将数据删除、调整、完善或被赔偿。⑧责任原则。数据管理员应有遵守使以上原则标准得以实施的责任。

②分别是：①在网站上明确提示自己正在收集有关儿童的信息，并说明自己将如何使用这些信息；②只收集对儿童参加某活动而言合理而且必要的信息；③提供合理的途径，使父母能审查网站收集的有关他们孩子的信息；④提供一种方法，使父母能删除有关他们孩子的信息；⑤父母可以要求网站不再收集他们孩子的信息。

　　2000 年,互联网泡沫的破灭使其发展进入更为理性和成熟的阶段,保护网络消费者个人信息安全与隐私信息的规制也日益丰富。这一年 5 月,美国联邦贸易委员会制定了《在线披露政策》(*Dot Com Disclosure*),强调《宪法第一修正案》中对消费者的保护政策并不会"受限于任何特殊的媒体","委员会将依然以保护消费者利益为核心,使其免受不公平或欺骗性的广告、营销、在线销售的不良影响,正如对印刷、电视、电话与收音机等媒体的营销活动一样"。① 同年,联邦贸易委员会消费者保护局颁布了《互联网上的广告营销规制之路》(*Advertising and Marketing on the Internet:Rules of the Road*),对保护消费者在线隐私以及下列情况进行具体规定:"商业机会、信贷与金融、环境要求、自由产品、珠宝、邮件和电话订单、消极的选择提供、900 号码、电话营销、证言与代言、担保与抵押、羊毛与纺织品、美国制造。"②

　　2002 年,明尼苏达州作为全美第一个通过《网络隐私法》的州,规定互联网公司出于促销目的向他人披露任何个人信息之前,必须征得消费者同意。③ 2002 年,全美州议会联合会(National Conference of State Legislatures,NCSL)颁布《安全违反通知法》(*Security Breach Notification Laws*,SBN),该法是在加利福尼亚州《数据安全违法通知法》基础上制定的,要求企业以特定的方式通知他们的消费者与其他利益相关群体,帮助消费者对身份信息被窃取进行自我保护,并采取

---

　　①Keaty A,Johns R J,Henke L L. Can internet service providers and other secondary parties be held liable for deceptive online advertising? [J]. The Business Lawyer,2002(1):493.

　　②Advertising and Marketing on the Internet:Rules of the Road[EB/OL]. [2022-09-18]. https://www. ftc. gov/system/files/documents/plain-language/bus28-advertising-and-marketing-internet-rules-road. pdf.

　　③张妍妍. 美国的商业言论自由[D]. 济南:山东大学,2012:146-147.

措施补救违规所造成的损失。①

　　2009年,联邦贸易委员会颁布《在线行为广告自律原则》,就在线收集与使用消费者个人数据做出五个方面的规定。② 2011年,颁布的《禁止追踪儿童法案(2011)》(*Do Not Track Kids Act of 2011*)禁止互联网公司未经家长同意对上网儿童进行跟踪,同时限制针对未成年人的网络营销活动,增加"清除按钮",以便家长删除已在网络上存在的未成年人个人信息。2015年,第114届国会一次会议修订《儿童互联网隐私保护法(1998)》,通过了《禁止追踪儿童法案(2015)》(*Do Not Track Kids Act of 2015*),扩展、加强、修改面向儿童的信息搜集、使用、披露行为的规定,为13岁以下儿童与未成年人个人信息建立特定的保护机制,需要遵守《公平信息处理原则》,尊重"被遗忘权",允许父母与未成年人删除社交媒体上的帖子。

　　2012年2月22日,奥巴马政府提出了一系列隐私保护原则,并希望能以法律形式确定下来,目的是"给消费者更大的网络隐私保护,并最终让政府能够在监管Google和Facebook等互联网公司方面获得更大的权力"③。白宫发布了《网络环境下消费者数据的隐私保护:全球数字经济中的隐私保护与营销创新的政策框架》报告,正式提出《消费者隐私权利法案》(*Consumer Privacy Bill of Rights*),明确了消费者

---

①Security Breach Notification Laws[EB/OL]. (2015-1-12)[2022-15-14]. http://www.ncsl. org/research/telecommunications-and-information-technology/security-breach-notification-laws. aspx.

②分别是:①透明性与消费者可控性:需要收集个人信息的网站应公布自己的行为,并给予消费者对于搜索信息的"选择性退出"的权利;②可靠的安全性:与数据的灵敏度与企业商业运作特征相符;③限制保留消费者的数据:只有具备合法性的商业活动,或者出于法律强制需要时,公司方可保留数据;④收集个人数据时,肯定一致的表述优于空口承诺:处理用户的信息时,遇到无法预料的改变也需进行保护;⑤使用敏感数据时需要进行肯定的表述,需要获取数据时应提供"选择性进入"。

③林靖东. 美国白宫提出权利法案保护消费者网络隐私[EB/OL]. (2012-2-23)[2022-04-13]. http://tech. qq. com/a/20120223/000483. htm.

享有的七种权利①,绘制出信息时代消费者隐私保护的国家标准,②但该法案没有获得国会通过。奥巴马政府并没有放弃立法的努力,2015年1月12日,奥巴马总统宣布继续推进《消费者隐私权利法案》,在《公平信息处理原则》基础上制定规制金融公司披露消费者信用记录和学生数字隐私的法案。③特朗普政府也意识到网络消费者数据隐私保护的重要性,为了减少严格联邦规则缺失导致的 Facebook 及硅谷其他公司数据泄露等问题受到来自全球的批评,2018 年该政府着手制定一项保护网络消费者隐私的提案,旨在寻求用户隐私与网络经济繁荣之间的适当平衡。④

2018 年 6 月,美国加利福尼亚州州长杰里·布朗(Jerry Brown)在州议会通过后,正式签署了《加利福尼亚州消费者隐私法案》(*The California Consumer Privacy Act*,CCPA),2020 年 1 月 1 日开始生效,这是继明尼苏达州之后又一个颁布专门隐私保护法的州。该数据

---

①分别是:①个人控制(Individual Control):消费者有权控制企业搜集他们的个人数据,有权决定企业怎样使用这样数据;②透明度(Transparency):消费者拥有简明理解和获取有关隐私和安全操作信息的权利;③情境一致(Respect for Context):消费者有权期望企业在与其提供的数据环境一致的情况下搜集、使用和披露个人数据;④安全(Security):消费者有权安全负责地处理个人数据;⑤接入权与准确性(Access and Accuracy):个人数据有误时,在与数据敏感性与数据错误可能对消费者带来不利影响的风险性相适应的情况下,消费者有权获取及更正以可用格式存在的个人数据;⑥收集控制(Focused Collection):消费者有权合理限制企业搜集与保留的个人数据;⑦问责制(Accountability):消费者有权将个人信息交予采取适当措施的企业进行处理,以确保企业遵守《消费者隐私权利法案》的有关规则.

②Consumer Data Privacy in a Networked World:A Framework for Protecting Privacy and Promoting Innovation in the Global Digital Economy(February 2012)[EB/OL].(2012-2)[2022-04-13]. http://www. whitehouse. gov/sites/default/files/privacy-final. pdf.

③EPIC Consumer Privacy[EB/OL]. (2015-2-20)[2022-04-13]. https://epic. org/privacy/consumer/.

④跟随欧洲! 美国正致力于推动对消费者数据隐私立法[EB/OL]. (2018-07-28)[2022-10-15]. http://finance. sina. com. cn/stock/usstock/c/2018-07-28/doc-ihfxsxzh0913695. sht-ml.

隐私法案旨在让消费者在面对公司收集和管理个人信息时掌握更多的控制权,规定在加利福尼亚州开展业务的公司,无论其位于何处,如果符合以下标准之一,都必须遵守相应规定:①年总收入超过 2500 万美元;②购买、出售、接收或分享从 5 万人或更多消费者、家庭中收集的个人信息,用于商业目的,或设备;③通过出售消费者个人信息获得 50%或更多的年收入。① 消费者有权随时随地查看个人信息,并且有权利要求删除数据,同时不允许将数据出售给第三方。此外,各州制定的相关法案还有 2008 年伊利诺伊州通过的《生物识别信息隐私法》(*Biometric Information Privacy Act*,BIPA),它要求公司从用户那里收集生物识别信息,包括指纹和面部识别数据时,必须征得本人的同意;该法允许消费者自行决定与公司分享生物特征信息是否符合他们的最佳利益。2018 年 5 月 22 日,佛蒙特州通过了全美第一个针对数据代理商的法律——《数据代理法》,保护消费者不受欺诈性数据收集和数据被用于骚扰或歧视。如今,美国所有州,以及哥伦比亚特区、关岛、波多黎各和维尔京群岛都颁布了保护消费者免受数据泄露的立法。还有数十项州法律专门保护学童的隐私,防止他们的教育信息被商业利用。②

三、"法律真空期"的技术干预

政府规制原本是为了满足产业对规范市场运作、确保公平竞争的需要而产生的,但是资本追逐利益的本性却导致规制执行过程中出现各种偏差。在西方国家,立法者被产业所俘虏的情况屡见不鲜,乱象

---

①The California Consumer Privacy Act will have a significant business impact on the digital advertising industry[EB/OL]. (2019-10-18)[2022-09-28]. https://www.iab.com/ccpa/.

②Consumer,Privacy,Civil Rights Groups Tell Congress That States Must Have Power to Safeguard Privacy [EB/OL]. (2018-12-13)[2022-09-28]. https://www.citizen.org/wp-content/uploads/migration/finalpreemptionletter.pdf.

丛生的广告行业尤其如此。为了争取私利最大化，行业总是希望能游说立法者在制定政策时朝着有利于自己的方向倾斜。比如关于消费者隐私保护的监管问题，行业就联合成立多个游说集团对政府、消费者等利益相关者进行公关活动，以最大限度地确保自己的利益。"在美国，有一个支持监控消费者以及直接行销的庞大游说团，还有一个金融和商业游说团……"①为什么行业能影响规制决策者呢？因为在美国等西方国家，"如果一个机构对所管辖的产业过于强硬，它就会出现财政紧张，国会的议员们迫于特殊利益群体的压力会给机构施加财政压力"②。不仅政府在规制过程中会受到干扰，就连行业自律协会也会受到影响。澳大利亚学者黛布拉·哈克指出："广告自律程序由行业掌控，逐渐地，规制者易于服从规制而非公众利益；政府规制者、政策制定者与美国的反信任法案之间的同谋问题，反映出经济力量对行业自律所施加的压力。"③

　　这种导致规制有效性受影响的问题被乔治·施蒂格勒（George J. Stigler）称为"规制俘虏理论"（regulatory capture theory），他于1971年发表经典论文《经济规制论》，首次运用经济学的理论和方法提出规制作为经济系统的一个内生变量是由需求和供给共同决定的。施蒂格勒认为对规制的研究基于两个前提："其一，强制力是政府的根本资源，利益集团能够游说政府为了它的利益而运用强制力改善自己的福利；其二，各规制机构的行为选择是理性的，如果规制的供给能与

---

　　①［美］Kenneth C. Creech. 电子媒体的法律与管制［M］. 王大为，等，译. 北京：人民邮电出版社，2009：40.

　　②Harker D. Towards effective advertising self-regulation in Australia：the seven components［J］. Journal of marketing communications，2003(9)：94.

　　③Stigler G J. The theory of economic regulation［J］. The Bell Journal of Economics and Management Science，1971(2)：3.

利益集团的收入最大化相适应，就能增加利益集团的收入。"①施蒂格勒通过研究得出结论，即生产者对立法过程的影响较之消费者有明显的优势，因此规制结果必然会有利于生产者。

2018 年 12 月 13 日，美国的 16 个消费者、隐私权、民权组织联合向国会提出"我们将反对先发制人的联邦立法。先买权不仅会使消费者的隐私保护不足，而且很可能导致他们的境况比没有联邦立法时更糟"，这是因为政府允许优先购买的法案"只会让科技公司受益，而损害公众利益，可能会无意中破坏国家对公民权利的保护，并使已经被边缘化的群体处于更大的危险之中"。② 2018 年 10 月，美国信息技术产业委员会（Information Technology Industry Council）代表 Facebook、Google、Twitter 和 Amazon 等公司的政策利益发布的一个国会立法概念框架遭受指责，批评人士认为，该指南"是一种保护技术公司免受更严格限制的方法"，将其称为"数据收集者的权利法案"。③

在传统媒体时代，广告行业如果想要争取更多自由的发展空间，往往寄希望于游说政策制定者放松管制，但是在大数据与算法时代，规制俘虏的成本往往高于技术开发的成本，这就使得规制俘虏行为变得不经济。法律规制不完善导致政府对新媒体广告的监管效率不高，媒体形式变幻莫测、决策者行为谨慎隐秘等致使立法速度跟不上行业的发展速度。美国奥巴马政府为保护消费者隐私曾提出《消费者隐私权利法案》（*Consumer Privacy Bill of Rights*），但是该法案却没有获得

---

① Consumer，privacy，civil rights groups tell congress that states must have power to safeguard privacy［EB/OL］.（2018-12-13）［2022-07-15］. https://www. citizen. org/wp-content/uploads/migration/finalpreemptionletter. pdf.

② Tech industry lobby proposes data privacy laws：critics call them weak［EB/OL］.（2018-10-22）［2022-07-15］. https://commercialalert. org/tech-industry-lobby-proposes-data-privacy-laws-critics-call-them-weak/.

③ Consumer data privacy in a networked world：a framework for protecting privacy and promoting innovation in the global digital economy（February 2012）［EB/OL］.（2012-02）［2022-07-15］. http://www. whitehouse. gov/sites/default/files/privacy-final. pdf.

国会通过。① 法案被否定有多种原因,比如违反《宪法第一修正案》的言论自由条款,利益相关者的游说也起到了推波助澜的作用。政府对相关问题的监管往往存在"规制真空期",这个时期新媒体广告规制政策尚不明朗,市场暂时缺少有力的政府管控影响,直接开发相应技术解决问题的能力应该更强。

康德提出了"自主原则"(respect for autonomy),认为"每个理性人都具有运用理性自主承担行动责任的能力和自主选择的权利,因此有必要事先征求同意(或意见),在今天的互联网领域,例如涉及隐私与个人信息保护问题,也都广泛采用了主要基于康德主义的'知情—同意原则'"。但是技术设计保护原则突破了康德的自主原则,在新的技术背景下,"仅仅依靠人类的自主理性已不足以对抗技术系统的过度扩张,有必要通过技术对抗技术,通过将相关价值理念落实到基于技术设计的内嵌保护,借助技术来捍卫自由主义的人文价值。……通过例如源代码开放(Open Source)、数据失真(Data Distortion)、人工智能对抗攻击(Ai Adversarial Attacks)、隐私计算(Privacy Computing)、沙盒(Sandbox)机制等技术设计,形成对人类身心秩序的更好保护。"②

我们以算法时代酒品牌的网络广告规制为例。由于规制俘虏理论早已被社会各界知晓,舆论监督者对其影响规制决策的警惕性是很高的,比如英国"关注酗酒"慈善团体就建议,"政府应该制定酒类广告规制,并杜绝酒类饮料产业团体参与相关规制的起草"③。社交媒体出

---

　①Drinks Groups "Cannot be Trusted" in Advertising[EB/OL]. (2014-12-15)[2022-06-14]. http://www. thespiritsbusiness. com/2014/12/drinks-groups-cannot-be-trusted-in-advertising/.

　②余成峰.法律与自由主义技术伦理的嬗变[J].读书,2021(3):62-63,70.

　③New Twitter Tool Gives Greenlight to Alcohol Brands[EB/OL]. (2015-8-18)[2022-04-13]. http://adage. com/article/digital/twitter-tool-greenlight-alcohol-brands/235146/.

现后广告发布平台激增，Facebook 等社交网站中饮酒类广告盛行，那么如何让未成年人少受网络广告的影响呢？"酒品牌帝亚吉欧（Diageo）与社交技术公司 Syncapse 合作开发了一个年龄门槛工具，可以通过与第三方数据库交叉验证算出更为精准的个人年龄，再结合政府掌握的个人身份识别数据"①，解决未成年人虚报年龄等问题。由上述案例可见，借助技术解决难题的速度更快、效果更显著、管理成本更低。

劳伦斯·莱斯格（Lawrence Lessig）在《代码：塑造网络空间的法律》（*Code and Other Laws of Cyberspace*）中指出："有四种约束可规范人类行为：法律、规范、市场和代码。代码指建构互联网的程序和协议，被称为网络空间的架构，它们能约束和控制人们的行为，比如发送商业垃圾电子邮件。在法律健全之前，代码可以遏制发送者的行径。代码还可以控制所有网络交易的可跟踪性，从而增强监视或监督所有网络互动行为的能力。"②酒类品牌通过寻求技术支持来解决网络广告传播中的问题，正体现出代码在规制尚不完备时期所能发挥的积极影响和作用。

---

①［美］理查德·皮内洛.铁笼，还是乌托邦——网络空间的道德与法律（第二版）［M］.李伦，等，译.北京：北京大学出版社，2007：2-5.

②刘少杰等.社会学理性选择理论研究［M］.北京：中国人民大学出版社，2012：43.

第三章　行业协会保护用户个人信息安全的努力

在美国、英国等西方发达国家,向来有"轻规制、重自律"的监管传统,广告行业协会在智能环境下积极寻求更为有效的保护用户个人信息安全的自律规制。例如,广告协会(Advertising Association,AA)在 2017 年的《数字宪章》中提到:"自律是英国数字广告领域处于领先地位的一个关键因素,行业致力于保持有效的自律体系。"①广告行业协会通过设立专门的网络广告管理部门、颁布网络数据隐私保护规范、研究网络隐私保护问题等方式提高监管效果,同时也通过相互间结成联盟的方式发挥集体监管的作用,或是与专门的隐私保护协会合作解决监管相关问题。这些来自行业协会的积极努力,成为政府保护网络消费者个人信息安全的很好补充。

第一节　广告行业协会的监管重点

我们以内容分析方式对广告行业协会有关个人信息安全保护的自律规制进行研究,选取 27 个西方主要的行业协会,进入官网搜集一

①Digital Charter: Advertising Association proposals to Government [EB/OL]. [2022-10-15]. https://www.adassoc.org.uk/wp-content/uploads/2017/12/AA_Digital_Charter_2017_SinglePages_15.11.17.pdf.

手资料并翻译整理,归纳总结这些协会对网络消费者个人信息安全保护的监管重点。其中,美国有 8 个广告行业协会,分别是美国广告联合会(AAF)、美国广告主协会(ANA)、商业促进局(BBB)、美国广告代理商协会(4A's)、美国直销协会(DMA)、国家广告审查理事会(NARC)、美国互动广告局(IAB)、网络广告促进会(NAI);英国有 8 个广告行业协会,分别为广告从业者学会(IPA)、英国广告主联合会(ISBA)、广告标准局(ASA)、广告实践委员会(CAP)、英国广告标准财务委员会(ASBOF)、英国直销协会(DMA)、广告协会(AA)、英国互动广告局(IAB);国际与区域性广告行业协会有 11 个,分别为世界广告主联合会(WFA)、国际商会(ICC)、欧洲广告标准联盟(EASA)、欧洲互动数字广告联盟(EDAA)、国际广告协会(IAA)、欧洲互动广告局(IAB Europe)、欧洲直销与互动营销联盟(FEDMA)、世界直销协会联盟(WFDSA)、移动营销协会(MMA)、广告研究基金会(ARF)、全球数据与营销联盟(GDMA)。根据官网提供的自律规制资料,我们以几个有代表性的广告行业协会为例,探究最近几年它们在个人信息保护方面的监管重点。

一、美国的广告行业协会

(一)颁布自律规制

网络广告促进会(NAI)自 2000 年以来一直在探索在线广告中数据收集和使用的规范。2013 年,随着移动终端的飞速发展,NAI 通过发布首个《移动环境行为规范》(*Mobile Application Code*),将其备受尊重的计划和高标准扩展到移动终端的广告,为该媒体平台端搜集与使用数据制定了规范。2015 年公布了《非 Cookies 技术的使用指南》(*Guidance for the Use of Non-Cookies Technologies*),进一步将其高标准扩展到下一代广告技术。2017 年 4 月,更新《NAI 成员指南:基于兴趣的广告中使用非 Cookies 技术》(*Guidance for NAI Members:*

Use of Non-Cookies Technologies for Interest-Based Advertising）。①
2017 年发布了《网络广告促进会行为准则（2018 年版）》（*2018 Code of Conduct*），将基于网络和应用程序的数据收集和使用要求合并为一份文件，纳入了相关的指导文件，并更新了术语。② 2019 年 11 月颁布《NAI 会员指南：选择同意》（*Guidance for NAI Members：Opt-In Consent*），主要涉及以下内容：选择加入同意需要"明确和明显的通知"；"合理保证"需要约定额外的合同义务；某些类型的数据创建段被认为是对数据的使用，需要用户选择加入同意。③《网络广告促进会行为准则（2020 年版）》调整与修正了在离线数字广告中的数据使用原则，扩展了定制广告的含义，将受众匹配广告（Audience-Matched Advertising）与跨网址、应用程序与覆盖设备上的定向广告数据使用涵盖进来。同时也加强了基于设备识别信息（DII）与个人识别信息（PII）形式的数据识别。④

美国商业促进局（Betler Business Bureau，BBB）在数据隐私保护方面已经积累了 20 多年的专业经验，搭建了"商业促进局欧盟隐私保护框架"（BBB EU Privacy Shield），聘请数据隐私领域的专家组成委员会，制定了《BBB 欧盟隐私保护争议解决程序规则》，帮助行业进行隐私认证，处理隐私调查和投诉，进行数据隐私审查，免费向个人提供服务。⑤ 商业促进局强调，根据该协会的隐私保护框架，消费者的个人

①https://www.networkadvertising.org/sites/default/files/NAI_BeyondCookies_NL.pdf

②Leading Industry Since 2000［EB/OL］.（2019-10-19）［2022-11-15］.https://www.networkadvertising.org/.

③Guidance for NAI Members：Opt-In Consent［EB/OL］.（2019-11）［2022-11-15］.https：//thenai.org/wp-content/uploads/2021/07/nai_optinconsent-guidance19.pdf.

④NAI Code of Conduct2020［EB/OL］.（2019-10-21）［2022-11-15］.https://www.networkadvertising.org/sites/default/files/nai_code2020.pdf.

⑤EU Privacy Shield［EB/OL］.（2019-10-15）［2022-11-15］.https://www.bbb.org/EU-privacy-shield/about-program/.

数据不论来自何处(如纸张、电子、视频或音频),也不论如何从欧盟、瑞士或其他适用该规则的参与国转移到美国的,只要能识别个人信息就被纳入保护范围之内。

美国广告代理商协会(4A's)践行"健全、道德和透明的商业行为是对客户及其所代表的品牌的保证,4A's 的成员机构是值得信任和有价值的合作伙伴"发展宗旨,于 2016 年 1 月 28 日发布《透明度行为指导原则》(*4A's Transparency Guiding Principles of Conduct*),提出九条原则。2018 年 3 月 16 日发布《成员行为规范》(*The 4A's Member Code of Conduct*),制定了五条基本规范,其中第一条就规定"会员不得为了获得竞争优势而与其他会员、关联集团、业务单位或公司共享或使用任何非公开、保密、'会员专属'或其他专有信息,无论其来源如何。同样,4A's 的成员不得索取、接受或使用关联公司或业务单位获取的非公开或机密信息",将消费者个人信息保护放在重要的位置。此外,成员还应该遵守五条更高的要求,其中有两条也是与信息保护有关的:如果营销信息被放置在能够识别消费者个人行为的媒体中,以最大化参与的目的,那么消费者应该有机会"选择退出"或拒绝信息,正如数字广告联盟所建立的那样;坚信信任和透明度是机构和客户关系的基石。为了强调和加强这一信念,4A's 创建了透明行为指导原则,以提炼和澄清行为标准,这些标准应告知和指导所有客户与机构的关系。成员机构必须与其客户合作,确保有关媒体购买和有关透明度问题的合同条款得到相互理解。①

美国广告主协会(ANA)发布了《加利福尼亚州消费者隐私法案案无约束力指南》(*California Consumer Privacy Act Non-Binding*

---

①The 4A's Member Code of Conduct[EB/OL]. (2018-03-16)[2022-10-15]. https://www.aaaa.org/4as-member-code-conduct/.

Guidance），帮助行业明确新颁布的州立法对行业的影响。[①] 法律对隐私提供了重要的保护，同时也明确了消费者和数据提供商、品牌、广告商等需要承担的新责任。

此外，一些广告行业协会还相互合作，协同颁布自律规范。例如2016 年 11 月 17 日，媒体分级委员会（MRC）、互动广告局（IAB）和移动营销协会（MMA）发布《基于地理位置的广告测量的指导方针》（*Location-Based Advertising Measurement Guidelines*），其目标是为基于位置的关键元素提供一组一致的测量标准，规定测量数据的最低披露要求；提供一份关于推荐研究操作实践和质量的清晰声明，描述最低要求和最佳实践；鼓励进行实验验证，以提高受众研究的质量。[②]

（二）成立研究部门，发布研究成果

美国广告主协会（ANA）专门成立了"数据营销和分析部门"，一是为了探索如何提升推动组织成长的数据战略和管理能力，二是为了就数据隐私保护、透明度等影响数据营销的问题进行宣传，致力于制定相关行为准则。此外，该协会也非常关注新技术应用带来的数据安全保护问题，相继发布了《2019 人工智能年度报告》《2019 VR 技术年度报告》等研究成果。[③]

网络广告促进会（NAI）发布《2020 年度报告》与《最佳实践：基于非营销目的的信息收集与广告定制报告》（*Best Practices：Using Information Collected for Tailored Advertising or Ad Delivery and Report-*

---

①California Consumer Privacy Act Non-Binding Guidance[EB/OL]. (2022-04-19)[2022-09-22]. file:///C:/Users/Ren-surface/Downloads/ANA％20CCPA％20Guidance％20（1）.pdf.

②Location-Based Advertising Measurement Guidelines [EB/OL]. (2016-11-17)[2022-09-28]. https://2hmrjh9d3a1pz5vo449txg12-wpengine. netdna-ssl. com/wp-content/uploads/2015/01/Location-Based-Advertising-Measurement-Guidelines-Public-Comment-Draft. pdf.

③Data Marketing ＆ Analytics Division[EB/OL]. (2019-10-15)[2022-09-28]. https://www. ana. net/content/show/id/data-marketing-analytics.

ingfor Non-Marketing Purposes），列出了三个最佳实践准则与五个典型案例，敦促会员参照这些最佳实践，帮助成员继续开发数据的创新用途，同时赢得用户信任，利用好隐私技术。[①]

（三）协会之间合作，开发认证项目

"让测量有意义"（3MS）是一个跨行业的倡议，由美国广告代理商协会（4A's）、美国广告主协会（ANA）和互动广告局（IAB）共同成立，专设独立机构"媒体评级委员会"（MRC），负责制定和实施衡量标准，确定正确的指标和解决方案并围绕这些解决方案推动行业共识，建立衡量治理模型。[②]

TAG 是一家开展多项行业领先认证的自律组织，致力于打击数字广告犯罪、提升数字广告可信度。TAG 由美国广告代理商协会（4A's）、美国广告主协会（ANA）、互动广告局（IAB）等头部数字广告行业组织联合创办，旨在消除流量作弊、打击恶意软件、杜绝网络盗版、促进数字广告品牌安全。TAG 覆盖整个数字广告供应链上的公司，是美国第一家也是唯一一家注册的数字广告行业信息共享和分析组织（ISAO），目前已有 700 名成员。[③] TAG 可提供反欺诈认证、识别恶意注册、品牌安全认证等服务，其中品牌安全认证与消费者个人信息保护息息相关，是为了促进广告预算流向数字广告参与者以维护品牌安全的行业规范框架。该项目服务于整个数字广告供应链，提供足够的透明度与消费者的选择权和控制权，使买家有信心购买广告商

---

①Best Practices：Using Information Collected for Tailored Advertising or Ad Delivery and Reporting for Non-Marketing Purposes ［EB/OL］. （2020-06）［2022-10-29］. https：//thenai. org/wp-content/uploads/2021/07/nai_nonmarketing-bestpractices-0620_final-1. pdf.

②About 3MS：A Cross-Industry Initiative［EB/OL］. （2022-04-19）［2022-10-29］. https：//measurementnow. net/what-is-3ms/#. Yl9tb9_ivD4.

③About us［EB/OL］. （2022-04-19）［2022-10-29］. https：//www. tagtoday. net/aboutus/.

品,并为卖家创建品牌安全框架,提高认证卖家库存的价值。

美国互动广告局(IAB)提供四项认证,分别是数字媒体销售认证、数字媒体购买与策划认证、数字广告运营认证、数字营销和媒体基金会认证。以数字广告运营认证为例,该认证可以证明获得者在数字广告运营领域具备一定的知识和能力,并致力于维护行业的高标准道德和坚守专业实践。取得资格的个人必须通过多项选择考试。[①]

(四)关注政策与技术变化,展开行业培训

美国广告主协会(ANA)向会员提供从实践培训、国际奖励计划到案例研究、会议、网络研讨会和面对面的网络交流等机会,以推动行业经济增长,倡导数据营销和行业问题分析。该协会提供了广泛的主题,以帮助成员更好地理解数据如何塑造和驱动消费者行为,如何建立一个以数据为中心的组织,关注数据质量、隐私和治理等数据问题,以及区块链和机器学习等新兴技术的应用问题。美国广告主协会还与数十家企业合作,研究分析数据,以提升服务会员的能力。[②]

美国互动广告局(IAB)为成员提供免费的网络研讨会,以增进他们对欧洲隐私法趋势及其如何影响美国的认识。例如,美国互动广告局十分关注欧洲法律的新发展对数字广告构成的挑战,并于2022年4月26日邀请来自Adform、Didomi和Fieldfisher的隐私和数字媒体专家提供有关《通用数据保护条例》与隐私发展的法律及合规更新内容,并讨论它们对广告技术和数字媒体的影响,包括《数字市场法案》新要求的潜在影响。[③]

---

①Digital Ad Operations Certification[EB/OL]. (2022-04-19)[2022-11-18]. https://iabcertification. com/digital-ad-operations/.

②Data and Analytics[EB/OL]. (2022-04-19)[2022-11-08]. https://www. ana. net/data.

③2022 IAB GDPR Insights[EB/OL]. (2022-04-19)[2022-11-08]. https://www. iab. com/events/2022-iab-gdpr-insights/.

二、英国的广告行业协会

2016 年英国的数字广告经济规模超过了德国和法国的总和,103 亿英镑的数字广告支出占总投资的一半。为了让英国成为网络广告最好、最安全的地方,各个广告行业协会都致力于通过完善自律规范、探索适宜的监管机制来改善国内数据广告营销环境。

(一)颁布自律规制与指南

2014 年 8 月 12 日,英国直销协会发布《英国直销协会准则》(*The DMA Code*)中规定应遵守受众隐私,"成员必须遵守相关规定,未经许可不能发送一对一的营销邮件和(或)短信",必须诚实、公平竞争"成员不得利用轻信、缺乏知识或经验不足的任何消费者,尤其不得针对未成年人和其他容易受伤害的消费者进行营销传播活动"。① 近年来,该准则在消费者个人信息保护方面发挥着重要的作用。

英国广告主联合会正积极与世界广告商联合会(WFA)电子隐私特别工作组合作,以确保该行业完全了解并与协会的立场保持一致,以保护广告商的在线权利,包括收集用于定位在线广告的浏览数据。② 联合会着手制定《电子隐私指令》,旨在确保所有电子通信平台的隐私,对 Cookies 引入更简单的规则以提高直销的透明度。作为一项规定,它将直接适用于每个欧盟成员国。在 Cookies 和其他在线跟踪设备方面,重点从网站 Cookies 横幅转移到用户的浏览器设置,并寻求解决广告屏蔽和 Wi-Fi 位置跟踪方面的问题。它收紧了市场营销规则,所有通过电话、短信或电子邮件向个人进行的营销都必须选择加入,采用了两级罚款制度,最高为 2000 万欧元,拟议的法规将显著改

---

① The DMA Code [EB/OL]. (2015-3-28)[2022-11-08]. http://www.dma. org. uk/uploads/Interactive-code-for-web_sept-11_54119ad59a64b. pdf.

② ePrivacy[EB/OL]. (2019-10-22)[2022-11-08]. https://www. isba. org. uk/knowl-edge/data/eprivacy/.

变收集在线跟踪许可的方式。浏览器将被要求用户选择通过他们的隐私设置进行跟踪,而不是现在网页上显示的 Cookies 通知横幅。浏览器需要询问用户是否希望在安装时激活第三方跟踪(包括 Cookies)。已安装的浏览器将需要在下次更新时征求同意。委员会建议浏览器应该提供一系列隐私设置选项,包括"从不接受 Cookies""拒绝第三方 Cookies""始终接受 Cookies"和"只接受第一方 Cookies"。定配置 Cookies(例如,用于记住购物篮中的内容)与其他 Cookies 有明确的区别,不需要同意。用户需要为 Cookies 和用于数字广告的其他类型的第三方跟踪提供"自由给予、具体、知情和明确的"同意。这与当今许多国家实行的"通知和默示同意"制度相比有了重大变化,即当用户第一次访问网站时,采用弹出式通知的形式。

英国广告主联合会(ISBA)2021 年 9 月发布《营销影响者行为准则》(*ISBA Influencer Marketing Code of Conduct*),对"网红"代言的品牌及广告应该如何确保消费者隐私做了规定。[①]

除了颁布自律规制,英国一些广告协会也会发布各种指导报告来督促行业更好地尊重消费者的隐私。例如,英国广告主联合会向会员提供了多个指导文件,2018 年 4 月 10 日发布《通用数据保护条例框架下使用合法权益的指导意见》,2018 年 4 月 30 日发布《通用数据保护条例分析指南》《内容指南》《问责指南》。[②] 2021 年英国广告从业者协会(IPA)发布了《追踪的新界限》,指导会员更好地理解技术以及更严

---

①ISBA Influencer Marketing Code of Conduct[EB/OL]. (2022-04-18)[2022-11-08]. https://www. isba. org. uk/system/files/media/documents/2021-10/ISBA％20Influencer％20Marketing％20Code％20of％20Conduct％201021. pdf.

②ePrivacy[EB/OL]. (2019-10-22)[2022-11-08]. https://www. isba. org. uk/knowledge/data/eprivacy/.

格的隐私控制的出现,如何影响品牌有效性的发展。①

(二)向政府提建议,关注相关规制

由于英国受欧盟颁布的相关规制的影响,《通用数据保护指南》作为一个影响较强的新规制,受到几个英国广告协会的重点关注。2017年由直销协会的克里斯·康贝梅尔(Chris Combemale)担任主席的"AA 数据保护工作组"(Data Protection Working Group)将注意力集中在《通用数据保护条例》的实施和布鲁塞尔就新的电子隐私条例进行的谈判上。工作组向信息专员办公室和第 29 条工作组、机管局等提出建议,并在布鲁塞尔组织了一次欧洲工业午餐会,与来自欧洲议会和成员国的代表讨论拟议的电子隐私条例。②

2017 年 11 月,为回应政府的数字宪章,由英国广告协会主持,广告主联合会、广告从业者协会与 Facebook、Google 等联合发布了《数字宪章:广告协会向政府提出的建议》(Digital Charter: Advertising Association proposals to Government),探讨了欧盟《通用数据保护条例》生效后对英国广告行业的影响,指出由于缺乏欧洲监管机构在同意等关键问题上的指导,英国的数据保护情况变得更加复杂。尽管英国已经离开欧盟,但实际上英国企业必须遵守这一规定,以确保继续向欧盟市场提供服务,因此该法规的制定仍需要英国当局的充分参与。另外有关数据隐私,该建议中提出在需要确保英国公民享有高水平保护的情况下,要遵守强有力的言论自由和信息自由豁免,同时还要确保数据自由进出英国,使其成为提供创新数字服务的世界领先中心。数据已经成为英国经济的关键,成为当今数字媒体和服务的强

---

①The New Boundaries of Tracking and the Cookies-less Frontier[EB/OL]. (2022-04-18)[2022-11-08]. https://ipa. co. uk/knowledge/publications-reports/the-new-boundaries-of-tracking-and-the-Cookies-less-frontier/.

②Getting data & privacy right[EB/OL]. (2018-3-19)[2022-11-08]. https://www. adassoc. org. uk/policy-areas/getting-data-privacy-right/.

项。这对于有效的广告和营销传播以及更广泛的数字经济的持续成功和可持续性发展至关重要。由于处理个人数据的敏感性,以及相关的声誉成本和对错误的财务制裁,广告生态系统正在大力投资,以确保数据隐私是其活动的核心。同时也在开展跨行业工作,以确保在实施全球发展政策方面采取一致的做法,并确保英国能够证明遵守最佳做法标准。[①]英国广告协会还发布"五点行动计划"(5-point action plan)防止广告业信任度下降,承诺确保数据隐私问题。

(三)撰写研究报告

2019 年英国广告主联合会(ISBA)组织的会议上,广告协会(AA)发表《阻止英国广告公众信任的下降》,探讨建立公众信任的关键驱动因素,包括五项关键的全行业行动。具体内容是:①减少广告轰炸;②减少过度的频率和重新定位;③我们将确保 ASA 是"班上最好的";④我们会确保资料隐私的重要性;⑤我们将展示广告可以推动社会变革。可以看到,其中第四点就是追求资料隐私的保护,提出应该"正确、合规和合乎道德地使用公众数据"[②]。

(四)指导行业最优实践

英国直销协会(DMA)的"消费者数据理事会"于 2019 年 11 月发布《数据最佳实践:隐私通知的力量》(*Data Best Practice:The Power of the Privacy Notice*),提出企业有关"隐私通知"的最佳实践步骤,号召企业"将隐私通知当作一个增进感情的机会吧!"隐私通知是一个重要的机会,可以建立关系,增加信任,改善你的品牌在新老客户眼中的

---

①Digital Charter:Advertising Association proposals to Government [EB/OL].(2017-11)[2022-11-08]. https://www. adassoc. org. uk/wp-content/uploads/2017/12/AA_Digital_Charter_2017_SinglePages_15. 11. 17. pdf.

②Paul Bainsfair and Phil Smith:Arresting the decline of public trust in UK advertising[EB/OL]. (2021-11-10)[2022-11-08]. https://adassoc. org. uk/our-work/trustprogressreport/.

地位。可以问问你自己,为什么人们会看它?他们关心现有或潜在的客户吗?他们是否对如何使用他们的数据有疑问?我们如何提供保障?思考哪些问题对你的消费者最重要,然后着手回答它们。应该设身处地为消费者着想,回答他们的问题,这种交流与你发布的其他内容同等重要。使用简单、直白和诚实的语言意味着你的隐私通知将回答问题,而不是提出问题。客户应该读完你的通知,对他们的数据正在做什么有一个全面的了解。考虑到他们可能有你没有想到的其他问题,所以联系方式的详细信息应该包括在内。不要用行话。简化法律术语,使其易于理解。确保遵守法律,在发布更新的隐私政策之前,务必检查该政策是否符合法律规定。为了优化积极的客户体验,隐私通知应该在任何时候都很容易找到。在你要求提供个人信息的所有接触点都应该提到它。无论是在纸上还是网上发布,都要考虑用户体验。①

（五）制定标准,进行隐私认证

英国的广告自律组织还制定标准开展了隐私认证。例如英国互动广告局(IAB UK)开发了"黄金标准"。这是一个重要的框架,旨在建立一个更强大的数字生态系统,为消费者、传播者、技术和买家在整个数字媒体购买过程中提供更多的保障和确定性。黄金标准对所有购买和销售数字媒体的 IAB 英国会员开放。该标准主要有四个目标:减少广告欺诈、维护品牌安全、改善经验、协助遵守 GDPR 和隐私法。

自 2019 年以来,业界对于黄金标准的支持大幅增长,英国互动广告局随之推出了 2.0 版,增加了额外的标准,以帮助遵守 GDPR 和隐

---

①Data Best Practice：The Power of the Privacy Notice［EB/OL］.（2019-11-29）［2022-11-08］. https://dma. org. uk/article/data-best-practice-the-power-of-the-privacy-notice.

为会员专门开发了免费的在线培训课程。截至 2021 年 11 月，已有 59 家公司通过了 2.0 版本标准的认证，包括 Sky、Twitter 和 YouTube 等，联合利华、阿迪达斯、乐购和全英房屋抵押贷款协会（Nationwide Building Society）等广告客户也支持这一举措。[①]

三、国际行业协会组织

欧洲广告标准联盟（EASA）于 2011 年 4 月将欧洲各国的广告自律组织与代表召集在一起，提交了有关《在线广告行为的最具操作性指南》，该指南有七个指导原则：①通知，包括通过使用图标链接到复杂背景信息与控制设置的"特别通知"；②选择，为用户提供一个"一键退出"（one-stop-shop）的解决方案以避免在线行为被追踪，为所有的或尽可能多的网站访问者提供明确的信息搜集声明；③数据安全；④敏感数据，避免对儿童相关信息或敏感信息的搜集行为；⑤教育，为消费者与企业提供教育；⑥遵守并执行方案，需要借助有效的机制确保遵守并处理投诉；⑦评价，根据建议进行周期性的评价与调整。该指南得到了全球隐私论坛（The World Privacy Forum）的认同。[②] 作为一个国际性组织，欧洲广告标准联盟为了响应欧洲单一市场，以及解决来自欧盟成员国 A 的广告在欧盟成员国 B 传播时引起的投诉问题，早在 1992 年就设立了"跨境投诉系统"[③]。此外，该组织也号召成员国遵守国际商会的广告规范。

---

①Paul Bainsfair and Phil Smith：Arresting the Decline of Public Trust in UK Advertising[EB/OL].（2021-11-10）[2022-11-08]. https：//adassoc. org. uk/our-work/trustprogressreport/.

②Tene O，Polonetsky J．To track or "do not track"：advancing transparency and individual control in online behavioral advertising[J]. Minnesota Journal of Law，Science & Technology，2012(1)：316-318.

③Cross-Border Complaints System［EB/OL].（2022-04-22）[2022-11-08］. http：//www. easa-alliance. org/sites/default/files/EASA％20CBC％20system％20explained. pdf.

国际商会(ICC)作为世界商业组织,其成员包括来自各个行业和地区的数千家企业,自1937年颁布第一部商会规制《广告实务守则》以来,一直是市场营销和广告业的主要规则制定者。《国际商会广告和营销传播规范》(2018年版)的第19条专门为数据和隐私保护制定了详细的规范,提出向个人收集数据资料时,应遵守有关的规章制度,尊重和保护个人隐私。《国际商会负责任的移动营销传播指南》(*ICC Guide for Responsible Mobile Marketing Communications*)则指出,在发展中国家,移动设备的普及率已超过个人电脑,这是因为移动设备的可承受性和对昂贵的基础设施投资的依赖性更低。简单的语音和文字手机被誉为微型企业和偏远或农村地区支付处理的宝贵工具。与此同时,在发达国家,智能手机的推出引发了可在移动设备上应用的App、游戏和服务的研发热潮,其中许多应用程序的运作成本是由广告收入提供的。由于大多数商业模式都依赖于数据的收集和使用,以定制更有价值的服务的广告,因此企业必须制定强有力的自律标准,以保护消费者的信任。本指南为将自律原则应用于移动营销提供了全球指导,有助于企业和自我监管机构更好地保护消费者的信任,特别是在移动业务迅速扩张的当下。[1]

欧洲数字广告联盟(EDAA)在2011年4月发布了《欧洲数据驱动广告行业自律框架》(*European Industry Self-Regulatory Framework on Data-Driven Advertising*),为在线行为广告制定了五个主要原则:用户对在线行为广告的选择、数据安全、敏感数据细分、教育、合规和执法计划。[2] 此外,还发布了《移动环境下数据驱动广告的欧洲行

---

①ICC Guide for Responsible Mobile Marketing Communications[EB/OL].(2019-10-23)[2022-11-08].https://iccwbo.org/content/uploads/sites/3/2018/08/icc-guide-for-responsible-mobile-marketing-communications.pdf.

②European Industry Self-Regulatory Framework on Data-Driven Advertising[EB/OL].(2011-04)[2022-11-08].https://edaa.eu/wp-content/uploads/OBA-Framework.pdf.

业自律框架》(*Application of the European Industry Self-Regulatory Framework on Data Driven Advertising in the Mobile Environment*)，该框架修订了在线行为广告在移动环境中的定义，明确了 App 供应商、跨 App 平台数据、地理位置的数据、个人设备数据以及用户选择机制等术语的含义。其原则包括给消费者的通知与注意事项、选择权以及多项确认原则。① 2015 年 11 月 10 日，欧洲数字广告联盟发布了《移动广告标记实施指南》(*Ad Marker Implementation Guidelines For Mobile*)，使消费者可以在不使用光标的情况下与屏幕交互，如通过摇晃、倾斜或从一个位置移动到另一个位置等动作产生交互行为。②

欧洲互动广告局(IAB Europe)于 2018 年 4 月发布了《透明度与知情同意框架》(*Transparency and Consent Framework*，TCF)，该框架是欧洲互动广告局与互动广告局技术实验室合作完成的，2019 年 8 月 21 日推出了第二版。在该框架下，消费者能够授予或拒绝同意，并行使他们对正在处理的数据的"反对权"，消费者还可以更好地控制供应商是否以及如何使用数据。除了保护消费者，在企业如何与技术合作伙伴协作方面，本框架也提供了更大的控制力和灵活性。新发布的功能对供应商在发布者网站上随意处理个人数据的行为进行限制。③

欧洲互动数字广告联盟(EDAA)是管理欧洲数据驱动广告(或在线行为广告)的自我监管机构，主要功能是为欧洲数据驱动广告公司提供"AdChoices Icon"，这是一个面向消费者的交互式许可证，亚马逊、谷歌、脸书等公司均获得了该认证。通过欧洲互动数字广告联盟

---

① Application of the European Industry Self-Regulatory Framework on Data Driven Advertising in the Mobile Environment[EB/OL]. (2022-04-20)[2022-11-08]. https://edaa. eu/wp-content/uploads/2012/10/EDAA-Addendum-for-Mobile-1. pdf.

② Ad Marker Implementation Guidelines For Mobile[EB/OL]. (2015-11-10)[2022-11-08]. Ad Marker Implementation Guidelines For Mobile.

③ TCF-Transparency & Consent Framework[EB/OL]. (2021-06-22)[2022-11-08]. https://iabeurope. eu/tcf-2-0.

的网站,消费者可以了解有关数据驱动广告的信息,以及对量身定制的个性化广告进行知情选择的机制。

全球数据与营销联盟(GDMA)自 2018 年起开始关注消费者隐私调研,并于 2021 年 12 月与期货公司 Foresight Factory 和客户情报公司 Acxiom 合作进行了第四次调研,调研涵盖了 16 个国家和地区,并形成了关于德国、英国和美国的专项研究报告。以英国为例,该联盟就"英国公众对隐私的态度"展开了在线调查,共有 2072 名受访者参与。调查结果表明,"消费者对网络隐私的态度越来越积极。在过去的 10 年里,'数据共享'和'数据交换'的概念正在兴起,'数据交换'正在朝着成熟的方向不断发展,消费者在数据经济中的参与度不断提高。'信任、透明度和控制'作为健康数据经济的核心支柱,其重要性持续存在。研究也发现,消费者开始重视 GDPR 的重要性,对新出现的数据主题大都有自己的见解,并且对数据在推动多样性方面的作用有了更多的认知。总体而言,人们对数据隐私的态度更加积极,同时幸福感也在提升。消费者会继续呼吁,行业要负起责任,做到决策透明,把品牌和消费者之间的价值交换弄清楚——换句话说,就是努力帮助人们理解他们分享数据的回报,并为他们提供更大的控制权。成功的品牌会是那些既勤奋又负责的公司"。

此外,该研究发现,大多数英国消费者仍然是"数据实用主义者"。2022 年,46%的英国消费者认为自己是数据实用主义者,他们乐于与企业交换数据,只要企业能提供明显的好处;31%的英国消费者对"数据不关心",他们很少或根本不关心自己的数据隐私;23%的英国消费者属于"数据原教旨主义者",他们不愿分享个人信息(见图 3-1)。因此,2022 年,绝大多数(占 77%)英国消费者对参与数据经济持开放态度。①

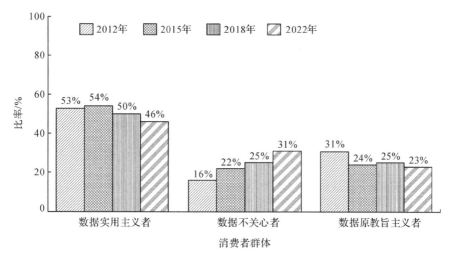

图 3-1　典型年份英国消费者对个人数据的态度分布

第二节　来自隐私与消费者保护协会的监督力量

与广告行业协会相比,专门的隐私与消费者保护协会更是将隐私问题作为关注的焦点,虽然这些协会成立的时间并不长,但是他们也在智能环境下发挥着强有力的监管作用。

一、隐私与消费者保护协会的作用

隐私与消费者保护协会在监督个人数据信息方面也是一支非常重要的力量。例如,美国消费者联盟(Consumer Federation of America,CFA)早在 1968 年成立时就以保护消费者利益为己任。进入 21 世纪以来,CFA 开始关注新问题,将网络消费者的隐私保护作为一个

---

① UK Data Privacy: What the Consumer Really Thinks 2022[EB/OL]. (2022-03-25) [2022-11-10]. https://dma. org. uk/uploads/misc/dma—uk-data-privacy-2022. pdf.

监管重点,提出"消费者拥有隐私权和个人信息安全的基本权利。这些权利扩展到个人数据的收集和控制、商业限制和政府监督、禁止歧视数据的做法以及消费者个人信息免受未经授权的曝光和使用的保障措施。联盟鼓励公平和有效的数据实践,支持通过强有力的执法来遏制隐私滥用,从而促进消费者的隐私保护"[1]。2009 年 9 月,CFA 发布了《金融产品隐私保护白皮书》(*Fringe Financial Product Privacy and Security White Paper*);2010 年 12 月发布了《云计算服务中的消费者保护:最佳实践的建议》(*Consumer Protection in Cloud Computing Services:Recommendations for Best Practices*);2012 年 4 月发布了《身份窃取服务最优实践》(*Best Practices for Identity Theft Services*),2015 年 11 月修订发布第二版。[2]

1994 年成立的美国万维网联盟(World Wide Web Consortium,W3C)是 Web 技术领域最具权威性和影响力的国际中立性技术标准机构,已发布了 200 多项影响深远的 Web 技术标准及实施指南。该联盟开发的"隐私偏好平台项目"(Platform for Privacy Preferences Project,P3P),可以把网站隐私政策和用户隐私偏好间的对照进行标准化,用户的偏好被嵌入浏览器,只允许用户在与其偏好一致的网站上提供个人数据。[3]

1994 年成立的美国电子隐私信息中心(Electronic Privacy Information Center,EPIC)是一家独立的非营利研究中心,旨在保护消费者隐私、自由表达权利、民主价值、促进公众参与互联网未来的发展决策,对消费者隐私权的保护具有聚焦范围更小、针对性更强的优势。

---

①Privacy[EB/OL]. (2018-2-10). https://consumerfed. org/issues/privacy/.

②ID Theft/Data Security[EB/OL]. (2018-2-10). https://consumerfed. org/issues/privacy/id-theft/.

③[美]理查德·斯皮内洛. 铁笼,还是乌托邦——网络空间的道德与法律(第二版)[M]. 李伦,等,译. 北京:北京大学出版社,2007:156-157.

该中心于 2009—2010 年在其他消费者隐私保护组织的支持下,进行了一系列备受瞩目的投诉,帮助联邦贸易委员会为谷歌和脸书建立了全面的隐私计划。此外,该中心对消费者隐私保护的具体问题,例如网络隐私、在线追踪和大数据、通信的隐私、社交媒体和应用、电话营销、数据泄露和身份盗用、地理位置隐私、金融隐私、医疗隐私、儿童隐私等分门别类进行了细化研究,有些还制定了行业指南,例如《实用隐私工具在线指南》(*EPIC Online Guide to Practical Privacy Tools*),对移动端、网络、电子邮件等终端收集隐私的行为进行了规定。该中心于 2015 年春季发起"国家政策项目"(EPIC's State Policy project),旨在督促全国立法以保护个人隐私与公民自由权利,涉及的议题领域包括学生隐私、无人驾驶飞机和无人机、消费者数据安全、数据泄露通知、地理位置隐私、基因隐私、警察的随身相机、遗忘权、汽车黑匣子等。[1]

这些隐私与消费者保护组织,会积极与政府沟通,以寻求制定最佳的消费者隐私保护方案。例如,2018 年 12 月,美国电子前沿基金会(Electronic Frontier Foundation)、消费者联合会(Consumer Federation of America)、电子隐私信息中心(Electronic Privacy Information Center,EPIC)和公共公民等 16 个领先的消费者、隐私和民权组织在致国会议员的一封信中表示,"国会应该给予各州开发自己的隐私解决方案的空间和权力","优先于更强有力的州法律的联邦隐私立法,只会以牺牲公众利益为代价让科技公司受益"。[2]

二、广告协会与隐私保护协会的合作

不少广告行业协会为保护消费者隐私,加强了与隐私保护协会之

---

[1] EPIC. org/State-Policy[EB/OL]. (2018-1-12)[2022-10-28]. https://epic. org/state-policy/.

[2] Consumer, Privacy, Civil Rights Groups Tell Congress That States Must Have Power to Safeguard Privacy [EB/OL]. (2022-04-18)[2022-10-28]. https://commercialalert. org/consumer-privacy-civil-rights-groups-tell-congress-that-states-must-have-power-to-safeguard-privacy/.

间的合作,共同的研究对象为双方合作奠定了基础。例如美国直销协会、网络广告促进会等就与美国电子隐私信息中心①就共同关注的问题展开合作,对消费者隐私权利被侵犯的情况进行了有力的监督。美国电子隐私信息中心又加入了美国公民自由联盟(American Civil Liberties Union,ACLU)②,监督科技企业制定更为严格的隐私保护标准,给予用户更大的数据控制权利。

广告行业协会除了与隐私保护协会展开合作外,还联合创办隐私保护联盟,通过发布自律规制,引导在线行业健康发展。例如,美国广告联合会、美国广告主协会、美国广告代理商协会等,与 TRUSTe 隐私监管公司以及诸多知名 IT 公司一起,在 1998 年春天合作成立了美国在线隐私联盟(Online Privacy Alliances,OPA),并于同年 6 月发布了《在线隐私政策指南》(*Guidelines for Online Privacy Policies*),旨在指导网站和其他电子行业的隐私保护工作,对成员公司提出如下规定:公开网站隐私政策;在合法收集个人信息、使用个人信息或另作他用时征得主体的同意;收集数据的内容规定与安全性,用户访问数据、问责机制等分别做出规范。③ 为了确保自律的有效性,在线隐私联盟发布了《有效实施自律计划》(*Effective Enforcement of Self Regualtion*),提出"第三方认证项目""隐私认证项目""验证与监管""消费者投诉机制""教育机制"等内容。④

---

①美国电子隐私信息中心是一家独立的非营利性研究中心,旨在保护消费者隐私、自由表达权利、民主价值、促进公众参与互联网未来的发展决策。

②ACLU 指美国公民自由联盟(American Civil Liberties Union),这是一个大型非营利性组织,成立于 1920 年,总部设于纽约市,其目的是"捍卫和维护美国宪法和其他法律赋予这个国度每个公民的个人权利和自由",联盟透过诉讼、推动立法以及社区教育达到其目标。

③Guidelines for Online Privacy Policies[EB/OL]. (2015-6-26)[2022-11-08]. http://www. privacyalliance. org/resources/ppguidelines. shtml.

④Effective Enforcement of self Regualtion[EB/OL]. (2015-6-26)[2022-11-09]. http://www. privacyalliance. org/resources/enforcement. shtml.

三、各行业协会以结盟方式合作

美国电子隐私信息中心经常联合其他消费者保护组织,例如消费者行动组织(Consumer Action,CA)、美国图书馆协会(American Library Association,ALA)、数字民主中心(the Center for Digital Democracy,CDD)随时关注面部识别技术等新技术给消费者隐私保护带来的困难,并努力解决相关问题。

以 2001 年成立的数字民主中心为例,该协会是美国主要的消费者隐私保护组织之一,近年来开展了多个隐私保护项目,例如数字消费者保护、数字健康、数字营销、数字隐私、青少年隐私与数字营销等,宗旨是揭露"商业监视"对网络消费者个人信息的不当收集及利用现象,以促进监管保障措施出台。[1] 该中心于 2009 年 9 月领导"消费者组织联盟",向国会呼吁对在线行为追踪与定向广告采用新的规制,消费者团体发布了《在线行为广告追踪和定位原则》(*Principles on Online Behavioral Tracking and Targeting*)。2011 年,数字民主中心撰写《雅虎、微软和 AOL 同意将我们的数据给宏盟集团》一文,表达了对隐私侵犯问题的担忧,"在线营销公司与广告代理公司对我们的数据进行跨平台的分析以总结特征、对我们进行目标定位,这就凸显出为什么我们需要公共政策来监管隐私与消费者敏感信息(如健康、金融等)的交易行为"[2]。2014 年 5 月,该中心聚焦"数字营销定位运动"(Digital Bullseye Campaign),关注市场营销者面向弱势群体的数据收集与追踪行为,将未成年人之外的另外五个弱势群体也纳入监督范

---

①PROJECTS[EB/OL].(2018-2-10)[2022-11-09].https://www.democraticmedia.org/projects.

②Yahoo,Microsoft & AOL Agree to Give Our Data to Ad Giant Omnicom[EB/OL].(2011-4-23)[2022-11-09]. https://www.democraticmedia.org/yahoo-microsoft-aol-agree-give-our-data-ad-giant-omnicom.

围,即老人、金融消费者、拉丁裔美国人、非裔美国人、父母。该中心研究发现"老人遭遇网络诈骗与广告数字欺骗的问题最严重,青少年是数字营销者最为关注的目标群体,非裔美国人被营销人员视为潮流趋势的引领者,需要警惕营销人员绕过父母这个'守门员'直接与孩子沟通"①,数字民主中心因此提议,"大数据需要'大隐私'以及其他方面的监管"②。2015 年,该中心经过研究指出,"政府所致力于保护的消费者个人信息隐私权是有缺陷的。由于多方利益代表者一旦涉及经济或政治利益就难以协商成功,因此需要联邦贸易委员会这样的独立政府机构制定新的政策,真正保护公众的利益。面部数据属于个人敏感信息,企业搜集这些数据之前,用户至少应该对这种行为有充分的理解,然而没有一个公司或行业协会支持消费者的 Opt-in 选择权"③。

此外,美国自由联盟、民主与技术中心、数字民主中心、计算机与传播工业协会、直销协会、电子前沿基金会、未来隐私峰会、互动广告局、互联网协会、在线信任协会等组织也积极加入监督队伍中。这些来自行业协会的有效监管,对促使数字互动媒体平台及广告主严格自律、制定保护用户隐私的政策也发挥了重要的作用。

行业协会还通过结成联盟的方式监督网络消费者的隐私保护问题。2018 年 8 月,美国 34 个消费者隐私保护组织发布联合声明《公众利益隐私立法原则》(*Public Interest Privacy Legislation Principles*),

①Digital Bullseye Campaign[EB/OL].[2022-11-09].https://www.democraticmedia.org/digital-bullseye-campaign-may-2014.

②Twitter's IPO:Serving the Snack Food Industry and Tracking Consumers on Mobile Devices. More Responsibility & Privacy Req'd[EB/OL].(2013-9-13)[2022-11-09].https://www.democraticmedia.org/twitters-ipo-serving-snack-food-industry-and-tracking-consumers-mobile-devices-more-responsibility-priva.

③Privacy and Consumer Advocates Leave Administration's "Multistakeholder" Negotiations on Facial Recognition[EB/OL].(2015-6-16)[2022-11-09].https://www.democraticmedia.org/filing/privacy-and-consumer-advocates-leave-administrations-multistakeholder-negotiations-facial.

提出保护消费者隐私必须注意以下四个方面的内容：第一，隐私保护必须是强有力的、有意义的和全面的；第二，数据实践必须保护公民的权利，避免恶意歧视，确保平等的权利；第三，各级政府要发挥保护和落实隐私权的作用；第四，立法应为侵犯隐私提供补救措施。[①] 2018年12月13日，美国的16个组织向国会提出，各州必须有权保护隐私。他们认为"由于数据处理几乎在包括就业、教育和住房在内的每个部门都是相互交织的，一项关于允许优先购买权的联邦法案可能会无意中破坏国家对公民权利的保护，并使已经被边缘化的群体处于更大的危险之中"。鉴于技术变革速度很快，修改联邦立法以考虑技术的变革是一个可能需要数年甚至数十年的过程，即使采用新的监管标准通常也需要数年的时间。为了解决规制滞后的问题，国会应继续给予各州迅速应对和适应未来可能影响隐私和消费者权益保护的威胁的自由。美国各州可以作为"民主的实验室"，正如布兰代斯法官所认为的，"如果一个勇敢的州的公民愿意，它可以作为一个实验室，这是联邦体系中的一个令人高兴的事件；并尝试新的社会和经济实验，而不会给其他国家带来风险"[②]。由此，采用各州立法的方式有利于美国在隐私立法方面处于领先地位。

随着数字技术在多个行业中的广泛应用，消费者个人信息保护问题已经超出广告产业的范围，因此，美国的广告协会积极寻求与相关行业的联合监管，比如与金融行业的监管合作。在美国广告代理商协会（4A'S）、美国广告主协会（ANA）、数字广告联盟（DAA）、美国互动广告局（IAB）和网络广告促进会（NAI）的指导下，由美国广告联合会

---

① Public Interest Privacy Legislation Principles[EB/OL]. (2018-11-13)[2022-11-08]. https://www. citizen. org/wp-content/uploads/migration/11-08-2018_public_interest_privacy_principles_final5b15d5b25d. pdf.

② Consumer, Privacy, Civil Rights Groups Tell Congress That States Must Have Power to Safeguard Privacy[EB/OL]. (2018-12-13)[2022-11-08]. https://www. citizen. org/wp-content/uploads/migration/finalpreemptionletter. pdf.

（AAF）、见解协会（Insights Association）和金融服务公司的"全国电子商务和隐私商业联盟"（National Business Coalition on E-Commerce and Privacy）组成的"美国隐私"（Privacy for America）组织，通过与国会合作，支持制定全面的关于消费者数据隐私和安全的联邦立法。该组织为美国的立法机构描绘了一个大胆的新范例，将使个人数据更好地免受到侵犯或滥用，并首次提出了清晰、可执行和全国性的消费者隐私保护策略。

美国隐私保护组织制定了《隐私立法的原则》（*Principles for Privacy Legislation*），为全国范围内的隐私立法制定了一个新的框架，致力于从根本上改变个人数据在这个国家受到的保护和保护方式。与现有的美国国内乃至国际隐私监管方法不同，该框架不依赖烦琐的"通知和选择"计划来保护个人数据，而是明确定义和禁止将个人数据置于风险或削弱问责制的做法，把个人的负担从阅读数百条冗长的隐私政策，转移到一套通用的数据隐私和安全规范上来。为了确保被广泛遵守和严格执行，该框架将显著扩大联邦和州对数据实践的监督，包括在联邦贸易委员会创建一个新的数据保护局，授权该委员会在某些关键领域制定规则，并为其和州检察长提供民事处罚权。①

更好的广告联盟（Coalition for Better Ads）是由互动广告局（IAB）、网络广告促进会（NAI）、美国广告代理商协会（4A's）、欧洲数字广告联盟（EDAA）等广告行业协会和国际贸易协会、参与在线媒体的公司成立的联盟，以改善消费者对在线广告的体验。该联盟致力于利用消费者的洞察力和跨行业的专业知识来制定和实施新的全球在线广告标准，以满足消费者的期望。该联盟制定了《更好的广告标准》（*Better Ads Standards*），确定哪些低于消费者可接受门槛的广告体验

---

① Privacy for America［EB/OL］.（2022-04-07）. https://www.privacyforamerica.com/.

最有可能促使消费者安装广告拦截器。截至 2022 年,已有超过 15 万名消费者参与了该联盟的研究,以制定一套更好的广告标准。该联盟鼓励广告商、出版商、应用开发者和广告技术提供者好好学习《更好的广告标准》,这是他们努力改善消费者在线广告体验的必要一环。在《更好的广告标准》中,该联盟提出了四点建议:

第一,广告商可以使用《更好的广告标准》来指导广告活动的策划和执行。

第二,发行商和应用开发者可以使用《更好的广告标准》为他们的用户创造更好的体验。

第三,广告技术平台可以在开发过程中使用《更好的广告标准》来获得新的广告体验。

第四,广告技术提供者可以依据《更好的广告标准》开发新的技术来评估消费者偏好的广告体验的市场流行度。[1]

第三节 "地球村"里的国际合作

新媒体的发展为广告传播带来新契机,同时也对传统广告规制管理体系提出了挑战。全球因网络而联结成一个"地球村",在这个消除地域边界的虚拟世界里,面对游刃于其中的层出不穷的新的广告传播方式,应该如何规制方能更好地保护"村民"的个人隐私信息呢?跨境数据流背景下消费者信息保护制度是数字广告业务有效运作的先决条件。下面,我们基于从"安全港协议"到"隐私盾协议"的转变,来梳理西方国家是如何制定跨国合作治理机制的。

---

[1] The Better Ads Standards[EB/OL]. (2022-04-19)[2022-11-09]. https://www.betterads.org/standards/.

一、美国与欧盟间的安全港协议

20 世纪 70 年代,美国与欧盟在隐私权保护上的巨大差异成为贸易争端的焦点。美国坚持灵活保护的策略,通过自律机制配合政府的执法保障来实现保护隐私权的目的,欧盟却倾向于通过严厉的立法对个人数据跨国流动进行保护。1995 年,欧洲议会和欧盟理事会颁布了《关于在个人数据处理过程中保护当事人及此类数据自由流通的指令》(*the Protection of Individuals With Regard to The Processing of Personal Data and on The Free Movement of Such Data*),该指令于 1998 年 10 月 25 日正式生效,其中第 25 条规定,只有当第三国确保能够为个人数据提供充分的保护时,才能将个人资料移转或传送至第三国,这条规定被称为欧盟的"充分保护"标准。"充分保护"标准为美国企业在欧盟开展业务设置了限制性门槛。2000 年 12 月,美国商务部与欧洲委员会达成了安全港协议(U. S.-EU Safe Harbor Framework),确立了折中处理美国和欧盟之间隐私手续的框架,主要用于调解美国企业出口涉及欧盟公民个人数据(如名字和住址)时的矛盾。不同于美国跟欧盟之间的传统商业合作,该协议是响应欧盟的数据保护意图而建立的折中政策。安全港协议要求,收集个人数据的企业必须事先通知个人其数据将被收集,并告知他们将对数据所进行的处理,企业必须得到允许才能把信息传递给第三方,必须允许个人访问被收集的数据,并保证数据的真实性和安全性以及采取措施保证这些条款得到遵从。安全港协议可视为美国向欧盟做出的让步,但美国为了维护长久以来一直采用的行业自律和市场调节机制,在协议基础上又发布了《"安全港"隐私框架》("*Safe Harbor*" *Privacy Framework*),制定了七个隐私原则:通知原则、选择原则、向外转移原则、安全原则、数据完整原则、获取原则、执行原则。① 安全港机制为相关规制的跨国流动提供了一条新的探索路径。

美欧在双方数据保护立法存在巨大差异的情况下,通过协议机制解决了有关个人数据跨境传输的难题。2013 年,随着"棱镜门"事件的曝光,欧盟发起了一系列针对美国企业的调查,安全港合作模式受到挑战。2015 年,欧洲法院判决安全港协议无效。在欧盟的要求下,双方进行了有关数据保护总协议的谈判。

二、欧盟与美国间的隐私盾协议

2016 年 7 月 12 日,美国商务部和欧盟委员会宣布启动一个新的欧盟—美国隐私保护框架"隐私盾"(Privacy Shield Framework),以取代之前的安全港协议,双方签署了数据共享协议《欧美隐私盾协议》(EU-US Privacy Shield),旨在为大西洋两岸的公司提供一种机制,以确保其在将个人数据从欧盟传输到美国以支持跨大西洋贸易时遵守数据保护要求。公司自愿签署隐私盾协议,承诺维护某些个人数据保护标准,并允许个人在认为自己的数据没有得到充分保护时提出投诉。这一点很重要,因为根据《通用数据保护条例》,居住在欧盟境内的消费者的个人数据,只有在受到与《通用数据保护条例》相同的保护时才能转移到非欧盟国家。

隐私盾协议被认为是向美国传输个人数据时的适当保护机制,旨在弥合美国法律和《通用数据保护条例》在数据保护标准方面的差距,加强了对欧盟消费者的隐私保护,提高了数据收集、使用和共享方面的透明度,并帮助美国公司证明其数据收集、利用行为符合欧盟相关规制的要求。2017 年 1 月 12 日,瑞士政府批准了"瑞士—美国隐私保

---

① Safe Harbor Privacy Principles[EB/OL]. (2015-6-16)[2022-11-08]. http://www. export. gov/safeharbor/eu/eg_main_018475. asp.

护框架",作为美国公司从瑞士向美国传输个人数据时遵守的法律机制,双方签署了《瑞士—美国隐私盾协议》(Swiss-US Privacy Shield)。这两次跨境合作探索,使得美国公司的数据传输能够符合欧盟、瑞士的数据保护要求。

从"安全港"到"隐私盾",是美欧这两个在数据保护思路上存在巨大分歧的经济体不断妥协、让步,最终达成共识的结果,①也是在网络共同体环境下进行的跨国、跨境保护个人数据信息的两次创新尝试。双方合作的最终目的是确保各自的经济利益,因为广告和营销是欧美经济的核心,在推动经济增长方面发挥着至关重要的作用。"研究显示,每投入 1 欧元的广告就能为欧盟产生 7 欧元的 GDP,这意味着 2014 年 920 亿欧元的广告支出对 GDP 的贡献约为 6440 亿欧元,占整个欧盟 GDP 的 4.6%。"②用户数据的传输和使用是所有跨境贸易的基本要素。欧盟委员会的数据显示,2016 年,欧盟的数据经济价值就已接近 3000 亿欧元。因此,探讨合适的跨境合作机制是确保数据经济增长很重要的一个外部原因。

遗憾的是,2020 年 7 月 16 日,欧盟法院在 C-311/18 案的判决中宣布《欧盟—美国隐私护协议》无效。欧盟法院发现美国政府的监控计划超出了严格必要的水平,这在实践中意味着美国政府的监视行为在《通用数据保护条例》和《欧盟基本权利宪章》的背景下是非法的。此外,欧盟法院判定欧盟公民对美国当局没有可诉讼权利。欧盟法院引用的另一个使隐私盾无效的原因是监察员没有充分独立于美国政府,也没有能力对监督机构做出具有约束力的决定。② 该判决涉及所有使用隐私盾将个人数据从欧盟传输到美国,以及通过使用标准合同

---

①张颖.我们需要什么样的数据跨境规则?〔EB/OL〕.(2019-07-12)〔2022-11-08〕. www.sohu.com/a/326334628_100191018.

②EU-US Privacy Shield〔EB/OL〕.(2022-04-20)〔2022-11-08〕. https://iabeurope. eu/eu-us-privacy-shield/.

条款(SCC)向任何非欧盟国家传输个人数据的公司。这是欧盟法院继 2015 年判决安全港协议无效后,第二次宣布数据传输机制无效。①

三、全球数据和营销联盟

全球数据和营销联盟(Global Data and Marketing Alliance, GDMA)由 28 个国家和地区组成,是一个代表、支持和联合来自全球的数十个专注于数据驱动营销的协会的组织。

2021 年 5 月,该联盟颁布了《全球隐私原则》(*Global Privacy Principles*),提出"经济只有通过合乎道德地处理个人数据和产生信任才能实现。该原则为客户沟通建立了一个全球性的框架,应作为所有法律和商业方法的基础"。该联盟提出了合乎道德地处理个人数据的七大隐私原则:①重视隐私的价值。在整个数据和营销生态系统中,尊重和重视个人的隐私期望是产生信任的关键,组织必须帮助消费者在市场营销行为中获得自信和舒适,必须尊重和重视消费者个人隐私,确保数据安全。②清晰透明。必须通过开诚布公来建立信任,搜集、使用与披露个人信息必须合规。③尊重个人的偏好。在法律和技术上可行的前提下,尊重个人偏好,将个人数据作为一种有效的营销沟通方式。④合乎道德地处理个人数据。妥善收集、储存、使用及披露个人资料,是保护个人资料的重要环节,也是确保数字营销生态系统完整性的必要手段。⑤承担责任。企业要对用于营销的个人数据负责,即使它被转移或分配给第三方(处理器),也要尊重隐私,遵守数据保护法。⑥保障个人资料安全。组织必须实施必要的技术和程序保障措施,以保障个人资料免受未经授权的查阅、修改、误用或披露。⑦负责。个人数据的适当收集、存储、使用和披露,对保持数字营销生

---

①Digital Advetising and Marketing[EB/OL]. (2022-04-20)[2022-11-08]. https://iabeurope. eu/privacy-data-protection/.

态系统的完整性至关重要,因此在处理敏感数据时必须非常小心。①

全球数据和营销联盟与客户情报公司 Acxiom 在调研了 16 个国家和地区的消费者后,合作发布了《全球数据隐私:消费者的真实想法》(*Global Data Privacy: What the Consumer Really Thinks*)。研究发现,超过半数(53%)的受访消费者认为,个人信息的交换对现代社会的顺利运行至关重要。消费者对数据共享越来越放心,尤其是在这样做有明显好处的情况下。全球绝大多数消费者(82%)也准备在 2022 年参与数据经济。对企业的信任仍然是推动消费者愿意与公司分享个人信息的最重要因素。在接受调查的 16 个国家和地区中,38%的消费者将"对组织的信任"列为他们乐于与组织共享数据的三大因素之一。对比 2018 年和 2022 年的数据,可以观察到一些重要的趋势,这些趋势表明公众对数据交换的态度越来越积极。2022 年,全球近一半(46%)的消费者对与企业进行数据交换感到放心——高于 2018 年的 40%。②

第四节　协同共治助力行业监管

近年来,各国都在通过不断完善法律规制的方式保护网络消费者的隐私,除了政府监督力量之外,还有三股主要力量发挥着协同共治的效果。

---

①Global Privacy Principles[EB/OL]. (2022-04-18)[2022-11-08]. https://globaldma. com/wp-content/uploads/2021/05/GDMA-Global-Principles-FullText. pdf.

②Global Data Privacy: What the Consumer Really Thinks[EB/OL]. (2022-03-15)[2022-11-08]. https://dma. org. uk/research/global-data-privacy-what-the-consumer-really-thinks-1.

一、网络平台的把关力量

网络平台的主动加入也为网络消费者隐私保护注入一股新的力量。例如脸书主要依靠单点登录(SSO)来跟踪用户的行为,由于该技术允许消费者在第三方网站和 App 上使用脸书证书,一旦功能开启,脸书就可以监视、追踪、记录消费者的相关信息。事实上脸书已经从其 13 亿用户那里积累了数以亿计的个人元数据,包括鞋码的大小、头发的颜色、在哪里上学等。[①] 问题的关键是脸书会如何处理与使用这些数据信息,是直接卖给广告主或是买给第三方? 屡屡爆出的数据泄露丑闻说明 Facebook 确实存在侵犯消费者隐私来获取商业利益的问题。但是为了实现企业更长久的发展,脸书还是积极利用平台把关优势做了很多监管广告的努力。例如,2014 年 5 月,脸书推出了一款“隐私检查工具”,它设计了一只可爱的蓝色卡通恐龙来指导用户逐步评估自己发布的内容,提醒他们避免“过度分享”信息。脸书 2019 年又发布了一款新工具,以牺牲广告商定位能力为代价,让用户更好地保护他们的隐私数据。[②] 此外 Facebook 还制定了多个涉及广告发布、审查的规范和指南,如《广告指南》等。

再以谷歌为例,其在《隐私权和条款》中对广告内容进行了限制,“努力确保广告的安全性,使之不干扰用户的网络体验且尽可能相关。谷歌不会展示弹出式广告,而且每年都会终止数十万个违反我们政策的发布商和广告客户的账户,同时删除那些包含恶意软件、宣传仿冒商品或试图滥用用户个人信息的广告”。谷歌还对再营销功能设定进

---

①The Cookies is Dead. Here's How Facebook, Google, and Apple are Tracking You Now[EB/OL]. (2014-10-06)[2022-11-08]. https://venturebeat.com/2014/10/06/the-Cookies-is-dead-heres-how-facebook-google-and-Apple-are-tracking-you-now/.

②Facebook 发布新工具加强用户隐私数据保护[EB/OL].(2019-08-27)[2022-11-08]. https://tech.sina.com.cn/roll/2019-08-27/doc-ihytcern3829316.shtml.

行了限制,例如禁止广告客户根据敏感信息(健康信息或宗教信仰)进行再营销。谷歌的美国用户可以在 aboutads. info 选择网页,欧盟用户可以在在线选择网页上管理很多公司用来发布在线广告的 Cookies。① 作为一个重要的广告发布平台与基于消费者数据的广告的积极探索者,谷歌制定的上述规范反映出其主动承担了把关责任。

再如我国的腾讯公司,它创建了"腾讯研究院",召集学界和业界一起探讨国内外网络消费者隐私保护的相关问题,比如解读欧盟的"被遗忘权"、美国的"用户隐私协议",探讨人工智能伦理问题、区块链问题以及互联网广告合规经营规则等。

来自数字平台的自律行为正如斯坦福大学社会学家弗莱德·特纳(Fred Turner)在《源自数字乌托邦——从反文化到网络文化》中向人们解读的,大数据公司们"不希望严格的规章制度存在,因为它们能够比政府更有效地制定这些规则,它们也不希望外界向人们强加这些道德规范,因为它们的道德评判标准更高"②。

二、技术的干预与保护力量

还有一种更为直接、有效的规制方式,那就是技术干预。技术本身是中立的,但技术也是一把双刃剑,其不断的创新为网络营销创造了机会,同时也挑战行业自律对网络消费者的隐私保护的力度与效果。例如,"人们很关心商家提供的与位置相关的网络服务对隐私的侵犯,需要借助实证研究确定早在 20 世纪没有网络、卫星电视与移动通信时的广告自律规制,如何应用于 21 世纪的新媒体,这就涉及新时

①谷歌隐私权和条款-广告[EB/OL]. (2015-7-25)[2022-09-12]. http://www. google. cn/intl/zh-CN/policies/technologies/ads/.

②[法]马尔克·杜甘,克里斯托夫·拉贝. 赤裸裸的人——大数据,隐私与窥视[M]. 杜燕,译. 上海科学技术出版社,2017:67.

代广告自律的有效性问题"①。营销者为了塑造负责任的企业形象,也在积极寻找"能将维多利亚时代关于自制的观点放到一个崭新的、更加完整的技术框架内来处理"②的途径。

1997 年 5 月,万维网联盟(World Wide Web Consortium,W3C)推出"隐私偏好平台项目"(Platform for Privacy Preferences Project,P3P),旨在借助技术支持增进用户对网络的信任与信心。依据《个人隐私选择平台实施指南》(*The P3P Implementation Guide*),该平台在最基本层面上,是一个机器可读词汇(machine-readable vocabulary)以及网站数据管理实践的语法表达(syntax for expressing),个人隐私选择平台提供的是网站如何收集、处理与使用用户个人信息的"快速成像"(snapshot summary),使得网络浏览器与其他应用"易读""易于理解"自动呈现的信息,并能根据用户自己设置的隐私偏好对不匹配情况做出及时提醒,使网络传播更加轻松、透明、可控。③ P3P 能让网站公开个人数据被使用和公布的状况,让用户选择个人数据是否被公布,以及哪些数据能被公布,并能让软件代理商代表双方达成有关数据交换的协议。

国内外研究人员对隐私保护技术进行了大量研究,然而并没有任何一种隐私保护技术能够适用于所有的应用场景。从数据挖掘的角度出发,目前的隐私保护技术主要可以分为三类:一是基于数据失真的隐私保护技术,它是使敏感数据失真但同时保持某些关键数据或者属性不变的隐私保护技术,例如,采用交换、添加噪声等技术对原始数据集进行处理,并且保证经过扰动处理后的数据仍然保持统计方面的

---

①Bian X, Kitchen P, Cuomo M T. Advertising self-regulation: clearance processes, effectiveness and future research agenda[J]. Marketing Review,2011(4):406.

②[美]杰克逊·李尔斯.丰裕的寓言:美国广告文化史[M].任海龙,译.上海:上海人民出版社,2005:64.

③What is P3P and How Does it Work? [EB/OL]. (2015-6-26) [2022-11-03]. http://p3ptoolbox.org/guide/section2.shtml#IIa.

性质,以便进行数据挖掘等操作。二是基于数据加密的隐私保护技术,它是采用各种加密技术在分布式环境下隐藏敏感数据的隐私保护技术,如安全多方计算(secure multiparty computation,SMC)、分布式匿名化、分布式关联规则挖掘和分布式聚类等。三是基于数据匿名化的隐私保护技术,它是根据具体情况有条件地发布数据,例如不发布原始数据的某些值、数据泛化(generalization)等。[①]

借助技术干预来保护消费者隐私的问题在于,这种力量总是滞后的,出现问题再寻找解决方案,就总是处于被动的状态。但是,一旦找到合适的技术,这种力量却是最直接有效的,因此,技术干预是行业自律监管很好的补充力量。例如,一些广告行业协会就利用技术开发了网络消费者隐私保护认证项目,如美国商业促进局(BBB)推出的"在线可靠性印章项目"(OnLine Reliability Seal Program),当消费者网购时,通过"点击检查"就可获得商业促进局出具的符合其标准要求的可靠性认证报告,随即又回到用户访问的网站,从而极大促进了网站消费者购物的信心。[②]

三、第三方隐私认证的力量

随着业内、学界对消费者隐私信息保护的日益关注,近年来出现了一系列专业的隐私认证机构与公司,如 TrustArc、Ghostery,这些技术先进的公司以客观公正的隐私验证第三方身份、不断更新的隐私保护技术赢得了市场的信赖。

成立于 1997 年的 TRUSTe 是全球领先的数据隐私管理公司,2017年 6 月更名为 TrustArc。从一家认证公司转型为以技术为动力的隐私

---

①隐私保护技术——信息安全工程师知识点[EB/OL]. (2019-03-29)[2022-10-22]. http://www. cnitpm. com/pm1/68192. html.

②BBB OnLine Reliability Seal Program [EB/OL]. (2015-07-02)[2022-10-22]. http://espanol. newyork. bbb. org/default. aspx? pid=237.

解决方案的全球供应商,其在网站、移动应用程序和云计算领域帮助网络消费者进行隐私保护。TrustArc 认为"正如美国食品管理局强制规定必须在食品等包装上注明的'营养成分'(nutritional facts)一样,应制定能明确显示每个条款的隐私保护详细信息的'隐私标签'(privacy label),这样消费者就可以很容易地了解到'保护'的程度以及详细情况,包括信息共享及位置信息跟踪的有无、规定遵守的检查等"①。Trust-Arc 在遵守《通用数据保护条例》和其他隐私法规的基础上,利用技术平台和技术提供咨询服务,实施对网络消费者隐私保护的控制,2010年开始率先使用 SaaS 技术,将隐私管理用于消费者同意、隐私评估、数据清单等方面;2018 年将隐私情报引入平台,以简化《通用数据保护条例》《加利福尼亚州消费者隐私法案》等数百项全球法规的合规管理。②

　　TrustArc 创立的隐私管理平台提供单一平台体验、深度的持续隐私智能管理以及端到端全自动化隐私管理等多项服务。PrivacyCentral 无缝集成,为 TrustArc 平台提供支持,是所有 TrustArc 解决方案的集中枢纽。

　　2009 年成立的 Ghostery 公司,致力于以最简单、最系统的方式向消费者呈现他们的信息是如何被网站、应用程序以及广告商搜集与使用的,并为他们提供多种解决方案:①可以内置广告拦截工具移除网页上的广告,防止网页杂乱无章;②可以查看和拦截所浏览的网站上的跟踪器,控制收集数据的跟踪器,增强反跟踪功能,还能将消费者的数据匿名化,进一步保护隐私;③可以自动拦截和取消拦截跟踪器,提高网页加载速度,优化网页性能;④可以提供多种显示和数据分析面板,便于查看相关信息。该公司的隐私管理技术已经被美国数字广告

---

①TRUSTe 新"标志"明确隐私保护水平[EB/OL].(2001-06-21)[2022-10-11]. http://tech.sina.com.cn/it/m/72390.shtml.

　　②About[EB/OL].(2020-01-27)[2022-10-11]. https://www.trustarc.com/about/.

联盟、欧洲互动数字广告联盟以及加拿大数字广告联盟采用。

该公司还开发了"Ghostery 隐私浏览器"(Ghostery Privacy Browser),可以为用户提供一种私密、快速、无追踪器和广告的移动浏览体验。该技术可以实现以下几个功能:①通过让网络消费者控制广告和跟踪技术来加快页面加载速度、消除混乱并保护用户的数据,帮助他们实现更智能的浏览;②借助"跟踪器"分析,从一个入口点审核所有第三方跟踪技术,以改善数字用户体验和网站性能;③使用领先的"追踪器保护技术",于午夜截取并阻止追踪器,以帮助网络消费者的设备将数据控制权抢回到自己的手中;④阻止广告,阻止追踪器,加快网站速度,每个网站上都可以找到追踪器,该技术可以让用户限制那些他们不想要的,以获得更干净、更快速、更安全的浏览体验。①

---

①Privacy Protection For Everyone [EB/OL]. (2020-01-27). https://www.ghostery.com/#.

第四章　数字互动媒体平台的自律与新技术应用

2011 年版的《国际商会广告与营销传播实务统一准则》将"数字互动媒体"定义为"使用互联网、在线服务及/或电子和通信网络(包括可让接收方与平台、服务或应用程序进行互动的手机、个人数字助理及互动游戏机)提供电子传播的任何媒体平台、服务或应用程序"①。该准则在 2018年修订时,将"算法"与"跟踪技术"涵盖进来,对"数字互动媒体"进行了重新界定:"全方位的媒体、平台和跟踪技术,包括移动、视频、可寻址电视、社交媒体、物联网、可穿戴设备和跨设备跟踪以及相关算法。"②由此可见,大数据与算法的应用对营销传播行业以及网络消费者隐私保护都产生了深远的影响,在这种环境下,平台的技术把关发挥了重要的作用。

第一节　数字互动媒体平台的兴起

数字互动媒体平台是随计算机与互联网技术的发展而出现的,它

---

① Consolidated ICC Code of Advertising and Marketing Communication Practice[EB/OL]. (2014-12-26)[2022-11-08]. http://www. iccwbo. org/advocacy-codes-and-rules/document-centre/2011/advertising-and-marketing-communication-practice-(consolidated-icc-code)/.

② ICC Advertising and Marketing Communications Code [EB/OL]. (2019-10-24) [2022-11-08]. https://cms. iccwbo. org/content/uploads/sites/3/2018/09/icc-advertising-and-marketing-communications-code-int. pdf.

通过在商业领域中的成功应用逐渐确立其市场地位。伴随着平台控制信息传播方面能力的增强,数字互动媒体平台在消费者个人数据信息保护方面显示出了重要的作用。

一、国际数字互动媒体平台的发展

数字互动媒体平台的发展史可以追溯到计算机的诞生之际。1943 年 5 月 31 日,宾夕法尼亚大学费城摩尔电气工程学院代号为"PX 项目"(Project PX)的 ENIAC(电子数字积分器和计算机),由莫克利(John W. Mauchly)和艾克特(J. Presper Eckert)设计并隐蔽施工。作为第一台通用电子计算机,ENIAC 能够重新编程以解决各种计算问题。[1] 它起初应计划用于二战,计算美国陆军弹道研究实验室的火炮射击表。世界上首个电子计算机是出于军事需要研发的,原本计划用于二战却因为制作周期过长而未能派上用场,最后于 1946 年 7 月被美国陆军军械团接受。1947 年 10 月 9 日,世界上第一台商用数字计算机 BINAC 开始研发[2],由此开启的商业化应用之路的探索为随后蓬勃发展的互联网、在线服务以及通信网络奠定了基础。

早在计算机诞生之初,人们还无法想象其后不断发展的先进技术对人类产生的巨大影响。1950 年,计算机科学家诺伯特·维纳(Norbert Wiener)探讨了一种可能:"一个全球性的计算机系统,人们每天随身带着设备,设备根据人们的行为给予反馈,这样整个人类的行为都会被系统改造。这样的社会实在太疯狂了,没法生存下去。"[3]维纳当时认为这只是一个思想实验,但后来不断涌现的科技公司通过技术

---

[1]Construction Begins on ENIAC[EB/OL]. (2019-05-31)[2022-10-11]. https://www.edn.com/construction-begins-on-eniac-may-31-1943/.

[2]BINAC Gets under Way[EB/OL]. (2019-10-09)[2022-10-11]. https://www.edn.com/binac-gets-under-way-october-9-1947/.

[3]第一部大数据时代保护个人信息隐私法案出现,它让腾讯和 Facebook 都紧张起来[EB/OL]. (2018-04-17)[2022-10-11]. https://www.sohu.com/a/228547199_582307.

接力变为现实。1968年,研制CPU处理器的Intel公司成立;1975年,以销售BASIC解译器为主的Microsoft(微软)公司成立;1976年,开发和销售个人电脑的Apple(苹果)公司成立。这些至今依然活跃于科技领域的巨头们引领了数字互动媒体平台的发展。

从表4-1可以看出,20世纪90年代以来,各类数字互动媒体平台不断诞生。1994年网络广告的出现极大地促进了各平台商业化发展的进程。赫兹(Lawewnce M. Hertz)在《互联网上的广告业务》一文中提到:"1994年10月27日,AT&T在HotWired.com上发布了一个横幅广告,成为全球首个网络广告。"从此之后,几乎每年都有一个重要的网络科技企业宣告成立。

表 4-1　美国主要的数字互动媒体平台情况

成立时间	网站名称	网站定位
1994 年 4 月	雅虎(Yahoo!)	万维网搜索指南网站
1995 年 7 月	亚马逊(Amazon)	网络电子商务
1995 年 9 月	易趣网(eBay)	线上拍卖及购物网站
1996 年 7 月	HotMail	免费网上电子邮件服务 1998 年被微软收购
1998 年 9 月	谷歌(Google)	互联网搜索引擎
1999 年 1 月	纳普斯特(Napster)	网络下载 MP3 服务
2001 年 1 月	维基百科(Wikipedia)	网络百科全书
2002 年 3 月	Friendster.com	社交媒体网站
2002 年 12 月	领英(LinkedIn)	职业社交网络
2003 年 8 月	讯信普(Skype)	声音呼叫与即时信息服务 (2011 年被微软收购)
2004 年 2 月	脸书(Facebook)	社交网络服务网站
2005 年 2 月	油管(YouTube)	用户下载、观看及分享影片或短片的视频网站(2006 年被谷歌收购)

续表

成立时间	网站名称	网站定位
2008 年 8 月	爱彼迎(Airbnb)	联系旅游人士和家有空房出租的房主的服务型网站
2009 年 2 月	瓦次普(WhatsApp)	用于智能手机之间通信的应用程序(2014 年 Facebook 收购)
2009 年 4 月	Vine	微软公司开发的基于地理位置的 SNS 系统 (2012 年被 Twitter 收购后定位为视频分享移动应用)
2009 年 5 月	必应(Bing)	国际领先的搜索引擎
2010 年 3 月	品趣志(Pinterest)	社交照片分享网站
2010 年 10 月	照片墙(Instagram)	社交照片分享网站(2012 年被 Facebook 收购)
2011 年 6 月	Twitch	电子竞技视频平台(2014 年 8 月被亚马逊收购)
2011 年 6 月	Google＋	社交网络服务
2011 年 9 月	色拉布(Snapchat)	"阅后即焚"照片分享应用
2016 年 6 月	Live.me	视频直播社交软件
2018 年 11 月	Lasso	Facebook 专为青少年打造的短视频娱乐平台
2019 年 11 月	Stadia	Google 研发的云游戏服务,可以通过互联网浏览器或 YouTube 玩游戏

二、我国数字互动媒体平台的发展

我国第一个网络广告诞生于 1997 年 3 月,IBM 为宣传其 AS400 付给 Chinabyte 网站 3000 美元,投放了像素为 468×60 的动画旗帜广告。1997 年之后,网易、搜狐、京东、新浪、腾讯等互联网企业相继诞生(见表 4-2)。在短短 20 多年的时间里,我国的数字互动媒体平台探索出多条独特的商业化发展之路,例如淘宝网搭建的电子商务销售平台,新浪微博和腾讯微信朋友圈的超强影响力与商业变现能力,短视频平台抖音和快手的跨国运营能力,豆瓣和知乎搭建起的社交媒体平台,可以说各有各的优势与特色。

表 4-2　我国主要的数字互动媒体平台情况

成立时间	网站名称	网站定位
1997 年 6 月	网易	利用最先进的互联网技术,加强人与人之间信息的交流和共享,实现"网聚人的力量"
1998 年 2 月	搜狐	中国领先的新媒体、通信及移动增值服务公司
1998 年 6 月	京东	自营式网络零售企业
1998 年 12 月	新浪	服务于中国及全球华人社群的网络媒体公司
1999 年 2 月	腾讯 QQ	即时通信服务网络
1999 年 11 月	当当网	网络售书及百货
2000 年 1 月	百度	中文搜索引擎
2003 年 5 月	淘宝网	网络零售平台
2003 年 11 月	百度贴吧	全球领先的中文社区
2005 年 3 月	豆瓣	评论(书评、影评、乐评)网站,是一个集 BLOG、交友、小组、收藏等功能于一体的新型社区网络
2006 年 6 月	优酷	视频分享服务平台
2009 年 6 月	哔哩哔哩（B 站）	年轻人潮流文化娱乐社区
2009 年 8 月	新浪微博	提供微型博客的社交网站
2010 年 4 月	爱奇艺	视频网站
2010 年 12	知乎	网络问答社区
2011 年 1 月	微信	智能终端即时通信的应用程序
2011 年 3 月	快手（原名 GIF 快手）	最初定位是用来制作、分享 GIF 图片的手机应用,2012 年 11 月转型为短视频社区,成为用户记录和分享生产、生活的平台,2013 年 7 月更名为"快手"
2011 年 8 月	陌陌	基于地理位置的开放式移动视频社交应用

续表

成立时间	网站名称	网站定位
2012 年 5 月	场库（原名 V 电影）	高品质短片分享平台
2012 年 8 月	今日头条	基于数据挖掘的推荐引擎产品，为用户推荐信息、提供连接人与信息的服务的产品
2013 年 3 月	喜马拉雅	中国领先的音频分享平台
2013 年 6 月	小红书	生活方式平台和消费决策入口
2013 年 9 月	微视	腾讯旗下短视频创作平台与分享社区
2014 年 1 月	斗鱼	弹幕式直播分享网站
2014 年 1 月	战旗	围绕游戏打造的游戏直播平台
2014 年 11 月	虎牙直播	中国领先的游戏直播平台之一，弹幕互动视频直播平台
2015 年 3 月	映客	为用户提供娱乐、时尚、生动的实时互动的平台
2015 年 5 月	小咖秀	草根娱乐视频 UGC 平台（2022 年 6 月 6 日停止运营）
2015 年 6 月	花椒直播	具有强明星属性，全球首家 VR 直播平台
2015 年 9 月	拼多多	专注于 C2M 拼团购物的第三方社交电商平台
2016 年 6 月	NOW 直播	腾讯旗下全民视频社交直播平台
2016 年 9 月	抖音	音乐创意短视频社交软件
2017 年 5 月	叮咚买菜	自营生鲜平台及提供配送服务的生活服务类 App
2016 年 11 月	梨视频	资讯类短视频平台
2017 年 3 月	大鱼号	阿里文娱旗下的内容创作平台，为内容生产者提供"一点接入，多点分发，多重收益"的整合服务
2019 年 5 月	剪映	手机视频编辑工具
2019 年 11 月	央视频	中国首个国家级 5G 新媒体平台，打造主流媒体中首个"有品质的视频社交媒体"
2020 年 1 月	微信视频号	全新的内容记录与创作平台

三、平台对个人信息保护的影响力

在过去的 20 年里,社交媒体平台已经成为连接、交流、共享内容,开展业务,以及传播新闻和信息的强大工具。如今,全球数十亿的用户遍布各大社交网络,包括脸书、照片墙、油管及国内的微信、微博、抖音、快手、B 站等。社交媒体的飞速发展,使平台对用户的生活产生了前所未有的影响力,数字互动媒体平台会收集有关个人活动、兴趣、个人特征、政治观点、购买习惯和在线行为等隐私数据。

此外,数字互动媒体平台的不断整合也加剧了对社交网络中隐私的侵害,这使得一些社交媒体公司能够收购竞争对手,形成垄断,严重限制了隐私保护替代品的兴起。数字互动媒体平台收集的个人数据也容易被包括执法机构在内的第三方访问和滥用。近年来,承诺保护用户隐私的平台一再被未能保护用户隐私的公司接管。最具代表性的例子就是脸书在 2014 年收购了 WhatsApp 这个消息服务平台,WhatsApp 以坚定保护用户隐私著称。其创始人在 2012 年表示:我们永远不会将您的个人信息出售给任何人。"然而,脸书在 2016 年宣布将开始获取 WhatsApp 用户的个人信息,这直接违背了 WhatsApp 之前的承诺。2017 年,欧盟反垄断机构对脸书处以 1.22 亿美元的罚款,原因是该公司在收购 WhatsApp 时做出了不实陈述。2020 年美国联邦贸易委员会才公开将脸书收购 WhatsApp 的行为视为巩固其垄断地位的行为。[1]

数字互动媒体平台一方面因为掌握大量消费者的个人信息,他们对于私利的追逐可能带来数据隐私保护的各种安全隐患;另一方面,他们同时也是对消费者个人信息保护起把关作用的重要力量。

---

[1]Social Media Privacy[EB/OL].(2022-04-20)[2022-11-08]. https://epic.org/issues/consumer-privacy/social-media-privacy/.

第二节　数字互动媒体平台的把关力量

在互联网时代,保护网络消费者的隐私信息需要依靠社会各方的通力合作。克雷布斯(Brian Krebs)曾说:"政府行为(并不是)攻克垃圾邮件及僵尸网络犯罪的不二法门。最行之有效的方法就是企业设法保护自己的经济利益、客户、商标专利以及公众形象,当然,消费者本身的努力也不可或缺"①。数字互动媒体平台的把关力量也不可小觑。

一、数字互动媒体平台的理性选择

广告传播的有效性是建立在受众信任基础之上的,"大众媒介的出现减少了以欺骗性信息为基础的信任扩散,同时也带来了信任减弱"②。智能媒体环境下,数字互动媒体平台参与到广告传播活动之中,承担着媒介渠道的传播角色,基于理性的选择有利于积极承担起社会责任,有利于更好地实现平台的发展。正如扎克伯格在《互联网监管的四大理念》中所说的,"类似 Facebook 这样的公司,肩负着巨大的责任,我们不断地采取措施,因为这对维护我们社会的安全太重要了","我认为监管部门应当在以下四个方面制定新的规则:一是对有害信息的监管,二是对影响公正选举广告的监管,三是对个人隐私和数据保护的监管,四是应当依法确保数据的可迁移"。③ 以 Facebook 为代表的数字互动媒体平台作为发布网络广告的新兴媒体,可以凭借

①［美］布莱恩·克雷布斯.裸奔的隐私:你的资金、个人隐私甚至生命安全正在被侵犯![M].曹烨,房小然,译.广州:南方出版传媒,广东人民出版社,2016:15.

②［美］詹姆斯·S.科尔曼.社会理论的基础[M].邓方,译.北京:社会科学文献出版社,2008:178.

③扎克伯格:互联网监管的四大理念[EB/OL].(2019-04-08)[2022-11-09].http://www.djbh.net/webdev/web/HomeWebAction.do? p＝getXxgg&id＝8a818256675e91ab0169fa8a7eb500ef.

其资源控制能力对发布于其上的信息进行监管,具有区别于传统媒体时代把关人的新特点,即借助新媒体技术更有效地控制内容,不仅可以即刻删除有问题广告,而且可以通过出台隐私政策来约束利用网络消费者数据的商业行为。

英国议会下属的情报与安全委员会(Intelligence and Security Committee,ISC)曾在一份报告中指出,安全机构需要 Facebook、Twitter 和 Google 等科技公司的帮助,"鼓励广告商对在线通信服务提供商(CSP)施压,迫使其删除极端主义内容"①。数字互动媒体平台主动承担部分监管职责,也是出于理性选择的需求,即为了实现利益最大化而寻求在追求企业私利与保护用户隐私之间的平衡,这与新经济社会学的代表人物科尔曼(James S. Coleman)提出的"理性选择理论"(Rational Choice Theory)异曲同工。科尔曼认为,"拥有某种行动的权利,并不意味着他拥有某种不为其他有关行动者制约的资源",如果未能实现系统利益的最大化,"导致权利产生的协议一旦被撤销,权利便不复存在"。②因此,"在法人层面上的利益最大化,已经不一定是每个参与者个体的利益最大化,保障每个参与者达成社会选择的,往往是社会关系和社会规范的因素。良好的社会关系、信任关系,有利于团体行动的最终实现"③。数字互动媒体平台不断地利用新技术来提高对用户数据的掌控能力,他们若想兜售这些信息,简直是轻而易举,但是作为理性人,他们会进行综合考量。

由于这些数字互动媒体平台已经成为广告主获取消费者需求信息、分析消费者消费偏好的主要数据来源,来自平台的自律与保护消

①英国建议广告主抵制谷歌 Facebook 未能遏制极端内容[EB/OL].(2018-11-24)[2022-11-09].https://finance.sina.com.cn/stock/usstock/c/2018-11-24/doc-ihmutuec3094790.shtml.

②[美]詹姆斯·S.科尔曼.社会理论的基础[M].邓方,译.北京:社会科学文献出版社,2008:56.

③刘少杰,等.社会学理性选择理论研究[M].北京:中国人民大学出版社,2012:85.

费者隐私的努力就成为很重要的影响力量。同时,数字互动媒体作为广告主推送信息的主要平台,借助隐私保护技术的不断开发与升级,可以通过删帖、禁言等方式发挥积极的把关作用。总体来看,来自数字互动平台的努力与广泛的社会舆论监督、媒体普及消费者个人信息安全与保护知识等,与不断完善的政府规制、积极探索自律的行业协会一起应对算法时代给网络消费者隐私保护带来的难题。

二、数字互动媒体平台的把关方式

(一)制定广告发布规范和隐私保护政策

近年来,随着数字互动媒体平台的逐渐发展壮大,其自我管理能力也在不断提升,主要表现为及时更新的隐私政策、广告发布规范等。下面我们以三个国际知名平台为例,对数字互动媒体平台的隐私保护相关规范进行简要论述。

谷歌在《隐私权政策》(2022 年 2 月 10 日版)中提到:"您使用 Google 服务,即表示您信赖我们对您的信息的处理方式。我们深知这项责任事关重大,因此一直致力于保护您的信息,并让您拥有控制权。"并对广告相关内容进行声明:"我们会利用收集的信息为您定制 Google 服务,提供个性化内容和定制的搜索结果。Google Play 会利用相关信息(例如,您已安装的应用、您在 YouTube 上观看过的视频等等)来推荐您可能喜欢的新应用。我们可能还会根据您的兴趣向您展示个性化广告,具体取决于您的设置。您可以前往广告设置部分确定我们可以利用哪些信息来向您展示广告。""我们不会利用敏感信息(例如种族、宗教、性取向或健康状况)向您展示个性化广告。""我们不会根据您在 Google 云端硬盘、Gmail 和 Google 相册中的内容向您展示个性化广告。""我们不会与广告主分享可用于识别您个人身份的信息,例如您的姓名或电子邮件地址(除非您要求我们这样做)。"①

微软于 2021 年 6 月 15 日修订了《隐私声明》,在如何收集个人数据、如何使用个人数据、共享个人数据的原因、如何访问和控制用户的个人数据、Cookies 和类似技术、由组织提供的产品——最终用户声明、Microsoft 账户、收集儿童数据以及其他重要隐私信息等内容上均给出明确的声明。以"收集个人信息"为例,微软的政策是:微软会收集用户向其提供的数据、用户与微软之间的互动数据以及产品使用数据。部分数据由用户直接提供,其他数据则由微软通过用户与产品的交互以及对产品的使用和体验收集得到。用户收集的数据取决于用户与微软互动的环境、用户所做的选择,包括用户的隐私设置以及用户所使用的产品和功能。微软还从第三方获取有关用户的数据。对于用户使用的技术和共享的数据,用户可以做出不同的选择。当微软请求你提供个人数据时,你可以拒绝。微软的很多产品都需要用户提供某些个人数据,以便向其提供服务。如果你选择不提供某个产品或功能所需的数据,他将无法使用该产品或功能。同样,如果微软需要依法收集个人数据,或者需要与用户签订合同,如果用户没有提供数据,那么合同视为无效;或者如果这涉及用户正在使用的现有产品,那么微软可能必须暂停或取消其使用权。在不强制要求提供数据的情况下,如果用户选择不共享个人数据,那么将无法使用需要提供此类数据的功能(如个性化功能)。②

领英于 2020 年 8 月 11 日修订了《隐私政策》,对如何收集数据、如何使用数据、如何分享信息、消费者的选择和义务以及其他重要内容做了规定。以"广告"为例,领英声明将坚持基于利益的广告自律原

---

①谷歌隐私权政策[EB/OL]. (2022-2-10)[2022-04-15]. https://policies. google. cn/privacy? hl=zh-CN&gl=cn.

②微软服务协议[EB/OL]. (2021-6-15)[2022-01-09]. http://www. microsoft. com/zh-cn/servicesagreement/.

则。用户也可以拒绝平台为了展示更具相关性的广告而使用自己的某些数据。平台通过以下数据(无论是单独的还是合并的),直接或通过各种合作伙伴向会员、访客和其他用户投放广告(并衡量广告效果):来自平台服务、像素、广告标签、Cookies 和设备标识符等技术数据;会员提供的信息(如个人资料、联系方式、职称和行业);用户使用平台服务产生的数据(如搜索历史、提要、浏览记录、用户关注的人或关注用户的人、联系、群组参与、页面访问记录、广告点击情况等);来自广告合作伙伴、供应商和出版商的信息;从上述数据推断出的信息(如使用个人资料中的职位来推断行业、资历和薪酬等级;用毕业日期来推断年龄,用名字或代词来推断性别;利用用户动态来推断其兴趣;或使用设备数据识别用户是否为会员)。平台将向用户展示被称为赞助内容的广告,这些广告看起来与非赞助内容相似,只是它们被标记为广告。如果用户对这些广告采取了互动(如点赞、评论或分享),其行动就会与自己的名字相关联,并被包括广告商在内的其他人看到。根据自己的设置,如果用户在平台上采取了社交活动,相关广告可能会提及该活动。例如,如果用户喜欢某家公司平台,可能会在其赞助内容中显示用户的姓名和照片。[1]

2021 年 7 月 6 日,阿里巴巴发布《依法加强消费者订单中敏感信息保护的广告》,对涉及消费者个人隐私的敏感信息采取加密、去标识化等保护措施。[2]

(二)寻求技术的保护支持

为了用 AI 技术保护消费者隐私安全,Facebook 旗下的深度学习软件 PyTorch 与 OpenMined 宣布将开发一个联合平台的计划,以加

----

①隐私政策[EB/OL].(2020-08-11)[2022-01-09]. http://www.linkedin.com/legal/privacy-policy.

②消费者隐私、信息保护趋严,双 11 零售行业还玩的好吗?[EB/OL].(2021-10-13)[2022-11-12]. https://www.sohu.com/a/494871012_120130007.

速推进隐私保护技术的研究。OpenMined 是一个开源社区，专注于研究、开发和升级用于安全、保护隐私的 AI 工具。OpenMined 发布了 PySyft，是第一个用于构建安全和隐私保护的联邦学习开源框架。PySyft 很受欢迎，在 Github 已经拥有 5000 多个 Star（用户对某个项目表达关注和喜爱的方式），目前支持在主要的深度学习框架（PyTorch、Tensorflow）中用联邦学习、差分隐私和加密计算（如多方计算，同态加密），实现隐私数据与模型训练的解耦。

我们再以谷歌为例。2019 年 5 月 31 日，谷歌宣布了新的隐私条款内容，通过技术限制访问 Chrome 和云端硬盘中第三方加载项的用户数据，Chrome 插件开发人员只能访问其应用程序运行所需的最少用户数据。这是因为 Chrome 网上应用店内 180000 个插件中，高达 85% 的插件没有制定隐私政策，这给用户隐私保护带来很大的风险。此外，条款更新后，谷歌云端硬盘应用每次访问单个文件时都必须请求权限。①

"联邦学习"的概念最早是由谷歌在 2017 年提出的，2019 年又发布了 TensorFlow Federated（TFF）框架，利用 TensorFlow 的机器学习框架简化联邦学习。②

第三节　数字互动媒体平台的隐私标准

劳伦斯·莱斯格在《代码和赛博空间的其他法律》（*Code and Other Laws of Cyberspace*）中提出："规范人类行为的约束有四种：法

---

①谷歌更新隐私条款 将无法单方面删除 YouTube 视频！［EB/OL］.（2019-05-31）［2022-11-12］. https://baijiahao. baidu. com/s? id＝16350145460159 79124＆wfr＝spider＆for＝pc.

②如何用 AI 技术保护隐私安全？［EB/OL］.（2020-03-11）［2022-01-03］. http://www. woshipm. com/ai/3500407. html.

律、规范、市场和代码。其中,代码指建构互联网的程序和协议,被称为网络空间的架构,它们被用来约束和控制人们的行为,比如在法律健全之前,代码可以遏制广告商向用户发送商业垃圾电子邮件的行径;还可以控制所有网络交易的可跟踪性,从而增强了监视或监督所有网络互动行为的能力。"①数字互动媒体平台制定的隐私政策就是一种代码,一方面,通过信息收集、使用、转让、共享等条款维护自己的商业利益;另一方面,也通过信息公开明确了用户可以享受哪些权利。

一、国内五大平台的隐私保护政策

由于无法获取国外一些媒体平台详细的隐私政策,本节将以国内为主,选取五个具有代表性的数字互动媒体平台,即腾讯、阿里巴巴、京东、百度、字节跳动,这五个平台的成立时间分别是 1998 年、1999年、1998 年、2000 年、2012 年。除了字节跳动,其余四家平台基本都有20 多年的发展历史,也积累了丰富的管理经验。从他们的《隐私政策》内容与更新速度可以看出,他们对用户的隐私保护都具有较强的自觉性。通过对 2019 年与 2022 年五大平台隐私相关政策的资料搜集与整理,可以发现这三年其在隐私保护方面有很显著的变化,

我们先看看截止到 2019 年 12 月的内容分析与比较研究(见表 4-3)。

---

①[美]理查德·斯皮内洛.铁笼,还是乌托邦——网络空间的道德与法律(第二版)[M].李伦,等,译.北京:北京大学出版社,2007:2-5.

表 4-3　五大平台的隐私保护政策（截止到 2019 年 12 月）

项目	腾讯	阿里巴巴	京东	百度	字节跳动
隐私保护总则	腾讯隐私政策	阿里巴巴中国站隐私政策	京东隐私政策	百度隐私政策总则	无隐私政策
隐私政策生效/最近更新时间	2019 年 9 月 29 日	2019 年 10 月 28 日	2019 年 12 月 9 日	无	无
有无专门的隐私平台	有	无	无	有	无
隐私平台台内容	价值观、隐私政策、隐私保护指引、产品设置	无	无	隐私政策、用户隐私管理、隐私保护知识库、隐私保护白皮书（暂无内容）	无
隐私保护理念 价值观/原则	科技向善，数据有度 安全可靠、保护通信秘密，自主选择、合理必要、清晰透明，将隐私 PBD 融入产品设计	无	技术引领，正道成功	信息被保护、意愿被尊重、服务有价值 同意、透明、可控	无
隐私投诉渠道	• https://kf.qq.com/ • 根据《个人信息保护咨询指引》填写真实身份信息、联系方式等，将相关资料发送至 Dataprivacy@tencent.com • 提供邮寄地址 • 与解决问题的第三方联系 https://feed-back.truste.com/watchdog/request	• 个人信息保护专职部门 pipwg@service.alibaba.com。 • 点击 1688 服务中心 • 提供邮寄地址 • 向被告住所所在地的有管辖权的法院提起诉讼	• privacy@jd.com • 提供邮寄地址 • 访问 https://help.jd.com 在线客服系统或拨打电话 • 向网信、电信、公安及工商等监管部门进行投诉或举报	• 扫码或用户名登陆 • 提交身份证明、联系方式、书面请求及相关证据 • 向百度住所所在地的有管辖权的法院提起诉讼	无
隐私投诉条件及回复时间	验证身份后 15 天内回复	将在 15 天内回复	一般在 15 天内回复	验证身份后 30 天内回复	无

　　直到 2019 年 12 月,字节跳动的官网上仍找不到"隐私政策"菜单,这说明这家成立时间相对较短、业务发展非常迅速的公司,与另外四个平台相比,还需要提升对用户隐私保护的重视程度。

　　腾讯和百度两家公司在用户隐私保护方面还是非常积极努力的,不仅设置了专门的隐私保护平台,而且还提炼出独特的隐私保护理念,拥有自己的隐私保护价值观或原则。通过内容研究发现,这两家企业在隐私保护方面各有特色。腾讯作为 TRUSTe 企业隐私与数据治理实践认证计划的参与者,提出了"PBD 隐私保护方法论"①。腾讯旗下 18 个产品均有专门的隐私保护指引。百度则为旗下 10 个子品牌的隐私政策分别设计了隐私保护要点,与普通的文字版隐私政策不同,隐私保护要点的界面友好、信息简洁,点击进入页面后首先能看到一个说明性短视频,有关隐私政策的每个操作步骤都有清晰的截图,可以说,这个页面的信息呈现方式非常直观,传播重点突出,亲和力强,如此真诚的沟通态度堪称目前国内数字互动平台中的典范。

　　阿里巴巴和京东虽然没有专门的隐私保护平台,但是在官方网站上有"隐私政策"链接,也可以比较快速地了解具体的隐私政策。京东在用户数据保护上做了一些创造性工作,比如在配送体系采用独特的"微笑面单"。阿里巴巴集团的隐私政策信息接触点内容不一致,在搜索中我们发现竟然同时存在两个版本,一个是 2019 年 10 月 28 日更新生效的,在 1688 官网(https://www.1688.com/)首页最下方即可进入;一个是 2014 年 9 月 24 日更新的"私隐政策",在阿里巴巴集团官网上可以点击查看。既然已经有新版本,在集团的不同网站却依然能查询到旧版本,这很容易令用户产生混淆。

　　2022 年 12 月,经梳理统计,发现了显著的变化(见表 4-4)。

---

　　①P 代表 person,以保护用户隐私为核心;B 代表 button,希望通过"隐私按钮"(产品设计)为用户提供合理高效的隐私保护;D 代表 data,全方位保障数据安全。

表 4-4　五大平台的隐私保护政策（截止到 2022 年 12 月）

项　目	腾　讯	阿里巴巴	京　东	百　度	字节跳动
隐私保护总则	腾讯隐私政策	阿里巴巴(1688)隐私政策	京东隐私政策	百度隐私政策总则	字节跳动隐私保护政策
隐私政策最近更新时间	2021 年 11 月	2022 年 11 月 15 日	2022 年 10 月 19 日	2022 年 4 月 26 日	2020 年 1 月 2 日
有无专门的隐私平台	有	有	无	有	有
隐私保护平台内容	价值观、隐私政策、隐私保护指引、产品设置	隐私政策、应用隐私	—	隐私政策、用户隐私管理、隐私保护知识库、隐私保护白皮书(暂无内容)	隐私保护政策、隐私保护常见问题
隐私保护理念价值观/原则	科技向善、数据有度	安全有责、隐私有界	技术引领、正道成功	信息被保护、意愿被尊重、服务有价值	致力于保护所有用户的隐私安全
隐私投诉渠道	安全可靠、保护通信秘密、自主选择、合理必要、清晰透明、将隐私融入产品设计 PBD • https://kf.qq.com/ • 根据《个人信息保护咨询指引》填写真实身份信息、联系方式等，将相关资料发送至 Dataprivacy@tencent.com • 提供邮寄地址 • 与解决问题的第三方联系 https://feedback-form.truste.com/watchdog/request	• 个人信息保护专职部门 pipwg@service.alibaba.com • 点击 1688 服务中心 • 提供邮寄地址 • 向被告住所地所有管辖权的法院提起诉讼	• privacy@jd.com • 提供邮寄地址 • 访问 https://help.jd.com 在线客服系统或拨打电话 • 向网信、电信、公安及工商等监管部门进行投诉或举报	• 扫码或用户名登陆 • 提交身份证明、联系方式 • 书面请求及相关证据 • 向百度住所地所有管辖权的法院提起诉讼	公开透明、合法必要、用户可控、安全至上、持续保护 违规举报平台 https://compliance.bytedance.com/report/home
隐私投诉受回条件及回复时间	验证身份后 15 天内回复	将在 15 天内回复	一般在 15 天内回复	验证身份后 30 天内回复	无

可以看到,五大平台都在近两年完成了隐私政策的更新,除了没有找到京东的专有隐私平台的相关信息,另外四个平台都已经建立了专有平台,也都明晰了隐私保护理念,丰富了隐私保护的内容与原则。其中,字节跳动公司还是发展比较快的,短时间内制定了隐私政策,设置了安全中心,建立了投诉渠道。此外,值得一提的是,为了更好地保障字节跳动旗下的数据安全和隐私安全,2022年字节跳动安全团队自主研发了一套敏感数据保护方案——GoDLP。"这是一系列针对敏感数据的识别和处置方案,包括敏感数据识别算法、数据脱敏处理方式、业务自定义的配置选项和海量数据处理能力。GoDLP能够应用多种隐私合规标准,对原始数据进行分级打包、判断敏感级别和实施相应的脱敏处理。当前 GoDLP 已在字节跳动进行了丰富的实践。已接入的业务线涵盖抖音、电商、飞书、火山引擎、云安全、财经、教育、游戏等。"①

二、五大平台子品牌隐私保护内容分析

为了更好地评价这五个平台的隐私保护政策,我们又分别选取各大平台旗下的一个子品牌,对其隐私政策进行内容分析。具体选择了腾讯的社交媒体品牌微信、阿里巴巴的购物平台淘宝网、京东的延伸子品牌京东金融、百度的移动端平台百度、字节跳动的短视频社交平台抖音,通过比较研究来总结这些子品牌对网络消费者隐私保护的重视程度与努力程度。

---

① 正式开源!字节安全团队自研敏感信息保护方案 GoDLP[EB/OL].(2022-03-04)[2022-04-15].https://juejin.cn/post/7071106601939271687.

表 4-5　五个平台的隐私政策概况①

项目	微信	淘宝网	京东金融	百度	抖音
名称	微信隐私保护指引	隐私权政策	京东金融隐私政策	百度移动应用隐私政策	抖音隐私政策
生效/更新时间	2020 年 1 月 21 日	2019 年 12 月 11 日	2020 年 1 月 16 日	2019 年 9 月 5 日	2019 年 8 月 19 日
如何收集信息	微信注册、使用服务、朋友圈、公众账号、小程序、小游戏、附近的人、摇一摇、面对面建群、运动功能、通讯录功能、语音、财付通、时刻视频功能	· 基础会员服务：提供手机号码、会员名和密码 · 附加会员服务：提供真实姓名、性别、出生年月日、居住地、昵称、头像等。为保证交易辨识度，昵称、头像公开显示 · 其他会员角色服务：申请注册成为卖家、服务商或其他存在额外身份认证要求的会员角色，需提供身份信息及/或企业相关信息，或授权获取对应支付宝账户	· 用户直接提供的信息：在线填写信息，申请产品或服务所需信息，参与网络社区讨论、解决争议或联系客服时所需的信息 · 主动手机的信息：访问设备发出的信息 · 从其他来源取得的信息：在获得同意的前提下，从关联公司、合作伙伴、信用机构等第三方机构取得的信息	· 直接获得的信息：注册信息（账号名称、头像、密保邮箱、密保手机、密保问题、密码）、设备信息、位置信息、日志信息、语音信息 · 间接收集的信息：第三方	· 注册、登录账号（头像、昵称、密码） · 真实身份信息（真实姓名、身份证号码、电话号码）以完成实名验证 · 播放、浏览信息及日志 · 信息发布，互动交流，好友推荐，搜索，安全运行
如何使用信息	· 将通过某些功能所收集的信息用于其他服务，如展示广告、信息安全类提示、基于特征标签进行间接人群画像并提供更加精准和个性化的服务和内容等 · 记录应用程序的运行情况	· 会员服务：账户信息，提供产品或服务，提供收藏、加购物车、关注与分享功能，下单及订单管理、支付，客服及争议处理，评论、问答，安全保障 · 其他附加服务：地理位置、相机/摄像头、相册与视频上传、麦克风语音、通讯录、日历、电话识别码等信息	· 账号关联与登录、实名制及反洗钱管理 · 资格、信用及偿付能力审核 · 支付服务 · 保障交易安全所必需的功能 · 提供客户服务及进行投诉处理 · 金融 App 设备使用权限 · 从第三方获取授权的个人信息 · 发送客户感兴趣的广告和其他商业信息	· 提供、改进产品和服务 · 提供个性化产品和服务 · 展示和推送个性化内容和广告 · 个人信息的匿名化处理 · 注销账号后根据隐私政策处理个人信息 · 设备权限调用 · 隐私管理工具 · 安全防范和诈骗监测 · 其他用途	· 共享原则：授权同意、合法正当与最小必要原则、安全审慎原则 · 实现功能或服务、广告相关、安全与分析统计共享，帮助用户参加营销推广活动 · 明确同意后转让

①表中的隐私政策内容为 2020 年 1 月 28 日—30 日期间从各大官网中收集的。

续表

项目	微信	淘宝网	京东金融	百度	抖音
使用的追踪技术		Cookies、网站信标、像素标签、ETag	Cookies、网络Beacon和同类技术	Cookies和匿名标识符工具	发送一个或多个Cookies或匿名标识
信息存储	·存储于中国境内 ·使用期间均存储	中国境内运营中收集和产生的个人信息存储在中国境内	·存储于中国境内 ·个人信息保存至账号注销之日后的一个月 ·如终止服务提前30天通知并删除个人信息	·原则上在中国境内收集和产生的个人信息,将存储在国内 ·用户授权同意后信息可能被转移到国外或被国外访问	在境内运营过程中收集的信息存储于中国境内
信息安全	使用加密技术(例如,SSL)、匿名化处理 严格限制访问信息的人员范围	业界标准、安全防护措施(SSL协议加密、HT-TPS协议)、访问控制)、人员培训,超出保留期删除或匿名处理	加密技术,PCI DSS(第三方支付行业数据安全标准)认证,采用内容替换、SHA256在内的多种数据脱敏技术,采用恶意代码防范措施 严格的数据访问权限和多重身份认证技术、信息安全专员、信息安全审计、举办安全和隐私保护培训课程	采取适当的符合业界标准的安全措施和技术手段,加密技术,受信赖的保护机制,对员工进行数据安全的意识培养和安全能力的培训和考核	不低于同行业的加密技术、匿名化处理及相关合理可行的手段,采取严格的数据使用和访问制度
信息修改权	·更改头像、昵称、性别、地区、个性签名、地址、手机号、微信密码、声音锁、应急联系人、视频号头像、名称和简介 ·撤回同意 ·注销账号 ·隐私功能设置	·查询、更正、补充信息 ·改变授权同意的范围 ·注销账户 ·约束信息系统自动决策	·账户信息、交易信息、浏览信息,部分无法访问和更正的个人信息会在授权范围内使用,无法自主变更或删除 ·可以改变授权同意范围或撤回授权 ·核实后可以注销	身份验证后可自行更正或反馈至公司	自主决定接收、订阅信息,改变或撤回授权范围、好友推荐设置、敏感权限设置、授权的信息处理,控制信息可见范围
信息删除权	删除聊天记录、头像、昵称、性别、地区、收货地址、朋友圈、视频号内容	可申请删除	部分个人信息不可自主删除	用户删除信息后,不会立即在备份系统中删除相应的信息,会在备份更新时删除	"我"—"作品"中删除发布的音视频信息,"我"—"喜欢"中删除点赞(喜欢)的信息

续表

项目	微信	淘宝网	京东金融	百度	抖音
政策变更提醒	推送通知、弹窗指引	专门页面发布变更信息,重大变更通过官网公示及弹窗提示等显著方式通知	·未经明确同意,不会削减应享有的权利,更新的政策通过网站公告或其他方式提醒,重大变更会提供显著通知 ·存档旧版本政策供查询	未经明确同意,不会削减本隐私政策所应享有的权利。对于重大变更,会在产品或服务的主要曝光页面或站内信或发送电子邮件或其他合适的能触达的方式通知	未经明确同意,不会削减依据当前生效的本隐私政策所应享受的权利,会在抖音发出更新版本,并在更新后的条款生效前通过官方网站公告或其他适当的方式提醒
与第三方共享	明示同意后共享、转让给第三方	明确同意后共享、转让给第三方	·合法、正当、必要、特定、明确的目的与第三方共享 ·Android 版本京东金融 App 涉及嵌入 28 个第三方代码、插件传输个人信息,IOS 版本涉及 17 个	授权同意后与第三方共享个人信息 第三方产品或服务提供商(度小满钱包、百度闪付)、广告、咨询类服务商/广告主,金融服务平台或服务提供商,移动运营商,小程序服务提供方,软件开发工具包(SDK)	·授权同意后与关联方、第三方共享 ·接入 13 个第三方 SDK 提供目录
未成年人保护	·专门制定《儿童隐私保护声明》 ·18 岁以下需取得家长或监护人书面同意 ·14 岁以下监护人同意后方可使用服务	·儿童需要征得父母或监护人同意 ·识别出是儿童将通知监护人同意使用规则	·专门制定《京东金融儿童隐私保护规则及监护人须知》 ·14 岁以下需要事先取得家长或法定监护人同意,明确同意后公开披露,撤回的信息会尽快删除	·没有父母或监护人的同意,儿童不得创建自己的用户账户 ·不满 14 岁均视为儿童,未经监护人同意会尽快删除信息	·未满 18 周岁的未成年人,在父母或其他监护人监护、指导下共同阅读并同意本隐私政策,同意下再收集信息,未经同意的会尽快删除 ·启动三项特殊保护
隐私认证	·通过国家网络安全等级保护(三级)的测评和备案 ·信息安全达到 ISO27001、国际信息安全管理体系、TRUSTArc 等认证	网络安全等级保护的三级以上测评和 ISO27001 认证	无说明	无说明	·国家信息安全等级保护(三级)的测评和备案 ·国际权威 ISO27001 信息安全认证

续表

项目	微信	淘宝网	京东金融	百度	抖音
隐私投诉	· 发送至官方邮箱 · 提供邮寄地址	· 淘宝网客服或服务中心 · 阿里110	· 在线客服系统或拨打客服电话 · 发邮件给信息保护专员 · 向网信、电信、公安及工商等监管部门进行投诉或举报	提交身份证明、有效联系方式和书面请求及相关证据,验证身份后处理请求 · "我的"—"帮助与反馈"—"反馈建议" · 发送邮件至官方邮箱 · 向平台反馈 · 提供邮寄地址 · 向平台所在地法院提起诉讼	· 通过"我"—"设置"—"反馈与帮助",进入用户反馈界面联系 · 发送邮件至官方邮箱 · 提供邮寄地址

根据各平台的隐私政策,我们选取 13 个比较指标,通过对内容的梳理与研究,简单地将情况与问题归纳总结如下。

(一)隐私更新时间与未成年人隐私保护

本部分内容撰写时间为 2020 年 1 月 28—30 日,我们以此为时间节点收集了五个平台的隐私政策更新时间,发现微信、淘宝网和京东金融都是最近一个多月内更新的,而百度最近的更新时间为 2019 年 9 月 5 日,抖音的更新时间为 2019 年 8 月 19 日。结合 2019 年 8 月 22 日国家互联网信息办公室审议通过的《儿童个人信息网络保护规定》,可以发现一个问题,即抖音的隐私政策更新时间是在此之前,而其他四个平台是在此之后。结合隐私政策中"未成年人保护"这一部分的内容可以看到,未能在国家相关规制颁布之后及时更新隐私政策的抖音,并没有区分 14 岁以下的儿童与 18 岁以下未成年人,这与《儿童个人信息网络保护规定》不一致。虽然抖音创造性地采用三项技术,用户可以在"未成年保护工具"菜单里设置"时间锁""青少年模式""亲子平台",分别通过单日使用时长限制、特定时段和时长限制以及通过与监护人绑定账号限制使用时长与内容过滤,但这三项只是针对未成年人使用产品的技术规定,应该不能称之为有效的隐私保护方式。微信专门制定了《儿童隐私保护声明》,京东金融也制定了《儿童隐私保护规则及监护人须知》,可见这两个平台的自律性还是比较强的,《儿童个人信息网络保护规定》有多达 29 条规定,淘宝网、百度和抖音在未成年人隐私保护方面的规定显然过于简单。

(二)收集与使用用户信息

五个平台的基本政策都是只要使用产品与服务就会收集个人信息,想要获得更多服务就需要提供更多个人信息,例如淘宝网将会员分为三类,每一类用户需要提供的个人信息不同,享受的相应服务也有很大的区分。除了用户主动提供的信息之外,各平台也会主动收集或间接收集一些信息。那么收集到的信息如何使用呢?各平台主要用于其他增值服务,比如进行用户人群画像、向用户展示和推送个性化内容与广告、用户数据商用以及在用户同意的前提下与第三方共享。各平台也都声明,通过用户个人信息的收集可以为他们提供有关产品服务、安全保护、投诉处理等更优质的服务。

(三)使用的信息追踪技术与信息安全保障

除了微信之外,另外四个平台均在隐私政策中说明了自己所使用的 Cookies 等技术,显示了它们对用户知情权与选择权的尊重。五个平台均采用加密技术与多种安全防范措施作为隐私保护的技术支持,其中微信和抖音还采用匿名化处理技术。五个平台均声明会对相关人员进行用户安全与隐私保护的培训。另外,五个平台均承诺在国内收集的信息主要存储在国内,不过百度显示是"原则上存储在国内",而且经用户授权同意后可能将其信息转移到国外或被国外企业访问。京东金融声明如果用户账户注销满一个月,可删除其个人信息,这也凸显出金融服务产品涉及更多敏感的个人信息,平台更需要加强隐私保护的力度。

(四)用户个人信息修改权与删除权

五个平台均声明用户享有信息修改权与删除权:京东金融部分个

人授权的信息无法自主变更或删除,不过可以改变授权的范围或撤回授权;百度需要验证身份后才能自行更正信息,而且用户删除信息后备份系统不会立即删除相应的信息,直到备份更新时才会删除。由此可见,相较于其他四个平台,百度用户享有的修改权与删除权都有一定的限制,京东金融则是因为产品服务的特殊性限制了修改权与删除权。

(五)隐私变更通知与投诉途径

五个平台均承诺如果隐私政策发生变更会公开,一般是在官网专门页面发布或推送、弹窗通知,如果是重大变更还会提供显著的通知,其中京东金融还提供存档的旧版隐私政策供用户查询。针对用户投诉,五个平台均提供了相应的途径,其中,淘宝网与京东金融可以直接联系在线客服。而百度则较为严格,如果用户要投诉,需要先提交身份证明与有效的联系方式,递交书面请求后才会得到有效处理,设置如此高的投诉门槛,显然是为了增大投诉的难度,百度在保护用户投诉权益方面缺乏足够的诚意。

(六)隐私保护的认证

微信、淘宝网和抖音均在隐私政策中说明通过了国家信息安全等级保护(三级)的测评和 ISO27001 认证,而京东金融与百度没有相关说明。值得一提的是,微信还获得了 TRUSTArc 认证,充分体现了其与国际隐私保护接轨的态度与决心。

总体而言,我国的数字互动媒体平台这几年在用户隐私保护方面还是做出了很多努力的,比如隐私政策使用语言"去法律化"、设立专门的隐私保护在线平台、不断思考企业独特的隐私保护理念与方法等,百度、腾讯集团有隐私总则,旗下的每个子品牌还有专门的隐私政策,华为设立了全球网络安全和隐私官等,这些来自平台的自律对用户隐私保护起到了积极的促进作用。

第四节　新技术的应用与个人信息保护

数字互动媒体平台为什么能够拥有把关的力量,主要还是依托先进科技的支撑。如今,依靠技术已经可以实现对消费者数据的脱敏、匿名化处理,以及差分隐私和同态加密。谷歌开发的"数据洁净室"软件,依靠技术实现了数据最优化利用,同时又能很好地保护消费者隐私。这两年关注度最高的一项技术是"区块链",该技术已经在消费者隐私保护中得以广泛应用。

一、对消费者数据的技术处理

(一)数据脱敏

对消费者数据的搜集、分析与使用需要依靠技术来实现,技术带来的隐私保护难题,也正在依靠技术得到解决,比如目前比较流行的"数据脱敏"(也被称为"数据漂白"或"数据屏蔽")。这是一种创建虚假但真实版本的组织数据的方法。目的是保护敏感数据,同时在不需要真实数据时提供功能替代方案——例如在用户培训、销售演示或软件测试等情境时。数据脱敏过程在使用相同格式的同时更改数据的值,目标是创建一个无法破译或逆向工程的版本。有几种方法可以更改数据,包括字符混洗、单词或字符替换以及加密。① 数据脱敏工作流程如图 4-1 所示。

---

① What is Data Masking?[EB/OL]. (2022-04-20)[2022-08-15]. https://www.imperva.com/learn/data-security/data-masking/.

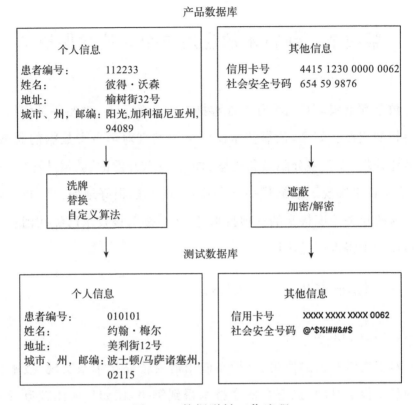

图 4-1　数据脱敏工作流程

(二)匿名化

匿名化是将数据转换成无法识别个人信息的形式的过程,通过个人信息记录的匿名化,以实现无法识别到具体的"自然人"的目的。通常,匿名化技术适用于两种标识符:直接标识符和间接标识符。直接标识符是明显的变量,例如姓名、地址或电话号码,它们特别突出了参与者。拼凑在一起的间接标识符也可以揭示个人信息,例如,通过交叉引用职业、雇主和位置。匿名化技术打破了数据与具体用户之间的联系,因此无法根据数据直接或间接(例如,通过交叉引用)地识别用户信息。①

①Anonymization[EB/OL]. (2022-04-20)[2022-08-16]. https://www. sciencedirect. com/topics/biochemistry-genetics-and-molecular-biology/anonymization.

（三）差分隐私

差分隐私是目前数据科学领域中一种相对较新的工具，是机器学习算法和大型数据集的关键属性，通过故意将噪声引入数据集，从而保证对任何可能将其数据用于伤害他们的行为进行合理的否认，同时仍然能够高度确定地计算所需的统计数据，以增强消费者隐私保护能力。哈佛大学教授拉坦亚·斯威尼（Latanya Sweeney）在研究中发现，87%的美国人可以通过三个信息来识别其身份：他们的邮政编码、性别和出生日期。为了解决链接攻击的威胁，差分隐私诞生了。图 4-2 是实现差分隐私的一个例子。从概念的角度来看，差分隐私的定义基于几个关键原则。根据迈克尔·卡恩斯（Michael Kearns）在《道德算法》一书中的观点，"第一个原则是差异隐私要求添加或删除单个个人的数据记录不会改变任何结果的'太多'概率；第二个原则是任何外部观察者都不会因为某个人的特定数据而加深对其的了解；最后一个关键原则是数据集中的每个人，对于任何观察者，无论他们最初的信念是什么，在观察了差分私人计算的输出之后，他们对任何事情的后验信念接近于在没有个人数据的情况下运行相同算法输出的结果"①。

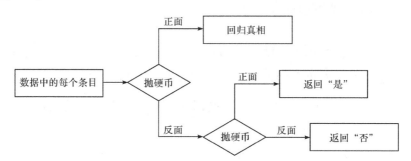

图 4-2　差分隐私算法的简单模拟

---

①What is Differential Privacy？［EB/OL］.（2022-04-20）［2022-08-16］. http://eti. mit. edu/what-is-differential-privacy/.

成立于 2016 年的美国 Duality Technologies，是由著名的密码专家和数据科学家联合创立的，它自主研发了同态加密（homomorphic encryption）技术，有利于企业内部和企业间的数字协作，实现安全的机器学习和数据挖掘，降低数据泄露风险，同时完全遵守隐私保护法规。该公司开发了基于同态加密技术的 SecurePlus 平台，使得数据所有者在不公开敏感数据（数据加密）时，仍然可以使用第三方分析工具进行分析和处理，如机器学习、数据挖掘工具。该公司使用抗量子的同态加密技术实现了端到端的数据保护（其流程见图 4-3）。[1]

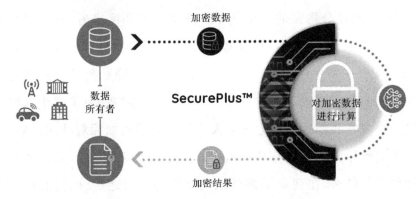

图 4-3　SecurePlus 平台的数据加密流程

二、谷歌的"数据洁净室"

谷歌作为全球最大的搜索引擎，拥有以太级别的数据，依靠的是 36 个遍布全球的数据中心（美国 19 个、欧洲 12 个、俄罗斯 1 个、南美 1 个、中国 2 个、日本 1 个）。[2] 在网络中，任何你感兴趣的主题都可能

---

[1]Duality：基于同态加密的数据分析和隐私保护方案［EB/OL］.（2019-02-25）［2022-10-18］. https：//mp. weixin. qq. com/s?＿＿biz＝MzIyODYzNTU2OA＝＝＆mid＝2247485730＆idx＝2＆sn＝fe1129598003f23aa708ec1950d670be＆chksm＝e84faffddf3826ebe1d9088b823b1fe877741f1d7d25be8a7d577596628dbdaedbd39a8dc411＆scene＝21#wechat_redirect.

[2]揭秘谷歌数据中心 网友惊叹太壮观了 ［EB/OL］.（2018-12-22）［2022-10-15］. https：//www. sohu. com/a/283702247_120063896.

有无数种"数据集"。如果你想买一只小狗,你可以在数据集中找到小狗买家评价的数据集;如果你喜欢滑雪,也可以找到有关在著名滑雪场受伤概率的数据集。谷歌的数据集搜索涵盖了超过 2500 万种不同类型的数据集,它可以帮助客户轻松地找到所有数据集的下载链接。谷歌表示,目前人们在数据集搜索上查询频率最高的词是"教育""天气""癌症""犯罪""足球""狗"。①

"数据洁净室"(data clean rooms)是一款使广告商和品牌能够匹配用户的数据而不实际与彼此共享任何原始数据的软件。脸书、亚马逊和谷歌等主要的广告平台都在使用数据干净的"房间",为其平台上广告的性能提供匹配数据的广告商。所有数据洁净室都非常严格,利用 ACY 控件不允许企业查看或提取任何客户级数据。② 其具体流程如图 4-4 所示。

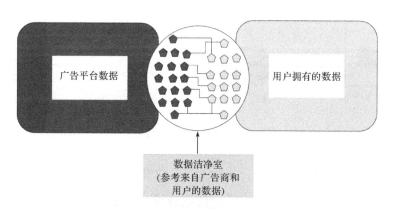

图 4-4　数据洁净室可视化

此外,谷歌还开发了一款服务于用户的免费的分析工具,可帮助用户跟踪商店的访客和转化情况,进一步了解访问者,例如他们访问

---

①谷歌数据集搜索正式版出炉:全面升级,覆盖 2500 万数据集[EB/OL].(2022-04-18)[2022-10-15].https://zhuanlan.zhihu.com/p/104022734.

②数据洁净室:它在无味的世界中很重要的原因是什么[EB/OL].(2022-04-18)[2022-10-15].https://www.serp.cn/data-clean-rooms.html.

哪些页面最多,哪些渠道为商店带来了最多的流量,以及哪些产品表现最好。这款分析工具集成支持增强型电子商务和站点搜索,并具备Universal Analytics (UA)属性。Google Analytics 4(GA4)媒体资源可以设置为与 UA 媒体资源一起运行,让用户可以访问包含应用程序指标的数据和报告,从而对用户的商店进行第二层分析。由于谷歌推荐的自动设置方法不支持 GA4,因此用户需要在控制面板中执行额外的设置步骤。[①] 其具体流程如图 4-5 所示。

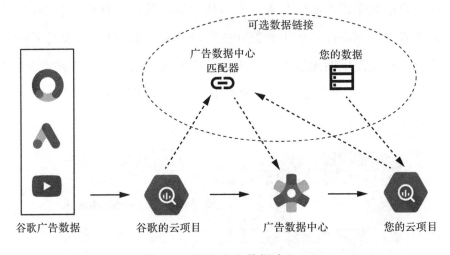

图 4-5　谷歌广告数据中心

谷歌还开发了一个名为 BigQuery 的数据仓库,使用户能够从各种来源收集所有的数据。一旦把数据放在一个地方,就可以利用结构化查询语言(SQL)和人工智能(AI)来提出分析性问题,并实现将数据可视化,方便用户制定战略性商业决策。BigCommerce 和 Google BigQuery 的原生集成专为高级分析和自定义报告而设计。此集成将用户的 BigCommerce 数据放入他的 Google BigQuery 账户中。通过在 Google BigQuery 中保存自己的 BigCommerce 数据,用户将能够

---

①Setting Up Google Analytics[EB/OL]. (2022-04-18)[2022-10-18]. https://support. bigcommerce. com/s/article/Setting-Up-Google-Analytics? language＝en_US.

实现以下功能：编写自定义 SQL 以分析自己在 Google BigQuery 中的数据；通过将自己的 Google BigQuery 账户连接到所选择的商业智能平台（如 Google Data Studio、Tableau 和 Microsoft Power BI）来创建自定义报告，例如创建"按产品类别划分的收入"报告、"按产品品牌划分的收入"报告、"销售成本"或"利润率"报告，还可按国家、城市、邮政编码等查看收入数据。①

三、区块链技术在隐私保护中的应用

（一）区块链技术的特点

区块链技术所具有的天然去中心化、数据不可篡改、透明性高、全程可追溯、发挥信任机制等优势，正在不断凸显该技术在网络消费者隐私保护中所具有的价值。区块链理想化的目标是实现"代码即信任""代码即法律"，依托技术的能力解决传统隐私保护监管中存在的问题，为社会共治提供了全新的切入角度和思考路径。区块链技术有利于突破以往的网络营销模式与数据库营销的商业逻辑，消费者数据可以被重新赋予授权与被授权关系，这将有利于数据拥有者与使用者之间达成共识，从而解决当今数据库营销中所存在的权力不对等问题。

2008 年，中本聪（Satoshi Nakamoto）在他的关于比特币的白皮书中提出，商家和消费者之间的"成本和支付不确定"问题导致彼此之间的不信任，因此提出用基于分布式账本的区块链来解决互联网上的信任问题。② 从最初的设想到区块链技术在金融业、医疗保险业等经济或社会活动中的广泛应用，区块链经历了 1.0 比特币时代与 2.0 智能

---

① Setting Up Google BigQuery［EB/OL］.（2022-04-18）［2022-10-18］. https://support. bigcommerce. com/s/article/Setting-up-Google-BigQuery? language＝en_US.

② Bitcion：A Peer-to-Peer Electronic Cash System［EB/OL］.（2008-11-01［2022-01-15］). https://bitcoin. org/bitcoin. pdf.

合约时代,正在进入 3.0 广泛应用时代。该技术已经证明能够为自信任生态的构建创造良好的支撑条件,"市场中的信息不对称主要发生在交易之前的逆向选择(adverse selection)和交易之后的道德危害(moral hazard)两个方面。而区块链通过数字加密技术和分布式共识算法,能够建构一个多中心化的数字信任系统。……利用多中心化的模式实现网络各节点的自证明,并通过'基于编程的信任(coded trust)'来产生数字信任"①。

"区块链能够通过采取非对称加密算法为系统整体提供数据保护,为数据提供完整的证据链和可信任的追溯方式。"②因此,这一特性能够在保证数据高度透明与公开的同时,又能够有效地保护参与者的个人隐私。弗洛里迪曾假设"隐私是个体(包括个人、团体或者机构)控制其信息的生命周期(特别是生成、获得、记录和使用)的权利,以及决定这些信息可以在什么时间、以何种方式、在什么范围内被他人处理的权利,那么我们必须承认数字信息与通信技术也会提高或者降低我们行使这项权利的可能性"③。区块链技术所具有的基于智能合约的共识机制,有利于解决交易双方的不信任问题;非对称加密功能可以让网络消费者决定哪些数据可以公开;时间戳技术可以保证数据不可变、不可撤回。因此,区块链从技术上解决了"数据确权"问题,网络消费者或可通过区块链重新掌握对自己的身份和对数据的控制权。由此,区块链将互联网推向了价值互联网,其核心是解决信任机制的问题。对此,喻国明教授指出:"区块链是一种未来的世界观,是一种基于权利平等的个体如何重拾信任和组织的全新技术基础上的社会

①高奇琦,张纪腾.区块链与全球经济治理转型——基于全球正义经济秩序构建的视角[J].学术界,2019(9):27.

②Restuccia F, D'Oro S, Kanhere S S et al. Blockchain for the internet of things: present and future[J]. IEEE Internet of Things Journal,2018(1):6.

③[意]卢西亚诺·弗洛里迪.第四次革命:人工智能如何重塑人类现实[M].王文革,译.杭州:浙江人民出版社,2016:133.

范式。"①网络营销活动中出现信任危机,正是因为数据所有权与使用权出现了问题,营销者与数据商未经消费者同意就收集、使用他们的信息。区块链从技术上为数据归属与规范使用带来了希望,也为买卖双方之间重建信任关系提供了技术层面的解决之道。

(二)区块链保护消费者隐私面临的困难

早在20世纪90年代,凯文·凯利(Kevin Kelly)就预言21世纪科学的象征是互联网,它是一个分布式系统、去中心化的物体,"没有开始,没有结束,也没有中心,或者反之,到处都是开始,到处都是结束,到处都是中心"②。他的设想正在被区块链技术变为现实。区块链商业思想家威廉·穆贾雅(William Mougayar)也预测,"也许区块链能把互联网带回到它的本质:更加去中心化,更加开放,更加安全,更加隐秘,更加平等,以及更加易于进入"③。区块链技术已经从最初的比特币延展到多个商业领域,比如金融、政务、医保平台等,这些都是客户隐私要求很高的行业,这证明了该技术的可追溯、不可篡改、加密功能等对于保护隐私的确能起到很大的作用。从理论层面及某些网络营销实践方面(比如区块链的不可篡改特性确保了消费者的原创评论不会被删除,这就极大地削弱了电商平台与营销者控制消费者商业言论自由的权力)来看具有很高的价值,但是在网络消费者隐私保护的具体应用方面还是存在以下困难。

1. 区块链技术在网络营销行业的应用面临较大难度

网络消费者与普通消费者不同,他们为了收到商品就不能完全隐匿自己的真实信息。另外,消费者网络购物渠道广泛,除了淘宝、京

①喻国明.区块链变革与主流媒介的角色与担当[J].新闻与写作,2018(9):65.

②[美]凯文·凯利.失控:全人类的最终命运和结局[M].东西文库,译.北京:新星出版社,2012:38-40.

③[美]威廉·穆贾雅.商业区块链——开启加密经济新时代[M].林华,等,译.北京:中信出版社,2018:原版前言34.

东、当当等电商平台之外,还有多种其他购物途径比如企业官网、微店、团购网站、各商家的手机 App、扫码消费、手机点餐或结账、在线订票等,只要有过消费记录就会有数据产生,而且即使是线下交易,其信息也可能会被传到网上。区块链天然的技术优势可以实现对消费者数据的加密与保护,但这需要现有的网络交易平台愿意采用这项新的技术,将自己平台上的数据整合进区块链产业中,区块链如何深度融入网络营销行业成为其当前面临的较大困难。

2. 技术本身是中立的,但是区块链技术在使用过程中还是存在一定的偏向

首先,区块链技术尚在发展完善中,全球都在积极探索针对区块链的有效监管方式。比如,2017 年 12 月,美国总统特朗普签署了《2018 国防授权法案》以平衡区块链技术发展与个人信息保护间的关系;2019 年 9 月,德国发布《国家区块链战略》,提出了建立基于技术中立原则的法律框架。我国也出台了相关规制,例如 2019 年 1 月 10 日发布的《区块链信息服务管理规定》、2019 年 7 月 16 日发布的《关于加快推进社会信用体系建设构建以信用为基础的新型监管机制的指导意见》。

其次,区块链本身具有透明的特征,这与网络消费者希望隐私得到保护的需求存在矛盾。《通用数据保护条例》(GDPR)赋予消费者的修改权、删除权就无法在区块链中轻易实现,为此欧盟委员会成立了专门的中心并制定了区块链和分布式分类账本技术战略,以解决消费者隐私保护需求与区块链技术的冲突问题。虽然从理论上讲,区块链可能会集成一种技术解决方案,比如通过公钥或私钥的方式提供一种新的加密工具,或者"借助加密技术使得验证交易去中心化数据的隐私和安全进入一个新层面"[1],让消费者成为数据主权者,可以自己

---

① [美] 威廉·穆贾雅. 商业区块链——开启加密经济新时代 [M]. 林华,等,译. 北京:中信出版社,2018:48.

更改、移动其数据,但在具体实施过程中还是有难度的。

3.在利益的驱使下,网络营销行业的信任关系重建绝非易事

1995 年,福山(Francis Fukuyama)提出遵守规则对于建立信任的重要性,"信任可以在一个行为规范、诚实而合作的群体中产生,它依赖于人们共同遵守的规则和群体成员的素质。这些规则不仅包含公正的本质这种深层次的价值问题,而且还包括世俗的实实在在的规则,如职业规则、行为准则等"[①]。然而,网络营销行业对商业规则的遵守情况并不乐观,数据黑市、网络非法交易个人隐私信息以及 App 过度索权等屡见不鲜。更有甚者,一些企业为了获得更多的私利,利用大数据"杀熟",对消费者进行差别定价,这波"黑操作"被曝光之后更加剧了网络营销市场的信任危机。网络营销市场中的这些乱象,正是涂尔干(Emile Durkheim)所称的"失序"现象,人类天然是自私的,"若没有规范和法规将人们束缚在一起,人类会有很强烈的不安感"[②]。这种不安感反映到规制尚不健全的大数据营销行业,就是消费者对营销信任者的信任下降。虽然区块链技术具有重建信任机制的多种优势,但是区块链仅是一种解决方案,信任才是建立经济社会的基石。

4.区块链只是一种技术,网络消费者隐私保护问题的根源在于营销者是否遵守商业道德

为什么要保护网络消费者的隐私呢? 其实是尊重他们对自己数据享有的权利。消费者有权决定是否以隐私换取便捷、选择分享哪些信息、是否接受商家定制的信息推送,也就是消费者应该享有数据主权与有关数据处理的选择权,而营销者应该承认与尊重这种权利,多方共享而不是独享数据经济带来的收益。虽然区块链具有天然的技

---

①[美]弗朗西斯·福山.信任:社会美德与创造经济繁荣[M].彭志华,译.海口:海南出版社,2001:30.

②[美]弗朗西斯·福山.信任:社会美德与创造经济繁荣[M].彭志华,译.海口:海南出版社,2001:7.

术优势,在保护网络隐私方面也给我们带来很多希望,但它终究只是一种技术。德国学者卢曼(Niklas Luhmann)有关技术的论述可以给我们一些启示:"技术首先是一种工具,其次是一种知识,从更深层来说,则是一种行为约束边界。"①侵犯消费者网络隐私,本质是破坏商业规则、打破道德边界,技术能起到一定的纠偏与监督作用,但是不能从根本上解决问题。因此,我们既应该乐观地看待区块链技术未来可能在网络消费者隐私保护中的积极作用,也应该理性地看待技术的局限性,探寻在区块链技术支持下的协同共治监管方式。

---

①[美]布鲁斯·宾伯.信息与美国民主:技术在政治权力演化中的作用[M].刘钢,等,译.北京:科学出版社,2010:9.

第五章　网络消费者个人信息保护自律规制的内容分析

在数字经济大背景下,数据隐私保护意味着平衡个人隐私得到保护和获得高质量的数字服务与内容两种需求。这些服务和内容都是免费的,并且是根据人们的喜好和兴趣量身定制的,用户需要付出的是自己对个人数据的所有权与对数据使用者的信任。"Adweek Media/Harris民意调查研究显示,只有 20% 的美国人信任广告,有 13% 的美国人表示他们从不信任广告。"①其实,很多负责任的企业也在努力寻找保护用户隐私信息与获取盈利之间的平衡点,他们通过自觉加入行业协会的方式寻求解决方案。本章我们以美国、英国以及国际广告协会中几个具有代表性的隐私保护自律规范为示例,对其进行内容研究,以获得一些启示。

第一节　数据隐私保护的原则与权限

随着收集人们健康信息的可穿戴式技术的出现,生物数据革命的端倪已经出现。美国电子前沿基金会负责国际言论自由事务的主管

---

① Principles and Practices for Advertising Ethics[EB/OL]. (2020-02-04)[2022-01-03]. http://www. aaf. org/_PDF/AAF％20Website％20Content/513_Ethics/IAE_Principles_Practices. pdf.

吉利安·约克(Jillian York)曾说道："我们将获得更多关于人们如何进食、锻炼和其他日常生活的信息，它们将让医生和研究人员更好地制订各种计划，以服务于我们的需求，帮助我们变得更加健康。"[①]当然，实现这种便利的前提是对消费者个人信息的保护，很多行业自律协会已经制定了有关数据隐私保护的原则以及与权限有关的规制。

一、个人数据的含义与使用原则

1995 年，欧盟通过了《数据保护指令》(也被称为"95 指令")，第一次为欧盟成员国立法保护个人数据设立了明确标准。当时，"个人数据"的概念还限定在用户姓名、家庭地址及邮政编码等相对简单的信息。随着营销者与数据公司数据收集能力与分析技术的进一步提升，有关"个人数据"的外延被不断扩大，只要是可用于识别用户身份的数据，都被纳入隐私保护的范畴。对此，两个知名的行业自律协会给出了基本一致的观点：国际商会 2018 年版的《国际商会广告与营销传播实务准则》对"个人数据"的定义是"与已确定身份或可确定身份的个人相关的任何信息，不包括匿名或假名信息"[②]，英国广告实践委员会在《英国非广播电视广告、促销和直销准则(第 12 版)》中，对"个人数据"的定义是"能够直接或间接识别自然人身份特征的任何相关信息，特别是姓名、身份识别号、地理位置、在线身份或者物理的、心理的、基因的、精神的、经济的、文化的、社会的一个或几个特征"[③]。

我们以《国际商会广告与营销传播实务准则》(2018 年版)为例，

---

① 美媒：未来 50 年互联网世界将会是什么样？[EB/OL]. (2019-11-08) [2022-01-03]. https://baijiahao. baidu. com/s? id=16496233916314425715&wfr=spider&for=pc.

② 国际商会广告与营销传播实务准则(中文版)[EB/OL]. (2018-09-25) [2022-01-04]. https://cms. iccwbo. org/content/uploads/sites/3/2019/12/icc-2019-marketing-code-chinese. pdf.

③ The CAP Code(Edition 12) [EB/OL]. (2020-02-02) [2022-01-04]. https://www. asa. org. uk/uploads/assets/uploaded/c981689d-505e-4edf-848bf469eb67198e. pdf.

其规定为"收集营销传播活动相关个人数据的人员应制定隐私政策，此政策的条款应随时可以提供给消费者，并且无论是否需要证明，都应明确声明是否正在进行数据收集或处理。在目前尚未制定隐私法规的地区，建议采纳和实施国际商会隐私工具套装之类的隐私原则"。

该准则还制定了关于数据的收集和通知、数据的使用以及数据处理的安全性等方面的原则，主要内容如下：

第一，数据的收集和通知。向消费者收集个人信息时，必须确保相关个人了解数据收集的目的，并了解向第三方转让数据以达到第三方市场营销目的的意图。第三方不包括向营销商提供技术和运营支持的代理商或他人，以及不为任何其他目的而使用或披露个人信息的代理商或他人。收集数据时最好告知当事人；如果无法做到，则应在事后尽快告知。

第二，数据的使用。一是个人数据应用。出于特定和合法目的收集的信息，只能用于特定目的或与这些目的相关的其他用途；充分、相关及不超出所收集及/或进一步处理的目的。二是准确使用和及时更新。保存期限不超出数据收集或进一步处理所要求的期限。

第三，数据处理的安全性。应针对信息敏感性采取充分的安全措施，以防止未经授权访问或披露个人数据。

如果向第三方转让数据，应确保他们至少采用同等的安全措施。①

二、个人数据商业化应用的权限

由于个人数据包含了可以识别身份的信息，如何在商业化应用的同时保护好用户的隐私就成为各国及各大国际组织监管的重点，网络消费者可以享受的权利也在多年的实践中不断增多。我们以欧盟的

---

①国际商会广告与营销传播实务准则（中文版）[EB/OL].(2018-09-25)[2022-01-04]. https://cms.iccwbo.org/content/uploads/sites/3/2019/12/icc-2019-marketing-code-chinese.pdf.

相关规制为例,在最早的"95 指令"中,用户仅拥有"访问权",即有权访问他们的信息并修改其中错误的地方,确保信息正确。2002 年,欧盟第一次修订"95 指令",并于当年 7 月 12 日发布的《隐私与电子通信指令》中,赋予了用户"知情权",规定科技公司禁止在未征得用户同意的情况下存储和使用用户的数据,服务提供商应该保障用户的知情权,如告知用户所收集的数据及进一步处理此类数据的意图,对此,用户有权不同意。2009 年 11 月 25 日,欧盟通过了《欧洲 Cookies 指令》(*EU Cookies Directive，Directive* 2009/136/*ec*),并确定于 2011 年 5 月 25 日在欧盟国家正式实施。该指令进一步规范了用户享有的知情权,要求网站在用户初始使用时必须关闭 Cookies,直到用户明确同意启用时才能开启此功能。2018 年施行的《通用数据保护条例》(GD-PR)在数据主体享有知情权、访问权、更正权、可携权、删除权、限制处理权、反对权和自动化个人决策相关权利的基础上,重点强调了"被遗忘权",即科技公司必须在系统中提供可无条件地快速删除用户数据的功能。

与欧盟的监管思路一致,行业自律协会制定的用户隐私保护规范中,也是逐渐赋予消费者更多的权利。美国广告联合会(AAF)在《广告伦理原则与实践》中指出:"新媒体、新理念、新挑战、新文化机遇正围绕着这个行业旋转,并影响着它的经营方式。唯一不变的是透明度,以及以公平、诚实和直率的方式管理我们自己、我们的业务和我们与消费者的关系的必要性。"[1]"透明性"与"可控性"是用户数据隐私保护中的两个重要原则。例如,美国数字广告联盟(DAA)在《透明和控制原理在跨设备数据中的应用》中就将"透明性"与"可控性"作为用户

---

[1]Principles and Practices for Advertising Ethics[EB/OL]. (2020-02-04)[2022-01-04]. http://www. aaf. org/_PDF/AAF％20Website％20Content/513_Ethics/IAE_Principles_Practices. pdf.

数据使用的基本原则。① 英国直销协会在其相关规范中指出其数据使用原则是"以最大的谨慎和尊重对待客户的个人数据"②。

此外,"知情权""同意权""纠正权""删除权""限制处理权""选择权""可移动权"等也越来越多地出现在各大行业协会发布的自律规范中。例如,国际商会(ICC)在《广告与营销传播实务准则》(2018 年版)中明确了该规范"在人工智能的社交媒体、移动终端、虚拟和营销传播方式中的应用要求",制定了有关数据收集与使用、数据安全性的规范,明确消费者享有退出的权利、纠正不正确数据的权利、不向第三方共享数据的权利等。③英国广告实践委员会在《英国非广播电视广告、促销和直销准则(第 12 版)》中对数据的使用做了规定:"消费者享有数据的存取、纠错、删除请求权,限制处理权,数据可移动权,撤销权,以及向数据保护监管机构的申诉权,个人数据存储有周期限制,广告平台在处理数据之前需要事先征得消费者的同意,消费者有权禁止其个人数据被营销者使用,当以同意书作为处理个人数据的依据时消费者享有随时撤回同意书的权利。"④

第二节　网络消费者享有的数据保护权益

2016 年 4 月 14 日,欧盟议会正式通过《通用数据保护条例》。之后,美国和英国的数字互动媒体平台也纷纷修订隐私政策,不少行业

---

① Application of the Self-Regulatory Principles of Transparency and Control to Data Used Across Devices[EB/OL]. (2015-11)[2022-01-04]. http://digitaladvertisingalliance. org/sites/aboutads/files/DAA_files/DAA_Cross-Device_Guidance-Final. pdf.

② The DMA Code [EB/OL]. (2020-02-04)[2022-01-04]. https://dma. org. uk/uploads/ckeditor/dma-code-v5_28-08-2019_(8). pdf.

③ 国际商会广告与营销传播实务准则(中文版)[EB/OL]. (2018-09-25)[2022-01-04]. https://cms. iccwbo. org/content/uploads/sites/3/2019/12/icc-2019-marketing-code-chinese. pdf.

④ The CAP Code(Edition 12) [EB/OL]. (2020-02-02)[2022-01-04]. https://www. asa. org. uk/uploads/assets/uploaded/c981689d-505e-4edf-848bf469eb67198e. pdf.

协会亦积极调整自律规范以符合这个"史上最严格"隐私保护规制的要求。根据该条例,对隐私数据的保护覆盖以下内容:基本的身份信息,如姓名、地址和身份证号码等;网络数据,如 IP 地址、Cookies 数据和 RFID 标签等;医疗保健数据和基因数据;生物识别数据,如指纹、虹膜等;种族或民族数据;政治观点;性取向。对于这些数据,该条例明确规定,服务提供商不可以在未经用户同意的情况下处理这些数据。由于《通用数据保护条例》定下了严格的监管基调,之后几年广告行业协会纷纷修订隐私保护相关规范。

一、美国广告行业协会的自律规制

随着营销传播环境的不断发展变化,网络消费者的数据收集渠道与来源范围一直在变大,从之前的电脑终端延伸到现在的移动终端。由七个广告协会结成的数字广告联盟(DAA)敏锐地注意到媒介环境的变化对消费者隐私保护的影响,先后出台多个自律规范,主要有《在线行为广告的自律规范》(*Self-Regulatory Principles for Online Behavioral Advertising*)、《多站点数据的自律规范》(*Self-Regulatory Principles for Multi-Site Data*)、《自律规范在移动环境中的应用》(*Application of Self-Regulatory Principles to the Mobile Environment*)、《DAA 跨设备使用的数据透明和控制规范》(*Application of the DAA Principles of Transparency and Control to Data Used Across Devices*)等。[1]

2011 年 11 月,数字广告联盟发布了《多站点数据的自律规范》,对多站点数据和跨应用程序数据的使用进行了规范。"应以遵守《在线行为广告的自律规范》(OBA)为基础,如果将收集的多站点数据传输

---

[1]Consumer Assistance | WebChoices, AppChoices and YourAdChoices[EB/OL]. (2022-04-07)[2022-01-04]. https://youradchoices. com/choices-faq#jr08.

给非关联方的第三方或服务提供商,还应为消费者提供交易的控制权,仅有以下三点例外:出于操作和系统管理的目的、出于市场调研或产品开发的目的、收集多站点数据在一段时间内已经或将要去标识。此外,第三方和服务提供商应该通过相应的方法保障消费者对个人信息控制权,有关就业、信贷、医疗或保险的数据将被限制进行多站点使用。"①

2013年6月,数字广告联盟将《多站点数据的自律原则》整合到移动环境应用规范中,针对三种新出现的数据收集方式(跨应用程序数据、精确位置数据和个人目录数据),一起制定出《自律规范在移动环境中的应用》。② 该自律规范对四种数据的透明性和可控性分别进行了规定(见表5-1),此外还对数据使用目的、资格用途以及敏感数据进行了限制。多站点数据的自律规范前面已经说过,另外三种数据的自律规制内容具体如下。

表 5-1　四种数据的透明性与可控性比较

数　据	透明性	可控性
跨应用程序数据	• 第三方通知:应就其跨应用程序数据收集和使用实践发出明确、有意义和显著的通知 • 第三方强化通知:申请通知、参与选择机制或设置 • 第一方强化通知:应提供明确、有意义的信息与披露的显著链接,要么指向符合数字广告联盟规范的选择机制或设置,要么单独列出此类第三方	• 第三方选择:应向消费者提供行使选择权的能力,避免其数据被第三方以相关规定以外的目的收集和使用,或出于此目的将此类数据传输给非关联方 • 同意从所有或几乎所有应用程序收集跨应用程序数据:同意或撤回同意

①Self-Regulatory Principles for Multi-Site Data[EB/OL]. (2020-02-04)[2022-01-04]. http://digitaladvertisingalliance. org/sites/aboutads/files/DAA _ files/Multi-Site-Data-Principles. pdf.

②Application of Self-Regulatory Principles to the Mobile environment[EB/OL]. (2013-6)[2022-01-04]. http://digitaladvertisingalliance. org/sites/aboutads/files/DAA_ files/DAA_Mobile_Guidance. pdf.

续表

数据	透明性	可控性
精确定位数据	• 第一方通知：第一方应向第三方发出明确、有意义和显著的通知，说明向第三方传输精确位置数据的情况，或第三方在第一方确认授权的情况下从第一方的申请中或通过第一方的申请收集和使用精确位置数据的情况 • 第三方通知：第三方应明确、有意义和显著地通知其出于第六节规定以外的目的收集和使用精确位置数据的做法 • 第一方强化通知：应提供增强的通知，说明第三方在第一方确认授权的情况下，从或通过第一方的申请收集和使用精确的位置数据，或第一方将此类数据传输给第三方	• 第一方同意：①同意。第一方应同意为第六节规定以外的目的向第三方传输精确的位置数据，或未经正式授权的第三方从或通过第一方的申请收集和使用精确的位置数据，或出于上述目的将此类数据传输给非关联方。②撤回同意。第一方应提供易于使用的工具，随时撤回此类同意，并在上文所述的披露中加以说明 • 第三方同意：出于规定以外的目的收集和使用精确位置数据的第三方，或出于此目的将此类数据转让给非关联方的第三方时，应获得同意或应获得合理保证，即提供申请的第一方同意第三方的数据收集、使用和转让
个人目录数据	第三方不得故意未经授权访问设备，不得出于规定以外的目的获取和使用个人目录数据。第一方不得明确授权任何第三方未经授权故意访问设备，并获取和使用个人目录数据用于规定以外的目的	
多"站"点数据	从任何类型的计算机或设备收集和使用多站点数据都包含在多站点数据的自律原则中	

第一，跨应用程序数据。跨应用程序数据是从特定设备收集的，有关应用程序随时间和跨非关联应用程序的使用而产生的数据。跨应用程序数据包括分配或归属于设备的唯一值数据，或与跨应用程序数据相结合的设备相关特性的唯一组合数据。跨应用程序数据不包

括与特定个人或设备无关的数据,例如已被识别的数据。跨应用程序数据不包括收集到的关于非关联应用程序的数据,也不包括跨此类应用程序关联或组合前的数据。如果第三方关联或合并先前收集的数据以创建跨应用程序数据,需要平台创建此类数据前应承担相应的责任。

第二,个人目录数据。个人目录数据是由消费者创建的、存储在特定设备上或通过特定设备访问的日历、通讯簿、电话/文本日志或照片/视频数据。该类数据包括分配或归属于设备的唯一值,或与设备相关联的特性的唯一组合,不包括与特定个人或设备无关的数据,如已被识别的数据。

第三,精确定位数据。精确定位数据是指从设备获得的有关设备物理位置的数据,该数据足以精确地定位特定的个人或设备,包括分配或归属于设备的唯一值,或与设备相关联的特性的唯一组合。精确位置数据不包括与特定个人或设备无关的数据,如已被识别的数据;也不包括不精确的位置数据,包括在收集后的一段合理时间内已经或将要变得不精确的位置数据。精确位置数据主要指:利用蜂窝塔或Wi-Fi三角测量技术获得的数据,或通过 GPS 技术获得的经纬度坐标,前提是这些数据足够精确,能够定位特定的个人或设备。精确的位置数据不包括五位数的邮政编码、城市名称、来自 IP 地址或其他来源的一般地理信息,或不能反映设备实际位置的信息,如用户输入的信息或与账户关联的账单地址。由于不同类型设备和系统的技术限制,要求所有设备上精确位置数据的使用都遵守本指南是不可行的。数字广告联盟会不时地为不同类型的设备和系统遵守自律规范的实施实践提供指导。

此外,数字广告联盟还在《透明和可控原则在跨设备数据中的应用》中,重点规定了跨设备数据如何确保透明性与可控性。"透明性原则"规定,"在现有原则中增强透明性,数据使用者应该在他们自己的网站上通知用户,他们正在从特定的浏览器或设备中进行数据的收集、使用。应该给予消费者选择权,应该提供一个清晰、有意义和突出的链接,指向第三方网站,应该提供符合本指南或单独列出的参与收集多个站点的第三方或通过其网站或应用程序、跨应用程序搜集的数据"。"可控性原则"规定,关于数据收集和使用的可控性,主要适用于以下数据:在浏览器或跨应用程序上收集多站点设备上的数据,在与浏览器链接的另一台计算机或设备上的数据,在浏览器上使用多站点数据或跨应用程序数据以及向非关联方传输多站点数据和/或交叉数据。"①上述专门为跨设备数据所制定的隐私保护规范,从数据收集、使用的透明性到用户享有的选择权、控制权等都做了具体的限制。

除了数字广告联盟之外,2000年创立的网络广告促进会(NAI)也很有代表性,该协会虽然相比其他广告行业协会成立时间并不长,但其密切关注市场变化与媒介发展动态,其指导性自律规制《行为规范》分别于2008年、2013年、2015年、2018年进行了修订,已经出台了2020年版②,以适应移动广告生态系统迅速成熟给广告行业带来的冲击。随着定向广告对离线数据的使用范畴不断扩大,定向广告链接设备的激增以及技术进步导致的数据可识别性的发展,结合数据的敏感性和使用情况,根据《FTC2012最终隐私报告》(*FTC's 2012 Final Privacy Report*),将个人数据分为八类:

一是个人识别信息(personally-identified information,PII),即可用以识别个人身份的相关联或打算相关联的数据,包括姓名、地址、电话号码、电子邮件地址、金融账户和非公开的政府颁发的标识符。

---

① Application of the Self-Regulatory Principles of Transparency and Control to Data Used Across Devices[EB/OL]. (2015-11)[2022-02-05]. http://digitaladvertisingalliance.org/sites/aboutads/files/DAA_files/DAA_Cross-Device_Guidance-Final.pdf.

② 2020 NAI Code of Conduct[EB/OL]. (2020-02-04)[2022-02-05]. https://www.networkadvertising.org/sites/default/files/nai_code2020.pdf.

二是设备识别信息(device-identified information,DII),即链接到特定浏览器或设备的,未用于或打算用于直接标识特定个人的数据。

三是去识别化信息(de-identified information),即未连接到个人或设备的数据,对于敏感信息、精确位置信息、传感器信息、用于定制广告和广告发布及报告的个人信息进行更高的规定。

四是敏感信息,包括具有敏感性质的数据,如医疗保健数据、政治倾向、性取向等。

五是个人信息,包括日历、通讯簿、电话、记录本、照片、videodata(包括任何相关的元数据)或用户创建的类似数据,这些数据存储在设备上或可通过设备访问。

六是精确的位置信息,即通过相关技术可确定个人或设备的实际物理位置的数据,例如 GPS 水平经纬度坐标或基于位置的射频信号三角测量。

七是传感器信息,来自摄像机、麦克风或用户设备上的任何传感器的信息,这些传感器可以通过这些设备收集数据。

八是定制广告,即利用先前在浏览器或设备上收集的有关个人的数据,推断出用户的性格、偏好、兴趣或需求,在非关联的 WEB 域或应用程序或设备上发送定制广告,包括基于兴趣的广告、跨应用广告、受众匹配广告、浏览内容广告和重新定位。

二、英国广告行业协会的自律规制

英国广告实践委员会在《英国非广播电视广告、促销和直销准则(第 12 版)》中,对营销活动中的数据使用做了如下规定。

第一,在收集消费者的个人数据时,营销者必须向他们提供以下信息:①营销商或营销商代表的身份和联系方式;②营销者数据保护专员的联系方式;③收集个人数据的目的与法律依据;④营销商或第三方的合法权益;⑤个人数据的接收者或接收者类别(如有);⑥在适用的情况下,营销者是否打算将个人数据转交给第三方国家或国际组织,如果共享的话需要参照欧盟委员会的决定,遵守 GDPR 第 46 条、第 47 条的相关规定或《全球发展政策报告》第 49 条;⑦个人数据的存储周期;⑧市场营销人员对个人数据的存取、纠错、删除请求权的限制与处理以及数据可移动规定;⑨如果以用户的同意为法律依据,则用户在任何时候都有撤销权,但不影响在撤销之前基于同意的数据处理的合法性;⑩向数据保护监管机构提出申诉的权利;⑪对个人数据收集的规定是否为法定的或合同所需要的以及有义务提供的;⑫数据自动处理技术对消费者的重大影响。

第二,如果营销者从其他来源(例如第三方提供商)获取消费者的个人数据,他们必须征得消费者的同意:①在合理期限内,最迟在获得个人数据后一个月内征得消费者同意;②如果将数据用于与消费者通信,最迟在第一次与消费者沟通时征得消费者同意;③如果计划向另一方接收者披露,则不迟于首次披露个人数据时征得消费者同意。

第三,在任何情况下,如果市场营销人员打算进一步处理个人数据,必须确保新的目的与原始目的不冲突,在处理数据之前需要事先征得消费者的同意。消费者有权拒绝其个人数据被营销者使用,营销人员必须确保在使用前,数据库已经根据规范要求在消费者同意下运行。只能使用有限的信息,确保没有将其他信息发送给这些消费者。当以同意书作为处理个人资料的依据时,营销商必须告知消费者,他们有权随时撤回同意书,同意书的撤回与给予应该一样容易。以合法权益为基础处理个人数据时,如果消费者反对,营销人员必须立刻停止此类处理。必须明确告知消费者需将此类数据与任何其他信息明确分开,并确保事先与消费者沟通,经他们同意后方可使用。①

英国直销协会(DMA)在其自律规范②中也就用户个人数据的隐私保护问题对其会员进行了规定:出于营销目的收集个人数据时,会员必须提供《2018 年数据保护法》和所有其他相关法律要求的全部信息,包括会员资料和组织内负责客户数据的人员的详细信息,以及处理数据的依据。

第一,消费者个人资料的收集和使用应该符合以下条件:合法、公正、透明地处理;出于特定、明确和合法目的而收集;仅限于收集目的所需的数据;准确、最新,且保存时间不得超过收集目的所需的时间;按照消费者的要求加工;使用适当的技术和组织措施进行保护,以确保数据不被非法处理或未经授权处理,并免受意外损失、破坏或损坏;在相关法律规定范围内对个人客户的数据进行处理;由第三方(无论是数据控制器、数据处理器还是数据子处理器)进行的所有处理必须以书面指令为准;必须确保所有数据处理器和数据子处理器在相关合同允可下运作。这些合同必须保护有关数据主体的权利和利益。

第二,未经相关消费者明确同意,会员不得将敏感数据用于营销活动。

第三,会员在购买或租用个人数据时,必须进行尽职调查,以确保数据已获得正规、合法的许可。

三、国际商会的自律规制

国际商会(ICC)2018 年 9 月 25 日在《广告与营销传播实务准则》中,明确数据保护和隐私的主要规定,在向个人收集数据时应遵守相

---

①The CAP Code(Edition 12)[EB/OL].(2020-02-02)[2022-04-15]. https://www.asa.org.uk/uploads/assets/uploaded/c981689d-505e-4edf-848bf469eb67198e.pdf.

②The DMA Code[EB/OL].(2020-02-04)[2022-04-15]. https://dma.org.uk/uploads/ckeditor/dma-code-v5_28-08-2019_(8).pdf.

关规章制度,以尊重和保护他们的隐私。

第一,数据收集和通知。向消费者收集个人信息时,必须确保相关个人了解数据收集的目的,并了解向第三方转让数据以达到第三方市场营销目的的意图。第三方不包括向营销商提供技术和运营支持的代理商或他人,以及不为任何其他目的而使用或披露个人信息的代理商或他人。收集数据时最好告知当事人;如果无法做到,则应在事后尽快告知。

第二,数据的使用。个人数据应为特定和合法目的收集,仅用于特定目的或与这些目的相关的其他用途;准确和及时更新;保存期限不超出数据收集或进一步处理所要求的期限。

第三,处理的安全性。应针对信息敏感性采取充分的安全措施,以防止未经授权访问或披露个人数据。如果转让数据给第三方,应确保他们至少采用同等的安全措施。

第四,隐私政策。收集营销传播活动相关个人数据的人员应制定隐私政策,此政策的条款应随时可以提供给消费者,并且无论是否需要证明,都应明确声明是否正在进行数据收集或处理。

第五,消费者权利。应采取适当的措施确保消费者理解自己的权利。例如,选择退出市场营销名单;选择退出利益相关广告;使用一般直接偏好服务;要求不得向第三方提供用于市场营销目的的消费者个人数据;纠正关于他们的不正确数据。若消费者表达了不想使用特定媒体接收营销传播的意愿,应尊重这种意愿。应采取适当措施,帮助消费者了解获取相关内容可能会以使用隐私数据为条件。有关使用数字互动媒体和消费者权利的附加规则。

第六,跨境交易。当个人数据从收集所在国转移到另一个国家时,要保证消费者的数据权利得到充分的保护。若在另一个国家进行数据处理,应采取一切合理措施确保实施充分的安全措施,并尊重本准则中列明的数据保护原则。①

第三节　网络消费者的个人敏感数据保护

在网络消费者个人数据中需要特别关注的是敏感数据,因为这些数据包含了更多的隐私信息,如果没有规范限制可能会对用户造成比较大的影响与伤害。因此我们专门对这个问题结合内容分析进行了探讨。

一、个人敏感数据的主要内容

《通用数据保护条例》将涉及以下一种或一种以上类别的个人数据均视为敏感数据:①种族或民族出身;②政治观点;③宗教/哲学信仰;④工会成员身份;⑤涉及健康、性生活或性取向的数据;⑥基因数据;⑦经处理可识别特定个人的生物数据。其中,基因数据与经处理可识别特定个人的生物数据是根据最新科技的发展而新增的。

以美国网络广告促进会(NAI)为例。其行为准则对敏感信息的解释是:"包括社会保险号码或其他政府颁布的非公开识别码、保险计划号、财务账号、医疗记录(遗传、基因组和病史或提供对某一条件或治疗的实际知识的类似健康或医疗来源)、关于健康或治疗的敏感信息和推论,包括但不限于所有类型的癌症,主要影响儿童或与儿童有关的、未经非处方药治疗的疾病、与心理健康有关的疾病和性传播疾

---

① ICC. 国际商会广告与营销传播实务准则(中文版)[EB/OL]. (2018-09-25)[2022-10-28]. https://cms. iccwbo. org/content/uploads/sites/3/2019/12/icc-2019-marketing-code-chinese. pdf.

病,以及关于用户性取向的信息及相关推论。"①敏感信息具体包括：①社会安全账号或其他政府发布的非公开标识符；②保险计划号；③金融账户；④有关过去、现在或将来潜在的健康或医疗情况或诊断信息,包括药方或医疗记录中及类似健康或医疗资源中提供的有关遗传、基因和家族患病史的信息；⑤有关健康或治疗情况与诊断方面的敏感信息及相关推论,包括但不局限于所有类型的癌症、与孩子有关的诊断和非处方治疗、精神健康情况和变性相关的疾病等敏感个人信息；⑥有关用户性取向的信息或推论。

二、个人敏感数据的自律规制

通过与《通用数据保护条例》进行比较,可以发现行业协会对敏感信息的界定与欧盟的要求还是比较一致的,依据广告行业性质与数据商用中的问题,对于非公开标识符、保险计划号和金融账户给予了特别的关注。敏感数据虽然需要特别注意,但因其在商业中有巨大的价值,还是会被收集与使用,那么行业协会对此有哪些规定呢?

我们以美国数字广告联盟的两个自律规范为例。《自律原则在移动环境中的应用》中明确规定,对于健康和财务数据,除出于便于操作或系统管理的目的外,未经同意,第三方不得收集和使用跨应用程序数据或个人目录数据。根据《美国联邦法规》第45章第164.514节《HIPAA隐私规则》的规定,不受本小节限制的药品处方或医疗记录。②《多站点数据的自律原则》中规定,对于敏感数据,第三方或服务提供商在收集13岁以下儿童数据时应遵守《儿童在线隐私保护法》

---

①2020 NAI Code of Conduct[EB/OL].（2020-02-04）[2022-04-15]. https://www.networkadvertising.org/sites/default/files/nai_code2020.pdf.

②Application of Self-Regulatory Principles to the Mobile Environment[EB/OL].[2022-02-05]. http://digitaladvertisingalliance.org/sites/aboutads/files/DAA_files/DAA_Mobile_Guidance.pdf.

（COPPA）；收集健康和财务数据时未经自愿不得收集；收集并使用包含特定个人的财务账号、社会保险号、药方或医疗记录的多站点数据。制定合格的独立专业服务机构应采用保证标准，以确保符合这些多站点数据 HIPPA 隐私规定，取消标识的药物处方或医疗记录不受限制原则。对于非在线广告多站点数据，责任计划应将此类保证视为第三方或服务提供商的合规性证明，只要责任计划确定报告可靠，并解决了责任计划合规责任范围内的问题保证审查，责任计划可能要求合理必要的信息以确定，评估报告的范围和可靠性。[1]

关于敏感信息还有一个值得注意的内容是"地理位置数据"。无线协会（Cellular Telecommunications Industry Association，CTIA）专门制定了《位置服务的最佳实践与指导》（*Best Practices and Guidelines for Location-Based Services*），将"精确的地理位置信息"认定为易受损害的敏感信息，并提出从设计着手的隐私政策、简化的消费者选择流程和更高的透明度来进行保护，这一点与政府规制的导向是一致的。2013 年，联邦贸易委员会更新了《儿童在线隐私保护规则》的规制，明确规定没有家长明确有效的同意就不得收集 13 岁以下儿童的地理位置信息。2017 年，美国伊利诺伊州参众两院通过了《地理位置隐私保护法案》（*Geolocation Privacy Protection Act*），规定未经用户明确同意，收集其用于定位移动设备精确位置的地理数据，将被视为违法。此外，《通用数据保护条例》也将"位置数据"归入"个人数据"范畴，并将位置或运动视为"个人画像"（profiling）的一部分，从属于整个通用数据保护的法律框架。

2009 年 1 月，美国五家自律协会（互动广告局、美国广告代理协会、美国广告主协会、商业促进局、美国直销协会）就在线行为广告自

---

[1] Self-Regulatory Principles for Multi-Site Data［EB/OL］.（2020-02-04）［2022-01-04］. http://digitaladvertisingalliance. org/sites/aboutads/files/DAA _ files/Multi-Site-Data-Principles. pdf.

律规制问题展开合作,并于同年 7 月发布了《在线行为广告自律原则》(*Self-Regulatory Principles for Online Behavioral Advertising*),明确了在线行为广告的具体含义,为美国相关广告行业协会达成统一认识奠定了基础。其间,制定了七个原则:①教育原则:向消费者与企业传播在线行为广告的相关知识。②透明原则:部署多种机制,以确保能清晰地告知消费者有关第三方在线行为广告数据搜集与使用的相关事宜。③消费者可控原则:提供机制确保在线行为广告数据的使用者,有权选择所搜集与使用的资料是否同意转移给一个出于商业目的独立网站。④数据安全原则:对搜集与使用的在线行为广告数据,进行限制性保留,并提供安全保障。⑤内容变换原则:数据收集与使用政策的任何变化都需要事先征得用户的同意。⑥敏感数据原则:儿童保护信息、金融账号、社会保障号、药品处方或医疗记录等特定的数据信息需要进行不同的对待。⑦问责制原则:各协会通力合作,确保在线广告生态系统的良性发展,并发布公开报告监督广告商行为。①

第四节 未成年消费者的个人信息保护

在网络消费者中,未成年消费者是需要重点保护的群体,这是因为"当儿童访问广告网站时经常会有泄露个人信息的风险,与电视广告不同,网络媒体使得营销商与儿童直接交流成为可能"②。在不同国家、不同行业协会制定的自律规制中,都有未成年消费者个人数据保

①Self-Regulatory Principles for Online Behavioral Advertising[EB/OL]. (2014-12-30)[2022-01-04]. http://www. iab. net/insights_research/public_policy/behavioral-advertisingprinciples.

②Cai X, Zhao X. Online advertising on popular children's websites: structural features and privacy issues[J]. Computers in Human Behavior,2013(29):1512.

护的相关内容。

一、美国关于未成年消费者个人信息保护的自律规制

在美国这样一个崇尚"以自律换自由"的国家,不仅有专门的隐私保护法案,还为儿童隐私保护单独立法,由此可见其对保护儿童这个群体的重视程度。早在 1998 年 10 月 21 日,美国国会就颁布了《儿童在线隐私保护法案》(*Children's Online Privacy Act*),这是美国第一部互联网隐私法案,该法案于 1999 年末由美国国会通过,2000 年 4 月 21 日生效。它授权联邦贸易委员会管理收集 13 岁以下儿童个人信息的网站。一年后,联邦贸易委员会颁布了执行《儿童在线隐私保护法案》的最后规定:网站运营商在以任何手段收集儿童的个人信息(包括姓名、住址、社会保险号码、电子邮箱和电话号码等)时,必须做到五个方面:①在网站上明确提示自己正在收集有关儿童的信息,并说明自己将如何使用这些信息;②只收集对儿童参加某活动而言合理且必要的信息;③提供合理的途径,使父母能审查网站收集的有关他们孩子的信息;④提供一种方法,使父母能删除有关他们孩子的信息;⑤父母可以要求网站不再收集他们孩子的信息。①

2011 年,美国又颁布了《禁止追踪儿童法案(2011)》(*Do Not Track Kids Act of 2011*),要求互联网公司未经家长同意禁止对儿童的上网信息进行跟踪,同时限制针对未成年人的网络营销活动,增加"清除按钮"(Eraser Button),以便家长可以删除已在网络上存在的未成年人的个人信息。2015 年,美国国会修订了《儿童互联网隐私保护法(1998)》,通过了《禁止追踪儿童法案(2015)》(*Do Not Track Kids Act of 2015*),扩展、加强、修改了面向儿童的针对信息搜集、使用、披

---

①[美]唐·R.彭伯.大众传媒法(第十三版)[M].张金玺,赵刚,译.北京:中国人民大学出版社,2005:261.

露个人信息的规定,为 13 岁以下儿童与未成年人个人信息建立特定的保护机制,互联网公司需要遵守"公平信息处理原则",尊重"被遗忘权",允许父母与未成年人移除社交媒体上的帖子。①

美国严格的儿童在线隐私保护规制为行业收集与使用儿童数据行为定下了基调,各自律组织也在不断加强对儿童这个群体的保护力度。其实,作为拥有一百多年广告行业自律传统的国家,美国的自律监管力量还是比较强的。以数字民主中心(CDD)为例,该中心向来有保护未成年人的传统,其前身媒体教育中心(Center for Media Education,CME)早在 1997 年就开始投诉有些网站直接向儿童发送广告的行为,认为"这样的行为是不公平的,具有欺骗性"。联邦贸易委员会支持了这种做法,为搜集未成年人在线信息的行为制定了原则,即后来的《儿童在线隐私保护法案》。②

2001 年,商业促进局发布《在线商业惯例》(*BBB Code of Online Business Practices*),对在线广告提出五项道德原则③,其中一项就是有关儿童保护的。2011 年,美国广告协会(AA)发布《品牌大使与点对点营销——16 岁以下用户最优实践原则》(*Best Practice Principle on the Use of Under 16s in Brand Ambassador and Peer-To-Peer Marketing*),制定了数字广告在面向青少年与儿童传播时的主要原则,即"16 岁以下青少年不能被直接或间接雇用以宣传品牌、产品、商品、服务,应避免该行为对他们的同龄人或朋友产生影响",2011 年 11 月美国数字广告联盟(DAA)在《多站点数据的自律原则》中强调,"第三方或服

①Do Not Track Kids Act of 2015[EB/OL]. (2015-6-11)[2022-10-20]. http://www. markey. senate. gov/imo/media/doc/2015-06-11-DoNotTrackKids-BillText. pdf.

②Georgetown Law Institute for Public Representation[EB/OL]. (2015-7-13)[2022-10-20]. https://www. democraticmedia. org/sites/default/files/field/public/2015/2015-07-13_ftc_safe_harbor_annual_reports_foia. pdf.

③即真实、准确的信息传播,信息披露,信息使用行为与安全,消费者满意,保护儿童。

务提供商收集 13 岁以下个人数据应遵守《儿童在线隐私保护法》（COPPA）"。

二、英国关于未成年消费者个人信息保护的自律规制

随着对儿童隐私保护的关注，英国也加强了相关立法，英国信息专员办公室（ICO）于 2020 年 1 月发布了《适龄设计规则》（*Age Appropriate Design Code*），要求网络在线服务必须保护儿童的隐私。虽然这一规则本身并不是法律，但却是英国《2018 年数据保护法》所要求的，它列出了一系列预期标准，用以约束负责设计、开发或提供在线服务（如应用程序、互联网玩具、社交媒体平台、在线游戏、教育网站和流媒体服务）的人员。[1] 2020 年 9 月，英国数据保护监管机构（Information Commissioner's Office，ICO）宣布，为儿童提供在线服务和产品的组织从现在起将受到新的法律法规的约束。该准则为在线服务和产品的设计人员制定了 15 条标准[2]，要求在线服务在儿童下载新应用、新游戏或访问网站时自动向其提供内置的数据保护基线，各机构将有 12 个月的过渡期来遵守该准则。[3]

---

①英国数据保护机关 ICO 发布儿童隐私保护规则［EB/OL］.（2020-01-22）［2022-10-20］.https://www.secrss.com/articles/16790.

②这 15 条标准分别是：①在设计和开发供儿童使用的在线服务时，应首先考虑儿童的最大利益；②必须开展数据保护影响评估，以评估可能获得该服务的儿童的权利和自由；③采用一种基于风险管理的方法来识别个人用户的年龄，并有效地应用代码；④隐私信息必须使用简洁、突出、清晰、适合年龄的语言，并在激活时附加解释；⑤使用孩子的个人数据，不会对他们的健康有害；⑥必须遵守已发布的条款、政策和社区标准；⑦默认情况下，设置必须为"高度隐私"；⑧只许收集及保留提供服务所需的最少的个人数据；⑨除非有令人信服的理由，否则不得共享儿童的数据；⑩地理定位选项在默认情况下必须关闭；⑪应确保儿童在父母的许可下做出选择；⑫默认情况下，应禁用需要分析的选项；⑬不应使用鼓励儿童提供不必要的个人数据或关闭隐私保护的微调技术；⑭对需要联网的玩具或设备来说，必须使用符合规范的工具；⑮应该有突出的、易于使用的工具来帮助儿童行使其数据保护权利和报告问题。

③英国出台新《儿童法》，已生效 ［EB/OL］.（2020-09-04）［2022-10-22］.https://www.sohu.com/a/416465118_442599.

在政府相关规制尚未出台之前,英国的行业协会已经在各自的自律准则中出台了相关规制。例如,英国广告实践委员会的《英国非广播电视广告、促销和直销准则(第 12 版)》中对儿童个人数据保护做了如下规定:"营销者在获得儿童同意的基础上处理 13 岁以下儿童与提供在线服务有关的个人数据时,必须获取其父母或监护人的可核实同意。如果营销商处理 13 岁以下儿童的个人数据用于其他营销目的(即与提供在线服务无关),在同意的基础上必须获得其父母或监护人的可核实同意,除非他们能够提供令人信服的理由,并且要特别注意保护儿童的隐私权。在向儿童收集个人信息时,营销商必须确保在隐私规则中提供的资料容易为其父母或监护人理解。营销人员应避免使用儿童的个人数据来创建用户档案,特别是在会产生法律效力或对儿童有类似重大影响的自动决策环境中。"①

三、国际商会关于未成年消费者个人信息保护的自律规制

国际商会在 2018 年 4 月发布的《移动营销传播负责任指南》中指出,移动营销传播不应针对 12 岁以下儿童。在 2018 年 9 月 25 日发布的《广告与营销传播实务准则》中,明确了有关儿童的个人数据保护的规定。

总则:针对儿童或青少年,或以儿童或青少年为目标的营销传播,应特别关注。此类传播不应损害积极的社会行为、生活方式和态度;儿童或青少年购买即构成违法,或不适合儿童或青少年使用的产品,不应在针对儿童或青少年的媒体中进行广告宣传;在包含不适合儿童或青少年观看内容的媒体中,不应插入针对儿童或青少年的广告。

---

① The CAP Code(Edition 12)[EB/OL].(2020-02-02)[2022-10-22]. https://www. asa. org. uk/uploads/assets/uploaded/c981689d-505e-4edf-848bf469eb67198e. pdf.

儿童经验不足和轻信:营销传播不应利用儿童缺乏经验或轻信的弱点,尤其是以下几种情况。第一,在展示产品的性能和用途时,营销传播最大限度地降低所应满足的技能水平,或有意轻描淡写组装或操作产品通常所应满足的年龄层次;夸大产品的尺寸、价值、性质、耐用性和性能;未披露为获得所显示或所描述的效果而需要额外购买的信息,例如商品配件或一个系列中的特殊商品。第二,尽管想象的应用适合青少年和年龄较大的儿童,但不得因此导致他们难以区分现实与想象。第三,面向儿童的营销传播对儿童而言应是清楚可辨识的。

避免伤害:营销传播不应包含任何可能导致儿童或青少年的精神、道德或身体受到损害的声明或视觉处理。不应向儿童或青少年传递正处于不安全情境的信号,或诱导儿童、青少年参与对他们自身或他人有害的行为,或鼓励儿童、青少年参与具有潜在危害性或不适当的活动或行为。

社会价值:营销传播不应暗示拥有或使用产品,将使儿童或青少年拥有超越其他儿童或青少年的体魄、心理或竞争优势,或者不拥有该产品将产生负面影响。在相关社会和文化价值观方面,营销传播不应破坏父母的权威、责任、判断或品位。营销传播不应引导儿童或青少年去说服父母或其他相关成年人为他们购买产品。价格的展示方式不应引导儿童青少年对产品的成本或价值产生不切实际的认知,例如尽可能将价格说低。营销传播不应暗示产品的价格是所有家庭都可以承受的。邀请儿童或青少年联系营销商的营销传播,如果涉及任何成本(包括传播的成本),应鼓励他们征得父母或其他相关成年人的同意。①

---

①国际商会广告与营销传播实务准则(中文版)[EB/OL].(2018-09-25)[2022-10-22]. https://cms.iccwbo.org/content/uploads/sites/3/2019/12/icc-2019-marketing-code-chinese. pdf.

第六章　美英网络消费者隐私
保护自律监管的比较

　　随着在线追踪技术、数据挖掘方法的大规模应用,网络营销的有效性与用户的隐私保护问题之间的博弈日益激烈,在线隐私数据安全成为互联网时代国家需要重点监管的领域。对于政府如何保护公民的隐私权利,美国和英国的可比性并不强,因为美国早在 1890 年就已经出现了隐私权理论,在 20 世纪初相关判例中已经体现出对隐私的尊重,并在 1974 年 12 月 31 日通过了《隐私权法》。英国与之相比则明显滞后,直到 21 世纪才在判例中首次承认隐私是一种独立的权利,且至今没有颁布一部专门的隐私权法案。

　　虽然从政府他律规制的角度去比较隐私权利保护政策,会发现两个国家的差距十分显著,但是同为崇尚"以自律换自由"、拥有一百多年广告行业自律监管传统与经验的典范国家,面对互联网时代营销传播中出现的新问题,美英两国的监管重点与方式却有很多相同或相似之处。美国和英国的多个行业协会近年来都在积极探索保护网络消费者隐私的原则与方法,行业自律监管不仅成为政府他律规制尚不健全时期的有效补充,也为行业发展赢得了更大的自我管理空间。

第一节　美英两国行业自律监管的历史传统

　　美英两国不仅有超过百年的广告监管历史,而且国家的发展历史与文化传统、政治制度和经济状况等都为其行业自律监管提供了相对合适的土壤,可以说,两国在消费者个人数据隐私保护方面是具有历史传统优势的。

一、行业自律监管的历史

英国行业自治的传统是从行会开始的,虽然行会与现在的行业协会有很大的不同,但在自我监管方面还是有共通之处的,亦可说两者之间有一定的历史传承关系。行会最早问世于伦敦,经历了商业行会、手工业者行会和公会三个发展阶段。行会通过制定规章对会员进行管理,例如现存《南安普敦商人行会规章》的第 21 条规定,"行会任何会员俱不得使用伪装、巧计,或互相串通,或用任何其他手段,与非行会会员合伙,或共同经营上述(指前面条款所规定的)诸商品之买卖,违禁者一经查明属实,其用上述手段所购得之货物即应没收归于国王,行会会员仍应丧失其公会会籍"①。由此可见,行会的自治管理不仅有规章制度,而且有惩处措施,并且有被开除会籍的风险,这与现代广告行业协会的自律监管有很多相似之处。

行会衰败之后,行业自我监管的传统却保留了下来。随着资本主义市场经济的萌芽与发展,英国行业协会应运而生,这种更加科学、规范的行业组织,对推动和维护市场经济条件下的合法竞争与协调发展发挥了重要作用。广告行业协会也伴随着广告产业的发展而出现,"英国的广告业由以广告活动标准协会为中心的 18 个团体对广告业进行自律性管理。这些团体在活动和职能上完全独立,有各自的自我限制标准,并且通过相互之间的联系使其有效地发挥作用。对违反广告基本原则的广告主,公布其姓名,并给予处罚"②。从行会到行业协会,监管方式也由自治上升到自律,英国的这种行业由自发到自觉的

---

①金志霖.试比较中英行会的组织形式——兼论中国行会的特点[J].华东师范大学学报(哲学社会科学版),2006(3):58-60.

②储贺军.行业自律——英国商会的主要作用[J].中国工商,1998(5):47.

监管传统为广告协会自律奠定了良好的基础。

美国的行业自治传统,也受到了历史因素的影响,不过,与英国相比,其具备更加有利的条件:得天独厚的地理位置、广袤的领土、富足的资源、源源不断且层次丰富的移民;此外,美国没有沉重的历史包袱,世界大战又给其带来绝妙的发展机遇。① 在美国,先有社群,后有政府,同行业抱团取暖,是美国行业监管秩序形成初期的一大特征,这为行业自我监管创造了有利的发展条件。"19 世纪初,美国先有社群,然后才有照料公共需要与执行公共义务的政府机构。一个典型的例子是 1620 年在普利茅斯登陆的清教徒们的经验,他们订立了《五月花号公约》,建立起一个新的管理机构,这个例子成为日后美国人活动所依据的样板。"这种事情在美国历史上一再出现。随着移民西进,社群纷纷出现,在政府管辖权不明确或不存在的地区活动中,这些社群依靠个人的主动精神通过订立规章进行自治管理。到 1849 年淘金热,对于那些在"国家法律不能提供保护"地区冒险的人们来说,加入一个政治社群成为一种惯例。值得注意的是,它们既是政治社群也是商业社群,"我们的利益要求我们制定严格的规章制度借以在旅途中约束大家"②。这种基于理性选择、追求利益最大化的社群组织,通过成立协会、制定规章制度来提高管理的有效性,为现代广告产业诞生后的自我监管积累了历史经验。

二、宽松有序的法制环境

11—12 世纪,英国和欧洲大陆在法律发展上走向了截然不同的道路,产生了英美法系与大陆法系的分野,美国与英国同属"普通法

---

①王希. 原则与妥协:美国宪法的精神与实践[M]. 北京:北京大学出版社,2000:前言 1.

②[美]丹尼尔·布尔斯廷. 美国人:从殖民到民主的历程[M]. 时殷弘,谢延光,等,译. 上海:上海译文出版社,2014:81-85.

系"(common law system，或称"海洋法系")。① 普通法系诞生于英国，在 18—19 世纪，随着英国殖民地的扩张，英国法被传入英国殖民地和附属国，普通法系逐渐发展成世界主要的法系之一。其特点是不成文的法律通过法官裁判具体案件表达出来，注重法典的延续性。早期的英国移民的确带着普通法传统到达北美洲大陆，但随着欧洲大陆移民的到来以及作为一个不断发展、成熟的独立政体，美国的司法体系显然不符合纯粹的"普通法"的定义。② 两国的法律既有共同点又存在差异，但对广告行业而言，均享有了普通法系较为宽松的法制环境，有利于广告行业自律监管的发展。

美国沿袭了普通法系的传统，联邦和各州实行判例法(case law)，但是兼采民法法系(civil law system)，又有成文法，法院通过法条和先例来决定适用于一个案件的法律。③ 此外，美国还首创了"联邦制"的国家组织形式，主张联邦政府和州政府分权而治，因此美国既有联邦法又有州法。1789 年，联邦第一届国会通过了 12 条宪法修正案，其中 10 条在 1791 年得到各州的批准而加入宪法，成为《权利法案》，至此美国联邦宪法为各州正式接受，成为美国的最高法，也成为近代世界上第一部成文宪法。

美国的广告监管就是在这种独特的法制环境中诞生与发展起来的，广告法的订立充分体现了三权分立中的权力约束与监督作用。美国并没有统一的广告法，规范广告的法律条款散见于商业法典以及各州自行制定的法规中，从而给了行业很大的自我管理权限。1914 年，美国国会通过《联邦贸易委员会法》(*Federal Trade Commission Act*)，授权建立联邦贸易委员会(FTC)作为广告的权威管理机构，此外，美

---

①许小亮.从欧洲普通法到共同法——中世纪法律史的另一种叙事[J].法学,2014(5):19.

②李嘉略.美国联邦最高法院判例[M].武汉:华中科技大学出版社,2012:4.

③胡国平.美国判例:自由挑战风化[M].北京:中国政法大学出版社,2014:前言 37.

国食品药品管理局(FDA)和联邦通讯委员会(FCC)也承担了部分广告监管责任。经过几次判例,美国确定了广告享有的商业言论自由权利。

与美国相似,英国针对广告的法律也采用判例法传统,遵循先例(stare decisis)的原则,对于上级法院的先前判决,下级法院的法官在遇到相同或类似案件时,无论是否赞成该判决,都必须予以遵守并适用。① 英国也没有制定全国性的广告法,广告法律、法规大量分散于各部门法当中,但有全国统一的自律规制——《英国广告、促销和直销准则》,体现了英国典型的"强社会、弱政府"的管理特征。

三、独立自由的价值取向

《圣经》和《宪法》是美国公民的两大护身符,《圣经》守护灵魂,《宪法》保证公民的自由和权利。1787 年 9 月 17 日,《美利坚合众国宪法》诞生,1788 年 6 月 21 日该法生效,从法律上明确了一切权力属于人民,宪法是人民授予国家权力的契约。② 在宗教信仰与契约精神的共同作用下,个人自由和权利得到最大限度的保障。

美国没有欧洲那样丰富沉重的文化包袱,美国人追求文化上的新颖与精神上的自由。与之相似,"美洲对于哲学的理解也有其独特性,使人们获得解放的不是以现代的哲学体系对抗古代的和错误的哲学体系的机会,而是把所有哲学带入日常生活这一检验一切的现世舞台的机会,看重市场的自由竞争"。因此,美国具备相对自由的商业发展环境,这与美国人历来的精神取向密切相关。奥利佛·温戴尔·霍尔姆斯法官的观点就很有代表性:"对真理的最好考验,便是这种思想使

---

① 高鸿钧. 英国法的主要特征(上)——与大陆法相比较[J]. 比较法研究,2012(3):5-8.
② 胡国平. 美国判例:自由挑战风化[M]. 北京:中国政法大学出版社,2014:前言 10-11.

自身在市场竞争中成为被接受的力量"①,经济学家亚当·斯密在1776 年出版的《国富论》中也阐述了自由贸易的观点。崇尚自由的思想观念以及相信市场这只"看不见的手"的调控能力,为美国政府大胆放权广告行业自治,促进广告业的自由竞争与发展提供了宽松的环境。

英国自由传统的历史更为悠久。1215 年的《大宪章》(*Magna Carta*)可谓英国民主政治发展史上的一座里程碑,体现了英国自由精神的皈依,奠定了自由传统的历史基础。从《大宪章》开始,最高的权力受到了法律的限制,同时也给予了公民更多的自由和权利。"到了18 世纪末和 19 世纪初,英国经历了从农业社会到工业社会的转型,即从基于纵向人身依附和庇护关系的贵族秩序转向了基于私有产权和政治自由的工业社会,自由主义思想逐渐成为英国的主流意识形态。"②启蒙运动时期,自由的权利与价值在思想家们的反复论证之下,赢得了更多的社会认同,例如约翰·洛克强调自由是人类必要的权利,他在《政府契约论》(*Two Treatises on Government*)中提出两个基本的自由概念:经济自由和知识上的自由。经济自由,意味着拥有和运用财产的权利;知识上的自由,包括道德观的自由。

英国独立自由的历史传统在其广告行业监管中得以延伸,广告行业协会从诞生起就始终注重保持其独立自主性。1961 年广告代理商、媒体与广告主一起组成了广告实践委员会(The Committees of Advertising Practice,CAP),独立制定出第一版《英国广告行为规范》(*the British Code of Advertising Practice*)。1962 年 9 月 24 日,广告实践委员会设置了广告标准局,作为执行新规范的独立评审机构。为

---

①[美]丹尼尔·布尔斯廷.美国人:从殖民到民主的历程(殖民的历程)[M].时殷弘、谢延光,等,译.上海:上海译文出版社,2014:157-163.
②盛文沁,19 世纪英国自由主义的"品格"论:以约翰·密尔为中心[J].学海,2014(1):177.

保证经济上的独立性,1975 年又成立了广告标准委员会财务有限公司(The Advertising Standards Board of Finance Ltd.),为自律体系提供充足、安全的资金来源,广告标准局并不参与资金的征收工作。[1]

四、民主平等的人文关怀

美英等主要发达资本主义国家,多沿袭西方的民主传统。英国是议会民主的发源地,在 1688 年"光荣革命"之后,国王的权力逐渐被削弱,代表社会各阶层的议会的权力则不断上升,经过 19 世纪大规模的政治革新,英国建立起了民主制度。随着经济体制由自然经济到市场经济的转变,社会从农业社会进入工业社会,生产力水平与人们的生活水平都有了大幅提升,对促进英国民主制度的发展发挥了重要的作用。美国最早的移民来自英国,当时英国正值资产阶级革命的酝酿时期,英国对宗教迫害、封建专制统治的强烈反对对美国产生了很大的影响。随着时间的推移,民主观念逐渐成为美国的主流价值观。此外,北美的地缘环境对美国民主制度的形成与发展也很有利,其中最重要的条件就是不存在封建社会和封建势力的阻挠。[2]

西方的政治体制,深深影响到广告自律管理的架构与程序。[3] 美英广告行业协会管理委员会成员基本都是从广告主、广告代理商、媒体和公众中选出来的,他们学历高,专业涵盖多个学科领域,而且特别强调独立性,以保证评判的公正性。对广告投诉的判决,一般采用少数服从多数的方式。

随着 19 世纪后期广告在美国的兴盛,广告主与消费者之间也在

---

[1] History of ad Regulation[EB/OL]. (2014-12-09)[2022-10-22]. http://www.asa.org.uk/About-ASA/Our-history.aspx.

[2] 张友伦. 美国民主制度的形成、发展和问题[J]. 历史研究,1996(2):118-119.

[3] Medina M, An S. Advertising self-regulation activity:a comparison between Spain and US[J]. Zer,2012(17):18.

努力建立一种平等的关系。虽然有时"广告表现出一种咄咄逼人、有时甚至有些好战的民主"①,但是广告主已经意识到与消费者建立信任关系的重要性。"广告的艺术和科学就成了发现消费者社团、唤起并保持对他们的诚信的技巧,品牌名称和商标应运而生。保持对商品牌子的诚信,成了商业世界的头等大事,为此成立了广告公司。加入消费社团成为美国特有的文化。"②20世纪中期,兴起于美国广告业的对品牌价值的研究与讨论,培养消费者品牌忠诚度的意识与尝试,寻求整合营销传播的方法与技巧等,都体现出美国广告业对消费者研究的重视。美国这种建立与消费者平等关系的努力,对全球广告行业的发展产生了深远的影响。

第二节　政府他律规制对行业自律监管的影响

在前面一节中,我们可以看到美国和英国在行业自律监管方面有许多相似之处,但是如果仔细对比两国有关隐私保护的政府规制与行业自律,会发现还是存在很多不同的,这种不同也影响到两国对消费者个人信息保护的态度。

一、美国:"有紧有松"的政府监管

美国作为互联网的诞生地与最早探讨隐私权法的国家,虽然崇尚"轻规制、重自律"的监管方式,但是在网络消费者隐私信息保护方面,政府还是较为积极地行使着监管权力的。早在1995年,美国联邦贸

①[美]丹尼尔·布尔斯廷.美国人:从殖民到民主的历程[M].时殷弘,谢延光,等,译.上海:上海译文出版社,2014:168-169.
②[美]丹尼尔·布尔斯廷.美国人:从殖民到民主的历程[M].时殷弘,谢延光,等,译.上海:上海译文出版社,2014:180-182.

易委员会(FTC)就开始关注在线隐私问题,次年研究相关问题,并于1998 年颁布《公平信息处理原则》(*Fair Information Practice Principles*,FIPPs),为管理搜集和使用个人数据提供了一系列标准,以解决隐私问题,共制定了限制收集、数据质量、目的明确、使用限制、安全保护、公开、个人参与、责任共八个原则。[①] 2000 年 5 月,联邦贸易委员会制定了《在线披露政策》(*Dot Com Disclosure*),强调《宪法第一修正案》中对消费者的保护政策并不会"受限于任何特殊的媒体","委员会依然将保护消费者利益作为核心,使其免受不公平或欺骗性的广告、营销、在线销售行为的不良影响"。[②] 克林顿在任期间,政府还颁布了几个重要法案:1996 年的《通信规范法》,1997 年的《电子邮箱保护法》《儿童在线隐私保护法案》,1998 年的《儿童在线保护法》,均致力于保护在线隐私。

奥巴马政府也较为注重加强政府监管。2009 年 2 月,联邦贸易委员会在广泛征求意见之后公布了《在线行为广告自律原则》,对在线搜集个人数据信息做出明确规定。2012 年,奥巴马政府正式提出《消费者隐私权利法案》(*Consumer Privacy Bill of Rights*),虽然该法案没有获得国会通过,但是奥巴马政府并没有放弃保护消费者隐私权利。2012 年 2 月,白宫发布了《网络环境下消费者数据的隐私保护:全球数字经济中的隐私保护与营销创新的政策框架》报告,明确了消费者享有的七种权利。[③] 2015 年 3 月,美国白宫公布了《消费者隐私权法案》

---

① 孟茹.美国网络消费者隐私保护的自律规制研究[J].当代传播,2018(3):74.

② Three Quarters of Mobile Consumers See Targeted Adverts as Invasion of Privacy, Says Razorfish Global Research[EB/OL].(2014-06-30)[2022-10-22].http://www.thedrum.com/news/2014/06/30/three-quarters-mobile-consumers-see-targeted-adverts-invasion-privacy-says-razorfish.

③ Consumer Data Privacy in a Networked World:A Framework for Protecting Privacy and Promoting Innovation in the Global Digital Economy(February 2012)[EB/OL].(2012-02)[2022-10-22].http://www.whitehouse.gov/sites/default/files/privacy-final.pdf.

草案,值得注意的是,即使政府准备施行监管权力,该草案还是尊重美国行业自律的传统,为行业预留了很大的自我管理空间,不仅允许各行业在美国联邦贸易委员会的监督下自主制定有关保护数据隐私的行为守则,而且还为遵守守则的公司提供了"安全港"。

特朗普政府也重视对公民隐私的保护,采取了行业自律与政府他律两种规制相结合的管理方式。2017年1月,特朗普总统签署行政命令将非美国公民或合法永久居民排除在美国《消费者隐私法案》的保护对象之外。2017年4月3日,特朗普在白宫签署了《34号两院联合决议》,决议在签署后成法,从而正式取消了奥巴马时代联邦通讯委员会(FCC)在2016年10月份通过的《保护宽带及其他电信服务客户隐私管理规定》,该规定废除以后,互联网用户隐私保护的相关规制就只能由国会制定。"在取消了FCC对宽带服务的个人隐私保护后,FTC将失去管辖权。也就是说,未来一段时间将出现监管空白,电信行业可以放心地买卖用户的隐私数据。"在政策宽松的环境中,企业自律就会提到一定的高度,"众议院通过新法令之后,AT&T、康卡斯特和Verizon均在网上发表声明,承诺不会出售客户的浏览数据"[1]。但是,这种宽松的外部环境并没有持续太久,特朗普政府很快就感受到来自欧洲《通用数据保护条例》、加利福尼亚州州长签署的《数据隐私法》以及剑桥分析丑闻等的压力,商务部在2018年7月开始着手起草关于网络隐私的提案。[2]

二、英国:"双箭齐发"的监管力量

英国政府也致力于保护公民的隐私,不过长久以来一直未将隐私

---

①奥巴马去年10月刚通过的宽带隐私保护法 被特朗普废了[EB/OL].(2017-04-05)[2022-10-22]. http://tech.qq.com/a/20170405/004855.htm.

②特朗普政府计划尝试网络隐私监管[EB/OL].(2018-07-29)[2022-10-22]. https://www.jianshu.com/p/465fb506a7e7.

权视为一种独立的权利,也缺少一部专门的隐私权利法案,直到 2008 年,莫斯利(Mosley)以侵害隐私权为由起诉《世界新闻报》,英国法院判决原告胜诉,才改变了英国法在隐私保护方面数百年的历史传统。"英国涉及隐私的间接保护的仅有普通法、制定法和衡平法"①,普通法中有关隐私保护的内容主要有侵入土地、侵扰、暴行、诽谤等;制定法有《广播法案(1996)》《个人数据保护法(1984)》《信息自由法案(2000)》《诽谤法案(1996)》等,②这些法案涉及媒体自由与公民隐私保护、政府对个人隐私信息的搜集与使用等问题;衡平法主要参照违反保密义务的责任来保护隐私。

虽然单从立法来看,英国对公民隐私的保护力度远不及美国,但英国在 2020 年前是欧盟成员国,需要遵守欧盟法高于国内法的约定,这就使得英国出现一个与美国完全不同的监管力量,欧盟颁布的相关规制与英国国内监管如同两把利剑一齐发挥着约束效力。欧盟有两个重要的立法对英国隐私保护发挥着关键作用:一是 1953 年 9 月 3 日开始生效的《欧洲人权公约》,第八条第一款规定,"人人有权享有使自己的隐私和家庭生活、住宅以及通信获得尊重的权利",该法案于2000 年 10 月被纳入英国法律,英国开始对家庭生活、通信等隐私进行明确的保护;二是 1998 年的《人权法案》,也涉及公权力机构侵害公民隐私的相关议题。

随着互联网时代的到来,有关隐私保护出现许多新的问题,欧盟在保护个人隐私数据方面进行了积极的探索。根据英国的法律,国际公约不能直接适用,必须通过议会立法把公约的内容转化成国内法,欧盟有关隐私保护的两个重要立法均影响到英国颁布相关规制。1995 年欧洲议会和欧盟理事会颁布《关于在个人数据处理过程中保

①郗伟明.论英国隐私法的最新转向——以 Mosley 案为分析重点[J].比较法研究,2013(3):104-108.

②王黎黎.英国三大法律下的隐私权保护立法及其评价[J].求索,2012(3):144.

护当事人及此类数据自由流通的指令》(*Directive 95/46/EC on the Protection of Individuals With Regard to The Processing of Personal Data And on The Free Movement of Such Data*)。《数据保护指令》(*Data Protection Directive*)于 1998 年 10 月 25 日正式生效,要求"所有成员国制定法律,对电子商业公司收集的所有个人隐私信息实施保护,不提供这类保护的公司不得在欧盟成员国内经营业务"①。三年后,英国的《数据保护法案(1998)》(*Data Protection Act 1998*)开始生效,规定公民拥有获得与自身相关的全部信息、数据的合法权利,允许公民修正个人资料中的错误内容。

2002 年,欧盟理事会和欧洲议会颁布了《隐私与电子通信指令》(*Directive 2002/58 on Privacy and Electronic Communications*),简称《电子隐私权指令》,2004 年 4 月起在欧盟成员国生效,该指令分别于 2009 年、2017 年做了修订。英国根据该指令,将其转化为《隐私与电子通信条例(2003)》(*Privacy and Electronic Communications Regulations 2003*),对本国电子通信领域的隐私问题予以规制,同时对1998 年的《数据保护法案》相关规定内容进行了延伸和扩展。

2016 年,欧盟通过《通用数据保护条例》(*General Data Protection Regulation*,GDPR),取代《95/46/EC 号指令》,在扩大数据主体的权利和法律适用范围的同时,进一步细化了个人数据处理的基本原则。在此基础上,2018 年英国议会通过新版《数据保护法》,对个人和组织在数据保护中的权利和责任做出明确规定。为配合欧盟颁布的《网络和信息系统安全指令》(*The Directive on Security of Network and Information Systems*),英国政府又在 2018 年颁布了《网络和信息系统安全法规》(*The Security of Network and Information Systems Regula-*

①［美］唐·R·彭伯.大众传媒法(第十三版)［M］.张金玺,赵刚,译.北京:中国人民大学出版社,2005:288.

tions），明确规定了网络供应商的法律义务，关注关键网络和信息系统的可用性，以安全来保护信息系统的可用性，以及关键服务的连续性。[1]

2020 年 1 月 31 日，英国正式"脱欧"，英国议会曾确定脱欧后将停止履行 1972 年《欧洲共同体法案》，废止了欧盟法规在英国法律体系中的优先权，代之以英国国内法。[2] 由于英国加入欧共体长达 40 年时间，欧盟法律对英国已经产生了很大的影响，因此我们在讨论英国隐私保护问题时还是要考虑欧盟的影响力与约束力。欧盟 2018 年 5 月 25 日宣布《一般数据保护条例》（General Data Protection Regulation，GDPR）正式生效，英国为此修订了 20 年前颁布的《数据保护法案》，《一般数据保护条例》的影响在该法案的第二部分内容中得以体现，英国信息专员办公室（Information Commissioners Office，ICO）负责执行并监督该条例的实施。[3] 广告实践委员会（The Committee of Advertising Practice）也立刻着手征集有关营销活动中数据收集与使用的现有规制的修改意见，以符合欧盟相关条例的规定。[4]

第三节　广告行业协会保护隐私的方法与内容

美国和英国是广告产业强国，也是最早对广告进行规制、广告行

---

①英国政府数据治理的政策与治理结构［EB/OL］.（2020-01-10）［2022-10-22］. https://www. rccp. pku. edu. cn/mzyt/110802. htm.

②英国女王批准脱欧法案 将正式允许英国脱离欧盟［EB/OL］.（2018-06-26）［2022-10-22］. http://news. sina. com. cn/o/2018-06-26/doc-ihencxtu7003197. shtml.

③Data Protection Act 2018［EB/OL］.（2018-7-25）［2022-10-22］. http://www. legislation. gov. uk/ukpga/2018/12/pdfs/ukpga_20180012_en. pdf.

④Data Protection and Privacy（Advice online）［EB/OL］.（2018-05-23）［2022-10-22］. https://www. asa. org. uk/advice-online/data-protection-and-privacy. html.

业自律成功运作的典范。美英两国的广告自律最早能追溯到 19 世纪 80 年代的海报业，早在 1891 年美国就成立了首个广告行业协会——美国户外广告协会，9 年后英国第一个广告行业协会——广告主保护协会也诞生了。① 经过漫长的时间积累与实践管理经验的积淀，美英两国广告行业自律监管的有效性已经赢得政府及利益相关群体的认同，这为智能环境下用户隐私信息保护的自律监管奠定了良好的信任基础。

一、美国广告行业协会对隐私的保护

美国主要的广告行业协会有：商业促进局、直销协会、广告代理商协会、广告主协会、网络广告促进会、互动广告局、数字民主中心等，这些协会近年来都将网络消费者的隐私保护问题作为其中一项监管重点。

商业促进局在 2001 年发布的《在线商业惯例》中提出"信息使用行为与安全原则"，涉及在线用户隐私信息保护的问题。2009 年 1 月 1 日，该局制定的认证标准开始生效，共有 8 项原则，其中第 7 项是"隐私保护"，分别从尊重隐私、敏感数据安全以及尊重顾客偏好三个方面做了具体规定。② 商业促进局还制定了《合作伙伴行为准则》（*BBB Business Partner Code of Conduct*），在"保障数据安全与隐私"方面有六个方面的内容，要求"遵守相关法律，确保技术与信息安全；官网应有隐私声明；如何收集、使用信息，和谁分享，如何存储，避免滥用；遵守用户偏好；确保金融安全；安全使用电子邮件系统；遵守数字联盟自

---

①查灿长.英国：19 世纪末 20 世纪初世界广告中心之一[J].新闻界,2010(5):153.
②BBB Accreditation Standards［EB/OL］.（2018-07-27）［2022-10-22］. https://www.bbb.org/bbb-accreditation-standards.

律原则"①。

直销协会于 2014 年 1 月发布《商务实践道德纲领》(*DMA Guidelines for Ethical Business Practice*),对消费者信息选择、收集与使用,个人数据保护,健康信息隐私和保护,营销信息,数据库可靠性以及数据安全等进行了规定。② 直销协会还整理出一份自律指南发布于官网上,向成员解释《健康保险携带和责任法案》《儿童在线隐私保护法案》等规制中有关隐私保护对行业的影响、政策的适用性以及公司应该如何按法规行事。

网络广告促进会在 2000 年制定了行为规范,该规范先后于 2008 年、2013 年、2018 年进行了三次更新,2008 年修订的行为规范涉及在线行为广告(OBA),2013 版的规范对在线行为广告内容进行了补充;2018 年版对基于网络与移动应用程序的用户信息搜集和使用行为以及一些最新技术在商业中的应用进行了重点规定。③

互动广告局联合其他重要的贸易协会制定了《在线数据收集的跨行业自律隐私原则》。2014 年 1 月,互动广告局以白皮书的形式,对 Cookies 相关问题进行了监督,在《后 Cookies 世界的隐私与追踪》(*Privacy and Tracking in a Post-Cookies World*)中,对侵犯隐私的行业行为进行了归纳,并提出要构建数据透明的管理模型以保护消费者、出版商和受信任的第三方的隐私。④ 2018 年 2 月就视频广告中的区块链问题发布了白皮书《视频广告的区块链》,提出区块链技术使得

----

①Partner Code of Conduct[EB/OL]. (2018-07-27)[2022-10-22]. https://www. bbb. org/en/us/partner-code-of-conduct.

②DMA Guidelines for Ethical Business Practice(2014)[EB/OL]. (2018-07-27) [2022-10-22]. https://thedma. org/wp-content/uploads/DMA_Guidelines_January_ 2014. pdf.

③NAI Code of Conduct 2018[EB/OL]. (2018-02-12)[2022-10-22]. https://www. networkadvertising. org/sites/default/files/nai_code2018. pdf.

④Privacy and Tracking in a Post-Cookies World[EB/OL]. (2015-02-15)[2022-10- 22]. http://www. iab. net/media/file/IABPostCookiesWhitepaper. pdf.

广告更加可信,信息使用也更加透明,"去中心化"可以确保数据使用更加安全可靠。① 此外,互动广告局还关注了原生内容广告、移动广告、视频广告、播客广告等新媒体侵犯消费者隐私的问题。

二、英国广告行业协会对隐私的保护

英国主要的广告行业协会有广告实践委员会、广告标准局、广告从业者学会、广告主联合会、广告标准财务委员会、直销协会、广告协会、互动广告局等。

广告实践委员会与广告标准局对行业自律影响较强,前者通过制定规范发挥着主要的监管作用,后者负责执行规范、处理投诉和对违规广告采取措施。② 2010 年 9 月 1 日,《英国非广播电视广告、促销和直销准则(第 12 版)》(*The UK Code of Non-broadcast Advertising, Sales Promotion and Direct Marketing*,CAP Code)开始生效,这个自律规范与《数据保护法案》和《隐私与电子通信条例》共同作用于英国的数字广告行业。其第六章专门针对隐私保护问题,规定营销者需要拿到当事人的"书面许可";其附录 3"在线行为广告"中,强调了第三方的责任以及搜集、使用用户数据时的透明性与可控性。③ 2011 年 3 月1 日,广告实践委员会制定的《英国非广播电视广告、促销与直销规范在数字领域的延伸》(*Extended Digital Remit of the CAP Code*)开始生效,适用于规范广告主在自己的网站或自己控制下的其他不付费平

①Blockchain for Video Advertising:A Market Snapshot of Publisher and Buyer Use Cases[EB/OL][2022-10-22]. https://www. iab. com/wp-content/uploads/2018/02/Blockchain_for_Video_Advertising_Publisher-Buyer_Use_Cases_2018-02. pdf.
②Non-broadcast[EB/OL]. (2015-03-09)[2022-10-22]. http://www. cap. org. uk/Advertising-Codes/Non-Broadcast. aspx.
③The CAP Code(Edition 12)[EB/OL]. (2018-7-20)[2022-10-22]. https://www. asa. org. uk/uploads/assets/uploaded/243f1a5f-15f9-4cf8-9702519a67f9d770. pdf.

台上的营销传播活动。①

　　直销协会与互动广告局在互联网时代也积极发挥着对数字广告行业的监管职能。直销协会颁布了《直销协会准则》(*The DMA Code*),强调数字广告行业不得违反数据保护和/或隐私法案,应尊重顾客的个人数据:顾客应该知道谁在搜集他们的数据,为什么收集以及如何使用这些数据;公司在必要时拥有的数据必须准确、及时更新,需要确保顾客数据安全,确保个人数据以透明的方式得到合法、公正、正确的使用,收集个人数据应该有具体、明确、合法的目的。② 除了制定行为规范,直销协会还对数据隐私进行了专门研究。2012 年 6 月,直销协会发布研究报告《数据隐私信息图表:消费者真正在想什么?》,将消费者分为三种类型:数据实用主义者(占 53%),他们愿意交换一定数量的数据以获取免费服务与更好的利益;数据基要派(占 31%),他们一般反对与企业分享个人信息,除非有迫不得已的原因;漠不关心派(占 16%),他们对与谁分享个人信息、作何用途都不关心。③ 此外,直销协会还发表多篇研究论文,例如詹姆斯·米利根(James Milligan)发表了《消费者的隐私期望驱动数据保护变革》,指出"企业需要适应新的世界秩序,因为消费者比以往任何时期都更加关注他们的隐私与数据保护权利"④;特里斯坦·加里克(Tristan Garrick)发表《数据隐私正成为一个"关键性品牌区分点"》,认为"数据隐私是企业赢得

---

①The Extended Digital Remit of the CAP Code [EB/OL]. (2015-04-09)[2022-10-22]. http://www. cap. org. uk/News-reports/~/media/Files/CAP/Misc/CAP_Digital_Remit _Extension.

②The Code[EB/OL]. (2018-07-25)[2022-10-22]. https://dma. org. uk/uploads/misc/5b02a222ba136-dma-code-booklet-2018--v1. 1_5b02a222ba09a. pdf.

③Infographic - Data Privacy: What the consumer really thinks[EB/OL]. (2012-01-20)[2022-10-22]. http://www. dma. org. uk/infographic/infographic-data-privacy-what-the-consumer-really-thinks.

④James Milligan J. Consumers' privacy expectations drive data protection changes [EB/OL]. (2014-03-27)[2022-10-22]. http://www. dma. org. uk/article/consumers-privacy-expectations-drive-data-protection-changes.

新的消费者,同时也是消费者基于对企业可信度与透明性的信任,从而做出分享信息决定的关键因素"①。

英国互动广告局也积极投身于网络消费者隐私保护的研究与实践中,近年来持续关注数字广告与隐私保护等热点问题,例如在线行为广告图标与用户选择、英美隐私盾如何代替"安全港"、如何理解与遵守《一般数据保护条例》的相关规定等,并整理出一份"数字政策指南"指导行业实践。②

第四节　两国行业协会自律监管的异同点分析

通过对美国和英国主要的广告行业协会自律规制的内容分析,我们可以看到两个国家在保护消费者个人数据隐私方面存在的共性及不同点。

一、两国自律监管的共性

美英两国主要的广告行业协会近年来都积极关注消费者隐私保护问题,纷纷制定隐私保护自律规范,例如英国直销协会制定了相关规范,明确指出成员应遵守"尊重隐私"的六条规则。为保护隐私而设

①Garrick T. Data Privacy is Now a "Critical Brand Differentiator"[EB/OL]. (2014-04-02)[2022-10-22]. http://www. dma. org. uk/article/data-privacy-is-now-a-critical-brand-differentiator.

②Digital Policy Guide[EB/OL]. (2018-3-10)[2022-10-22]. https://www. iabuk. com/policy/digital-policy-guide.

立专门的"数据保护日"（Data Protection Day），①相关理论与实践研究成果也很丰富，凸显出广告行业协会对消费者隐私权利保护的重视。美国直销协会在 2015 年 1 月 28 日发表《数据保护日：营销者应该知道什么》一文，探讨了隐私与数据驱动营销之间的关系。② 英国直销协会也发表了《数据保护日：企业必须让消费者了解有关他们数据的价值》，还介绍了《欧盟数据保护规制》草案的进展情况。③

两国的广告行业协会都倡导"以自律换自由"的监管理念，努力提升自律监管的有效性，以减少政府干涉。同时，也积极向会员宣传他律规制的核心思想、执行要求等，引导企业尽力在法律许可的范围内行事。《一般数据保护条例》生效之后，英国互动广告局专门在官网公布了《英国最新电子隐私规制》，向会员详细解释了该条例对英国数字广告行业的影响。④ 美国广告代理商协会也及时向会员提供了相关条例的颁布对个人数据分享意愿的影响的调研报告，并结合剑桥分析丑闻等热点事件进行了相关政策的深度解读。⑤ 2018 年 6 月 28 日，加利福尼亚州通过了《2018 消费者隐私保护法案》，于 2020 年 1 月 1 日起正式施行，美国广告代理商协会向会员提供了该法案的政策解读并将持续关注其对行业的进一步影响。

---

①2006 年 4 月 26 日，欧洲理事会将每年 1 月 28 日定为"数据保护日"（Data Protection Day），旨在提高公众认识、促进隐私与数据保护最优实践。2009 年，美国也将该日设为数据隐私日，之后隐私日成功扩展到加拿大与 27 个欧洲国家。详见：Council of Europe. Data Protection Day[EB/OL]. (2018-07-27). http://www. coe. int/t/dghl/standardsetting/dataprotection/data_protection_day_en. asp.

②Data Privacy Day：What Marketers Needs To Know[EB/OL]. (2015-07-10)[2022-10-22]. http://thedma. org/advance/capitol-matters-advocacy-compliance/data-privacy-day-marketers-needs/.

③Data Protection 2015[EB/OL]. (2015-07-10)[2022-10-22]. http://dma. org. uk/event/data-protection-2015.

④IAB Factsheet：EU ePrivacy Regulation[EB/OL]. (2017-11-09)[2022-10-22]. https://www. iabuk. com/policy/iab-factsheet-eu-eprivacy-regulation.

⑤California Passes Nation's Strictest Privacy Law[EB/OL]. (2018-07-16)[2022-10-22]. https://www. aaaa. org/l-p/privacy/.

为规范行业运作、提升监管效果,两国的广告行业协会都开展了隐私保护相关项目的研究,关注隐私保护政策的发展与走势。美国广告主协会根据联邦贸易委员会 2015 年 1 月发布的《物联网报告:在一个互联网世界中的隐私与安全》(*Internet of Things Report:Privacy & Security in a Connected World*)①与一个有关"数据安全"的听证会预测,"隐私与数据安全"将成为该年度最重要的议题。广告行业协会为会员提供培训服务,制定了涉及隐私保护的认证标准,鼓励会员积极参与认证。美国互动广告局为从业者提供数字营销与媒体基础等四个项目的培训与认证服务,"数据解决方案"涉及隐私保护的内容。②英国互动广告局于 2018 年 1 月发起"金标准认证项目",为数字广告行业尊重用户隐私、维系品牌形象设立了认证标准。③

二、两国自律监管的差异

通过浏览美国与英国几个重要广告行业协会的官网,我们大致可以比较出两国广告行业协会在网络消费者隐私保护方面的自律监管存在的不同,这种差异反映出两国对网络消费者隐私保护的规制思路与治理方式。

美国的广告行业协会在互联网时代更注重合作,通过结成联盟的形式提升自律监管的效果,如 2010 年美国七家广告行业协会(广告代理商协会、广告联合会、广告主协会、商业促进局、直销协会、互动广告

---

①Internet of Things Report:Privacy & Security in a Connected World[EB/OL]. (2015-01)[2022-10-22]. https://www.ftc.gov/system/files/documents/reports/federal-trade-commission-staff-report-november-2013-workshop-entitled-internet-things-privacy/150127iotrpt.pdf.

②IAB Professional Certification[EB/OL]. (2018-07-30)[2022-10-22]. https://www.iab.com/topics/certification/.

③IAB Gold Standard[EB/OL]. (2018-07-26)[2022-10-22]. https://www.iabuk.com/news-article/iab-gold-standard.

局、网络广告促进会）合作成立了美国数字广告联盟（Digital Advertising Alliance，DAA），致力于"建立与执行整个网络广告行业的隐私保护惯例，增强消费者信息的透明度与可控性"[①]，成立后发布了《数字广告联盟自律方案》（*Digital Advertising Alliance Self-Regulatory Program*），确立了七个原则：教育原则、透明性原则、消费者可控性原则、数据安全原则、控制对数据变更和实践原则、高度敏感数据的安全保障原则、问责原则。该联盟有专门的官网，为确保网络消费者对其个人隐私数据享有选择权与掌控力，还创造了"广告选择图标"（Ad Choices Icon）和"你的广告选择"（Your AdChoices）按钮，开发出移动平台端的图标"DAA Icon"，以增强用户的识别能力与隐私保护能力。英国广告行业协会之间也有合作，比如广告从业者协会与广告协会、广告主整合会的合作，[②]但与美国相比其协会合作不够紧密，联合监管的力度也有待加强。

美国有较为浓郁的消费者隐私保护传统与氛围，除了广告行业协会之外，还有一些专门的隐私保护组织，比较有代表性的有电子隐私信息中心（EPIC）、民主与技术中心（CDT）、电子前沿基金会（EFF）、未来隐私论坛（FPF）、在线信任协会（OTA）、隐私权资讯中心（PRC）、世界隐私论坛（WPF）等，这些自律协会与广告行业协会合作，共同监管用户隐私保护问题。例如，美国广告联合会、广告主协会、广告代理商协会与其他协会、TRUSTe 隐私监管公司以及诸多知名 IT 公司一起，在 1998 年春天合作成立了美国在线隐私联盟（Online Privacy Alliances，OPA），并于同年 6 月发布了《在线隐私指引》（*Guidelines*

---

①About The DAA[EB/OL]. (2018-02-01)[2022-10-22]. http://digitaladvertisingalliance. org/about.

②About[EB/OL]. (2018-07-31)[2022-10-22]. http://www.ipa.co.uk/about.

for Online Privacy Policies)。① 英国也有隐私与公民自由组织,例如 Big Brother Watch、Privacy International,但是相较于美国,这些组织的数量不够多,而且也缺少协会之间的深度合作。

---

① Guidelines for Online Privacy Policies[EB/OL]. (2018-07-31)[2022-10-22]. http://www. privacyalliance. org/resources/ppguidelines/.

第七章　国外自律监管经验
对我国的借鉴意义

　　网络消费者个人信息的保护作为智能媒体时代的新问题,已经成为困扰各国的一个监管难题,仅仅依靠政府部门制定他律规制是不够的,因为伴随着技术的不断更新,营销者与数据企业收集用户个人数据、侵犯用户个人隐私的能力也在不断提高,立法的速度往往滞后于业界实践。在无规制或规制不完善的"真空期",如何最大限度地保护消费者个人信息安全呢?美、英两国的行业自律监管经验值得我们参考借鉴,其中,美国采取政府他律与行业自律相结合的监管方式;英国并没有颁布专门的隐私权法案,主要依靠欧盟相关法案与国内行业协会共同发挥效力。我国也需要充分调动起行业协会监管的积极性,相信互联网生态系统的自我惩戒能力,鼓励行业自律成为政府他律监管的有效补充。

第一节　我国消费者个人信息保护的规制体系

　　我国对消费者个人信息保护的规定散见于宪法、刑法、民法及著作权法当中,与美国近年来不断完善隐私权立法相似,我国也通过新修订和出台的相关法规逐步完善消费者个人信息保护立法体系。例如,2015 年 9 月 1 日开始施行的新《中华人民共和国广告法》第九条规定"广告不得危害人身、财产安全,泄露个人隐私";2019 年 10 月颁布了《儿童个人信息网络保护规定》;2021 年 6 月颁布《数据安全法》;2021 年 8 月我国颁布了专门的《个人信息保护法》。

除了政府积极立法保护消费者的个人信息外,我国的行业协会也将保护个人信息作为自律规范的一个重点,如中国广告协会在《广告主自律宣言》(2016 年版)中强调"广告活动中收集、使用消费者个人信息,应遵循合法、正当、必要的原则;尊重和保护个人隐私"[①]。此外,我国的社交媒体平台如微信、微博等也积极投身于保护用户个人信息的自律监管实践中,例如《微信外部链接内容管理规范》第八条对"非法获取用户数据、信息"等行为做出明确的惩罚性规定。因此,我国消费者的个人信息保护规制体系也是由政府他律、行业自律、数字互动媒体平台自律以及社会监督等协同共治构成的。

一、以政府他律规制为主导

1997 年,我国的互联网广告市场开始兴起;2000 年前后,我国政府着手加强对网络广告相关内容的监管,先后颁布了《互联网电子公告服务管理规定》(2000 年)、《广告管理条例施行细则》(2005 年)、《互联网电子邮件服务管理办法》(2006 年)、《信息网络传播权保护条例》(2006 年)等法律法规。

随着网络营销的逐渐兴起,我国也开始关注到这个新生事物的监管问题。早在 2000 年 9 月 20 日,国务院即颁布了《互联网信息服务管理办法》,经过十年的探索,开始聚焦如何对消费者个人信息进行保护;2011 年 1 月,工信部发布《信息安全技术、公共及商用服务信息系统个人信息保护指南》;2012 年 12 月 28 日,全国人大常务委员会颁布

[①]广告主自律宣言[EB/OL].(2020-02-05)[2022-10-22].https://www.china-caa.org/cnaa/showinfo/zlgz8.

了《关于加强网络信息保护的决定》;2013 年,颁布《电信和互联网用户个人信息保护规定》;2014 年,颁布《网络交易平台经营者履行社会责任指引》;2014 年 3 月 15 日,新的《消费者权益保护法》施行,确立了网络平台服务提供者的责任、消费者个人信息保护等制度,明确了消费者协会和其他消费者组织作为保护消费者合法权益社会组织的新定位。2016 年 8 月,发布了《〈消费者权益保护法实施条例〉征求意见稿》,主要包括经营者收集、使用消费者个人数据的原则、权利和义务等内容;2017 年 6 月 1 日起实施的《中华人民共和国网络安全法》,为网络信息安全制定了十条规制,对网络运营者收集、使用消费者信息进行了严格规定;2018 年 5 月 1 日起实施《信息安全技术个人信息安全规范》,以国家标准的形式明确了针对个人信息收集、保存、使用、共享的合规要求,是个人信息保护实践方面的重要参考标准。

近几年,我国加快了个人信息与数据保护相关法律法规的出台速度,监管的覆盖面也在拓宽,法律规制体系逐步完善。2019 年 5 月 28 日,国家互联网信息办公室发布《数据安全管理办法(征求意见稿)》,对利用网络开展数据收集、存储、传输、处理、使用等活动以及对公众关注的个人敏感信息收集方式、广告精准推送、App 过度索权、账户注销难等问题进行了直接回应。与美国的立法思路一致,我国也专门颁布了针对儿童个人数据的隐私保护规制。2019 年 10 月 1 日,国家互联网信息办公室发布的《儿童个人信息网络保护规定》正式实施,针对儿童个人信息的收集与使用制定了 29 条规定,如网络运营者收集、存储、使用、转移、披露儿童个人信息的,应当遵循正当必要、知情同意、目的明确、安全保障、依法利用的原则,应当以显著、清晰的方式告知儿童监护人,并应当征得儿童监护人的同意。网络运营者征得同意时,应当同时提供拒绝选项,并明确告知收集、存储、使用、转移、披露儿童个人信息的目的、方式和范围;儿童个人信息存储的地点、期限和到期后的处理方式;儿童个人信息的安全保障措施;拒绝的后果;投诉、举报的渠道和方式；更正、删除儿童个人信息的途径和方法等事项。①

近几年，消费者数据与个人信息保护问题更是被提到新的高度。2020 年 3 月 6 日，全国信息安全标准化技术委员会正式发布《信息安全技术个人信息安全规范》，增加了"用户画像的使用限制""个人信息处理活动记录"等内容，针对个人生物识别信息方面的要求进行细化与完善。2020 年 6 月 28 日，全国人大常委会发布《中华人民共和国数据安全法（草案）》。2021 年，对我国网络消费者个人信息保护是非常重要的一年，1 月《中华人民共和国民法典》正式实施，这是新中国成立以来第一部以法典形式命名的法律，将消费者的私权保护纳入民事基本法体系，填补了消费者特殊权利保护中的体系空缺。在消费者知情权、自主选择权、公平交易权、个人信息保护和隐私权等方面都做了明确规定，为完善消费者权益保护法律体系、支持消费者维权提供了坚实的法律依据。而且，这一年不仅正式施行了《中华人民共和国数据安全法》《中华人民共和国个人信息保护法》《网络交易监督管理办法》《互联网信息服务算法推荐管理规定》，而且《互联网广告管理办法》也在征集意见。上述这些法规，"不仅明确了个人信息的概念及处理规则、个人信息处理活动中的权利与义务等，而且与《消费者权益保护法》《电子商务法》《广告法》等共同编织成一张保护消费者平等交易、权益主张、监督评价等权益的立体'保护网'"②。

与美国相似，在国家层面的消费者个人信息保护立法之外，美国的州与我国的省也纷纷进行探索。《湖北省消费者权益保护条例》《深圳经济特区数据条例》《上海市数据条例》等对个人数据、公共数据、数

---

① 中华人民共和国国家互联网信息办公室. 儿童个人信息网络保护规定[EB/OL]. (2019-08-23)[2022-10-22]. http://www.cac.gov.cn/2019-08/23/c_1124913903.htm.

② 中国消费者协会. 2021 年 100 个城市消费者满意度测评报告[EB/OL]. (2022-03)[2022-10-22]. https://www.cca.org.cn/jmxf/detail/30376.html.

据要素市场、数据权益保障、数据流通与利用、数据安全等问题进行了规定。

除了出台法律法规之外，政府有关部门也关注新的营销方式带来的新问题，在案件审理与典型案例方面表达出监管态度导向。在互联网平台强制"二选一"、视频网站付费超前点播、购物平台"划线价"、生物识别等个人信息不当收集和使用、算法歧视等方面的案件审理中，正确适用法律，充分保障消费者权益。最高人民检察院公布《公益诉讼检察听证典型案例》，其中"北京铁路运输检察院督促保护消费者知情权行政公益诉讼案"针对互联网领域的新业态、新问题进行公开听证，着力解决网络安全与消费者知情权相冲突的问题。江苏省高级人民法院发布的《2021 年十大典型案例》中，全国首例因智能电视开机广告引发的消费公益诉讼案件合理确定了权利边界和行为界限，平衡了各方的利益诉求，维护了消费者自主选择权，是当前数字经济下不同民事主体间权利冲突的缩影。[①]

经济学家萨缪尔森认为，管制的基本内容是制定政府条例和设计市场激励机制，以防止滥用市场力量，矫正信息的不对称问题[②]，政府对市场进行规制是为了解决垄断、外部性以及信息不对称等市场失灵现象[③]，虽然政府他律规制的有效性已经被反复论证，但是目前全球对算法时代网络营销行为的监管是存在滞后性的，这与新媒体、新技术催生的新型营销方式所具有的特殊性有很大的关系，因此政府规制的监管效力是有限的。在网络环境下如何发挥行业自律规制的监管作

---

①中国消费者协会. 中国消费者权益保护状况年度报告(2021)[EB/OL]. (2022-04-22)[2022-10-22]. https://p. cca. cn/ueditor/files/2022-04-22/d0613f91-5be7-4e89-b0fc-a97835ff3005. pdf.

②[美]保罗·萨缪尔森，威廉·诺德豪斯. 经济学[M]. 萧琛，主译. 北京：人民邮电出版社，2010：296-301.

③[美]W. 吉帕·维斯库斯. 反垄断与管制经济学(第三版)[M]. 陈岱孙，等，译. 北京：机械工业出版社，2004：5.

用,以完善用户个人信息安全保护规制体系,已成为急需深入研究的全球性问题。

二、行业协会的自律规制

2007年6月13日,中国广告协会互动网络委员会(简称互动委员会)经国家工商行政管理总局和国家民政部的批准成立,并制定了"先规范再发展"的战略,通过并签署了《中国互动网络广告行业自律守则》,这是中国互联网广告界第一部自律守则。此外,互动委员会经磋商后决定通过建立客户信用等级评估体系、建设中国互动网络行业的权威数据体系、规范互动网络广告数据测评体系,以逐步建立互动网络广告的行业标准体系。[①]

中国广告协会互动网络分会主要承担着我国网络营销行业自律监管的职责。2013年3月3日,《互联网IP地理信息标准库》由中国广告协会互动网络分会面向全行业正式发布,这是我国第一个监管地理信息的自律规范。标准库的投入使用极大提升了我国互联网广告地域定向投放的精度,能有效避免因IP混乱造成不必要的浪费,为进一步推动中国互联网产业向精确化、标准化方向发展奠定了基础。[②]2014年3月15日,《中国互联网定向广告用户信息保护框架标准》正式发布,是我国第一部针对互联网消费者隐私保护的行业标准,是在现有法律、法规的框架下,通过行业自律,规范了互联网主体的行为、义务,提高行业主体的共识,建立了行业主体全部参与的消费者信息保护机制。[③] 此外,互动网络分会还先后颁布了《中国移动互联网广告

---

①中国广告协会互动网络委员会成立[EB/OL].(2007-6-26)[2022-10-22]. http://tech.sina.com.cn/i/2007-06-26/15491584155.shtml.)

②中国互联网IP地理信息标准库已正式发布[EB/OL].(2013-3-6)[2022-10-22]. http://tech.163.com/13/0306/20/8PAE33VB000915BF.html.

③陈永:互联网定向广告用户信息保护标准是怎么出台的[EB/OL].(2015-09-17)[2022-10-22]. http://www.aiweibang.com/yuedu/51420652.html.

标准》(2015年)、《移动互联网广告标准》(2015年)等自律规范。

2020年6月24日,中国广告协会发布《网络直播营销行为规范》,要求网络直播营销活动应当全面、真实、准确地披露商品或者服务信息,依法保障消费者的知情权和选择权,网络直播营销主体应当依法履行网络安全与个人信息保护等方面的义务,收集、使用用户个人信息时应当遵守法律、行政法规等相关规定,这个由中国广告协会制定的行为规范是国内出台的第一个关于网络直播营销活动的专门规范。

中国广告协会除了颁布相关自律规制之外,也聚合社会的力量为政府制订相关法律规制献计献策。2019年6月10日,中国广告协会组织召开了"互联网广告个人信息保护和数据安全标准研讨会",召集了来自学术界、广告主、互联网媒体平台、第三方监测机构、广告代理公司、审计机构、互联网技术公司的80余位代表围绕有关问题进行了研讨,并邀请国家互联网信息办公室有关人员听取意见和建议。①

除了广告协会外,以2001年5月成立的中国互联网协会为代表的行业组织也自觉承担起部分网络消费者个人隐私保护监管工作,成为中国广告协会的有力补充。中国互联网协会出台了多部自律规范,如《中国互联网行业自律公约》(2002年)、《中国互联网协会反垃圾邮件规范》(2003年)、《中国互联网协会互联网公共电子邮件服务规范(试行)》(2004年)、《搜索引擎服务商抵制违法和不良信息自律规范》(2004年)、《中国互联网网络版权自律公约》(2005年)、《文明上网自律公约》(2006年)、《抵制恶意软件自律公约》(2006年)、《博客服务自律公约》(2007年)、《中国互联网协会短信息服务规范(试行)》(2008年)、《中国互联网协会反垃圾短信息自律公约》(2008年)、《中国互联

---

①搭建沟通桥梁,反映行业诉求——中广协组织召开互联网广告个人信息保护和数据安全标准研讨会 [EB/OL]. (2019-06-19)[2022-10-22]. http://www.china-caa.org/cnaa/news_view/269.

网协会关于抵制非法网络公关行为的自律公约》（2011年）、《互联网
终端软件服务行业自律公约》（2011年）、《中国电子信息行业社会责
任指南》（2013年）等。上述自律规范不仅促进了互联网行业的健康
发展，也约束了网络平台收集、使用个人数据的行为。2022年3月，中
国互联网协会成立了互联网治理工作委员会。

此外，行业协会还积极参与到政府规制的制订中，积极表达态度
与施加影响。例如中国消费者协会就《移动互联网应用程序个人信息
保护管理暂行规定（审议稿）》《平台经济领域行为规则（草拟稿）》等提
出了一些意见建议。

三、广泛的社会监督机制

六度空间理论假设世界上所有互不相识的人只需要若干（很少）
中间人就能建立起联系。1967年，哈佛大学心理学教授斯坦利·米
尔格拉姆根据这个概念做过一次连锁信件实验，尝试证明平均只需五
个中间人就可以联系任何两个互不相识的美国人。这种现象并不是
说任何人与其他人之间的联系都必须通过六个中间人才会实现，而是
表达了这样一个重要的概念：任何两个素不相识的人，通过一定的方
式，总能够产生必然联系或关系。网络社交媒体的兴起，证明了人与
人之间的这种相互影响的能力及其产生的聚合效应的确存在，并最终
能形成波涛汹涌的网络舆论，从而产生对网络消费者个人数据隐私保
护的监督诉求。1998年，中国网民抗议印尼排华骚乱事件，被学者彭
兰称为"中国网络舆论发端的标志"[①]。2003年被称为"网络舆论元
年"，这一年，网络舆论从精英文化转向草根文化，网络舆论开始发挥
社会监督的功能。[②]

---

①宫承波.新媒体概论（第四版）[M].北京：中国广播电视出版社，2012：175.
②宫承波.新媒体概论（第四版）[M].北京：中国广播电视出版社，2012：172-173.

　　法国哲学家福柯在《话语的秩序》中第一次提到了"话语"与"权力"的结合。后来他在《知识考古学》中又提出话语权是指"这个话语同其他话语相比,它是怎样占据任何其他一种话语都无法占据的位置"①,由此,福柯认为话语其实是一种资源,掌握这种资源的人,就拥有了一种权力,即"话语权"。网络舆论的平民化特征,使得对网络消费者个人数据隐私保护的监管更为广泛,这种强大的力量推动着营销者和数据收集者自觉承担社会责任,远离不正当竞争,严格遵守商业伦理与道德规范。

　　强大的网络舆论监督正在我国个人信息保护方面发挥越来越重要的功能,促使营销者与数字媒体平台加强自律。例如,对于如何防止支付宝和微信的部分功能悄无声息地泄露个人隐私,有网友提供了几个方法,提醒网民保护自己的隐私安全。如何关闭"微信授权"? 打开微信—"我"—"设置"—"隐私"—"授权管理"—"管理",点击红色的减号即可实现关闭,这样可以取消某个程序的微信授权。如何关闭"附近的人"? 打开"微信"—"我"—"设置"—"通用"—"辅助功能"—"附近的人",选择"停用"或者"清除我的位置信息"即可。如何关闭指纹或手势密码解锁? 打开"支付宝"—"我的"—"设置"—"安全设置"—"安全中心"—"指纹/手势解锁"—"启动支付宝时",然后关闭"指纹"或者"手势密码"解锁方式即可,见图 7-1。②

---

①[法]米歇尔·福柯.知识考古学[M].谢强,马月,译.北京:生活·读书·新知三联书店,2003:30.
②支付宝微信支付,这几个开关最好关闭,否则隐私全被泄露了! [EB/OL]. (2018-08-11)[2022-10-22]. https://baijiahao.baidu.com/s? id=1616561593785285273&wfr=spider&for=pc.

图 7-1　网友提供的关闭支付宝指纹/手势解锁截图

除了广大网民的舆论监督之外,社会精英与拥有话语权的监督者的影响力也在不断增大。例如,2019 年 3 月,全国人大代表翁国星在给十三届全国人大二次会议提交的议案中表示,"虽然大数据给整个社会及个人带来了难以估量的利益,但造成的个人信息泄露及隐私保护方面的危害已严重损害了信息所有者的合法权益,政府应加大对大数据环境下个人隐私的保护"[1]。

---

[1]全国人大代表翁国星建议:大数据环境下个人隐私保护[EB/OL].(2019-03-13)[2022-10-22]. https://baijiahao. baidu. com/s? id=1627855484923598083&wfr=spider&for=pc.

第二节　我国网络消费者个人信息保护存在的问题

20 世纪 90 年代末以来,随着互联网经济的兴盛与发展,我国不断加强对网络消费者个人信息安全的保护,政府主导、行业自律与社会监督共同构成的监管体系也在逐步健全。但是,与美国、英国相比,我国在个人信息保护方面的规制内容与效果都还存在较大差距。

一、法律逐渐完善、监管执行困难

为确保网络消费者个人信息的安全,近年来我国不断加大对消费者网络信息的保护力度,先后出台或修订了多个相关法律规范,还于2019 年 10 月 1 日施行了《儿童个人信息网络保护规定》,这是与国际监管接轨的一种思路。互联网时代的信息传播与传统媒体时代最大的不同点在于"无国界性",比如《通用数据保护条例》不仅对其成员国有影响,我国的企业如果涉及收集与使用欧盟网络消费者的个人信息,也受这个法律约束。这就体现出制定完善的个人信息保护法律体系的重要性,这样才可以更好地顺应全球监管的趋势与潮流。因此,完整的法律框架需要参照"国际法""国外法"来整体考虑,结合我国国情制定出适宜的"国内法",我国的《信息安全技术个人信息安全规范》就是在参考《通用数据保护条例》基础上颁布的。

目前的主要问题是,即使法律规制在不断健全,但是在监管执行过程中还是存在一定的难度。当前,很多基于消费者个人信息的营销传播活动,其实是网络广告与社交营销的深度融合,对属性和责任认定带来挑战。以抖音、快手为代表的短视频平台,以微信朋友圈、小程序为代表的社交平台,已经成为消费者网络购物的重要渠道。借助短视频平台完成的快闪式推送(即时性促销)的广告链接,能够提供商品在线交易及配送的小程序,体现了网络广告与社交营销的深度融合,不过其属性与责任界定问题亟待厘清。技术应用于广告营销对监管手段的创新提出新需求,例如,短视频平台中的"快闪"式广告推送,提供的是一种即时性消费模式,消费者通过广告视频中弹出的链接直接下单,但购买完成后,便无法再找到这个广告及相应的链接,无法对其中存在的商品质量问题主张权利。侵权责任主体的隐秘性、临时性、随机性,给监管部门和消费者的维权取证带来很大困难。再如,一些App的广告推送规则冗长复杂、推送方式顽固霸道,影响消费者选择权。部分App的个性化广告推荐关闭入口隐蔽、关闭流程烦琐,不仅如此,个别App还利用技术手段,限制消费者永久关闭个性化广告推荐的权利,消费者仅能进行为期六个月的关闭,过了半年有效期,相关推送还会"自动重启",导致维权和监管成本明显增加。上述问题对如何在技术和手段上加以创新以实现有效监管提出了新的挑战。①

对此,可参考美国的做法。美国建立了两年一次的"独立专家评估制度",通过对消费者的赔付救济、不当得利的追缴、删除非法获取的消费者信息等手段,为消费者提供强有力的机制保障。截止到2017年,联邦贸易委员会已经通过上百个隐私与数据安全的执法案例为消费者提供了保护。联邦贸易委员会在消费者隐私权执法方面也有丰富的经验,其曾发起超过500个有关消费者个人信息及隐私权的执法行动,其执法范围覆盖线下、线上以及移动端,执法对象涵盖包括谷

---

①中国消费者权益保护状况年度报告(2021)[EB/OL].(2022-04-22)[2022-10-22].https://p.cca.cn/ueditor/files/2022-04-22/d0613f91-5be7-4e89-b0fc-a97835ff3005.pdf.

歌、脸书、推特、微软在内的知名企业,也包括一些不知名的公司。[①]

由于我国几部重要的消费者个人信息保护规制如《民法典》《中华人民共和国数据安全法》《中华人民共和国个人信息保护法》《网络交易监督管理办法》《互联网信息服务算法推荐管理规定》都是 2021 年颁布的,相关判例还不够丰富,监管经验也正在积累,一定程度上影响了监管效果。比如针对"大数据杀熟",《个人信息保护法》明确规定:"个人信息处理者利用个人信息进行自动化决策,应当保证决策的透明度和结果公平、公正,不得对个人在交易价格等交易条件上实行不合理的差别待遇。"明确了"生物识别、特定身份、医疗健康、金融账户、行踪轨迹"等信息为敏感个人信息。为保护未成年人的个人信息权益和身心健康,《个人信息保护法》特别将不满 14 周岁未成年人的个人信息确定为敏感个人信息予以严格保护。获取这类信息应当取得未成年人的父母或者其他监护人的同意,并应当对此制定专门的个人信息处理规则。但是在现实中,保护个人信息比想象中复杂,中国人民大学法学院副教授丁晓东就认为,"个人信息与非个人信息的界限并非如想象的那样清晰。收集行为是否合法等,也就不那么容易判断","匿名化处理后的信息,是否属于个人信息,是否纳入个人信息的范畴来管理,学界尚无定论。此外,个人信息的范围因时代而改变,针对不同的个人信息的类型,应该采取不同的管理方式"。[②] 这些现实操作中的问题,都反映了监管执行的困难。

二、广告行业协会自律监督力度弱

美国和英国的广告行业协会已经拥有一百多年的自律监管经验,

---

①2017 年美国 FTC 隐私保护十大执法案例［EB/OL］.（2018-02-12）［2022-10-22］. https://www.sohu.com/a/222419607_657048.

②共建共治共享良好数字生态(关注个人信息保护)［EB/OL］.（2021-10-26）［2022-10-22］. http://society.people.com.cn/n1/2021/1026/c1008-32264151.html.

自律组织一直作为独立的机构来运作,享有很大的独立权与主动权。与之相比,中国广告协会成立时就隶属于原国家工商行政管理总局,直到 2018 年 2 月底才完成脱钩改革,尚在探索有效的自治监管之路。中国广告协会互动网络委员会于 2007 年成立之后,先后颁布了多个有关网络个人信息保护的自律规范,但是与美国和英国广告行业协会数量多、独立性强、监督范围广、监管力度大等特点相比,我国的行业自律还有较大的改进空间。

比如中国广告协会于 1994 年发布《自律规则》,直到 2008 年才更新,通过浏览官网发现,至今仍在使用 2008 年版的《自律规则》。在这十几年的时间里,媒介发生了翻天覆地的变化,广告传播方式也从传统的单向传播变成基于社交媒体的互动传播,随着定向广告、大数据营销、短视频以及直播带货等新的传播方式的相继诞生,行业应该遵守的自律规范也应该随之进行更新与调整,这样才能对会员形成足够的约束力,显然,中国的广告协会与美英广告协会相比,反应还是相对"迟钝"的。该协会虽然于 2020 年实施《网络直播营销行为规范》,试图规范网络直播这种营销活动,但仅此一部新近规范,监管力度是远远不够的。

对此,广告协会可以借鉴美国和英国的行业自治经验,既要做好对会员的政策指导与服务,也要强化对消费者的宣传科普。为了确保网络消费者享有自己的信息数据隐私权,首先需要他们明确自己的哪些个人信息正在被滥用、营销者收集他们数据信息的主要形式、他们拥有哪些权利、如何行使自己的权利等。目前我国在消费者个人信息保护方面还是存在较多的问题,协会对面向消费者的宣传科普的重视程度也不够。广告本身就是一种传播方式,近年来相继出现短小精悍的短视频、互动能力强的直播以及内容丰富有趣的 H5,依托这些传播载体制作一些面向消费者的个人信息保护相关知识的公益宣传,效果应该会比较好。

　　英国的广告行业协会官网提供了多样化的菜单内容,与之相比,中国广告协会官网内容不够丰富,互动网络分会作为一个重要的自律分管机构,目前还无法搜索到官方网址。此外,1981年成立的中国商务广告协会也是一个很重要的行业自律组织,包括数字营销专业委员会、内容营销专业委员会、自媒体营销专业委员会、商业创新工作委员会、自律工作委员会等二级分支机构,但搜索其官网找不到消费者个人信息保护相关的自律规范,这显然不利于网络消费者查询、了解相关政策以及投诉企业的违规行为。

　　作为一个重要的广告行业自律组织,中国广告协会提供的培训认证过于单一,主要是"广告审查员"培训,"互联网营销主播"以及"互联网营销直播运营"线上培训认证,相较于美英广告协会为会员提供最新法规解读、权威研究报告、新技术应用注意事项、业界认证项目等丰富的内容,还是相对"单薄"。

　　另外,美国和英国行业协会之间结成联盟的方式也值得我国借鉴,比如美国的数字广告联盟就在网络消费者个人隐私保护方面发挥了很大的监督作用。广告自律协会之间不仅相互配合完成监管工作,还会与国外的自律组织合作以提高监管效果。英国广告标准局早在1991年就与欧洲广告标准联盟中的11个国家展开合作,当年收到的投诉高达到1万例。广告标准局与广告实践委员会为加强对电视与广播广告的管理,于2004年成立了英国通信管理局(Office of Communications,Ofcom),在英国首次成立"一站式广告投诉管理机构",

受理程序简单明了,从第一年不到 100 例投诉到后来大约每年 26000
例,①该机构对社会监督的积极性被充分调动起来,广告自律协会的监
管效果显著。与美国和英国相比,目前我国的广告行业自律协会数量
较少,难以通过结成联盟的方式进行合作。

在消费者个人信息保护方面,以中国互联网协会为代表的行业组
织承担了比中国广告协会更多的责任,近年来不断推出新的自律规
制,例如《网络营销与互联网用户数据保护自律宣言》(2013 年)、《互
联网企业社会责任宣言》(2015 年)、《中国互联网分享经济服务自律
公约》(2016 年)、《用户个人信息收集使用自律公约》(2019 年)、《移动
互联网环境下促进个人数据有序流动、合规共享自律公约》(2022 年)
等。与美英两国相似,中国互联网协会在官方网站上有专门的"行业
治理"菜单,下拉之后可以很轻松看到政府颁布的相关法律法规以及
协会发布的自律规制,而中国广告协会的官网则无法系统查询这些信
息内容。此外,中国互联网协会还有比较健全的投诉机制,向业界发
布《个人信息保护倡议书》《"中国互联网协会网络诚信推进联盟"发起
倡议书》等。与之相比,中国广告协会在保护消费者个人信息方面的
力度相对较弱。

另外,中国广告协会的组织架构也存在两个问题:其一,分支机构
过多,可能会导致协会精力分散;其二,缺少一个专门负责消费者个人
信息与数据隐私保护的部门,美英两国的广告协会往往会设置这样的
部门,以更好地保护消费者信息。因此只有充分调动起行业自律组
织、社会舆论监督以及数字互动媒体平台的综合力量,网络消费者的
个人隐私信息保护才会更加有效。

---

① The UK Code of Non-broadcast Advertising, Sales Promotion and Direct Market-
ing (The CAP Code) [EB/OL]. (2015-03-09) [2022-10-22]. http://www.cap.org.uk/
Advertising-Codes/~/media/Files/CAP/Codes% 20CAP% 20pdf/The% 20CAP% 20Code.
ashx. Edition 12:114.

图 7-2　中国广告协会组织机构①

三、社会监督难度大、积极性不高

有关社会监督权利,我国与美英两国的差距也是比较大的。美英两国不仅确立了商业言论自由的权利,还明确了公众所具有的舆论监

_____

①组织机构[EB/OL].(2022-04-20)[2022-05-22]. http://www.china-caa.org/cnaa/showinfo/about3.

督权利以及消费者的隐私权,此外,美英两国还存在众多代表公众利益的独立协会,这些协会通过多种方式监督广告商的行为。我国虽然也明确了公民享有监督权,包括对侵犯网络消费者隐私信息的批评权、建议权、控告检举权等,但是由于"以和为贵"的文化传统、消费者维权意识较为薄弱、维权成本过高、对个人信息保护的重视程度不够等诸多原因,社会公众对广告的监督效果并没有美英两国显著,而且维护公众利益的协会较为单一,缺少独立性。

我国县级、市级消费者协会成立时间早于国家级消费者协会。早在 1983 年 5 月,河北省新乐县就成立了消费者协会,这是中国第一个县级消费者组织;1983 年 9 月,广州成立消费者委员会,这是我国第一个城市消费者组织。1984 年 12 月 26 日,经国务院批准,中国消费者协会成立,该协会是对商品和服务进行社会监督、保护消费者合法权益的组织,为我国消费者行使社会监督权利搭建了有力的平台。截至 1992 年,全国县级以上消费者协会已经超过 2000 家,各种形式的保护消费者的社会监督网络达 3 万多个。①

1994 年 1 月 1 日起施行的《消费者权益保护法》,明确规定了我国消费者可以依法享有的各项权益保护,这也为公民行使监督权利提供了法律依据。随着市场经济的发展,该法分别于 2009 年 8 月 27 日、2013 年 10 月 25 日经全国人大常委会进行了两次修正,2014 年 3 月 15 日新版《消费者权益保护法》正式实施,明确经营者不得擅自泄露消费者个人信息。2014 年 1 月,国家工商行政管理总局又出台《侵害消费者权益行为处罚办法》,加强了对侵害消费者权益行为的经济惩处。

近年来,为了激励更为广泛的社会监督,国家探索了多样化的举报方式,例如中国消费者协会开通了"12315"消费者投诉举报平台,中

---

①杨海军.中外广告史新编[M].上海:复旦大学出版社,2009:173.

国互联网违法和不良信息举报中心开通了网络举报客户端,实现了"一键举报"并且在网站上公布了全国各地举报网站电话、百家网站举报电话,而且该中心也确立了奖励制度。2014年,举报中心共奖励举报有功人员4008人次,发放举报奖金850万元。① 个人信息被泄露可以向"12321"网络不良与垃圾信息举报受理中心投诉。

　　虽然有诸多网络消费者个人信息安全保护相关法律、法规,但总体而言,我国消费者无论是在个人隐私保护意识上还是在保护能力以及享有的监督权利上,相较于美英两国还有较大差距,这受到多种因素的影响。首先,我国文化传统决定了公民维权意识不强,面对个人隐私权被侵犯,更多人选择隐忍、怨天尤人或自认倒霉,担心"枪打出头鸟",认为"天塌砸大家";其次,我国虽然在法律上明确了网络消费者对其个人信息应享有的权利,但是真要维权可谓困难重重,如程序复杂、维权成本高、举证困难等;再次,我国各级消费者协会更多地带有"官意民办"的性质,广告社会监督组织具有双重使命——既要在一定程度上体现官方意志,又要反映广大消费者的意愿,保护其合法权益,②这就限制了消费者协会独立行使监督功能;最后,企业滥用网络消费者个人信息的违法成本低,即使网络消费者维权成功,对违规者的惩处和负面影响也低于侵权带来的收益。

四、未形成协同共治的监督体系

　　社会共治是实现国家治理能力现代化的重要举措。2018年中共中央、国务院发布《关于完善促进消费体制机制 进一步激发居民消费潜力的若干意见》,提出构建企业自治、行业自律、社会监督和政府监管相结合的消费共同治理机制。我国倡导社会共治的监管

---

①举报中心去年接报近110万件 发放举报奖金850万元[EB/OL].(2015-1-14)[2022-10-22].http://net.china.com.cn/txt/2015-01/14/content_7598409.htm.
②周茂君.中国广告管理体制研究[M].北京:人民出版社,2012:39.

格局,如何实现这种多方协同共同治理的监管模式,还需要不同学科背景的管理者、研究者、实践者等一起探讨应如何发挥社会规范的引导约束作用、加强行业自律的监管效果、调动数字互动媒体平台的把关积极性、充分发挥网络舆论监督的影响力量、借助区块链等新技术与第三方技术公司合作以实现对信息的加密保护、对消费者隐私感知进行教育等内容,探索多方协同共治的监管体系与治理机制。

我们前面也详细地梳理了政府他律规制与行业自律监管,包括中国消费者协会提供的 12321 社会监督投诉平台(见图 7-3),已经开始形成几方联动的监管力量。此外,一些社会机构也加入消费者个人信息保护的队伍中来,比如掌握大量消费者个人信息的征信机构,在法律法规尚没有对危机应对做出具体规定时,出于企业社会责任的需要已经开始行动。芝麻信用等机构建立了信息泄露应急处置预案,不定期进行应急演练,从而确保在极端情况下发生信息泄露时,可以迅速定位到信息泄露的原因及问题所在,并在最短时间内进行处置与风险控制,以争取将信息泄露风险控制在最低水平。华道征信通过网站综合监控管理平台实时监控外部攻击和风险,定期开展漏洞扫描、挂马扫描、篡改扫描等安全监测工作。每年都邀请第三方安全机构进行专业风险评估,对于发现的漏洞和风险问题在第一时间进行修补和解决,有效降低外部攻击所导致的各种风险。

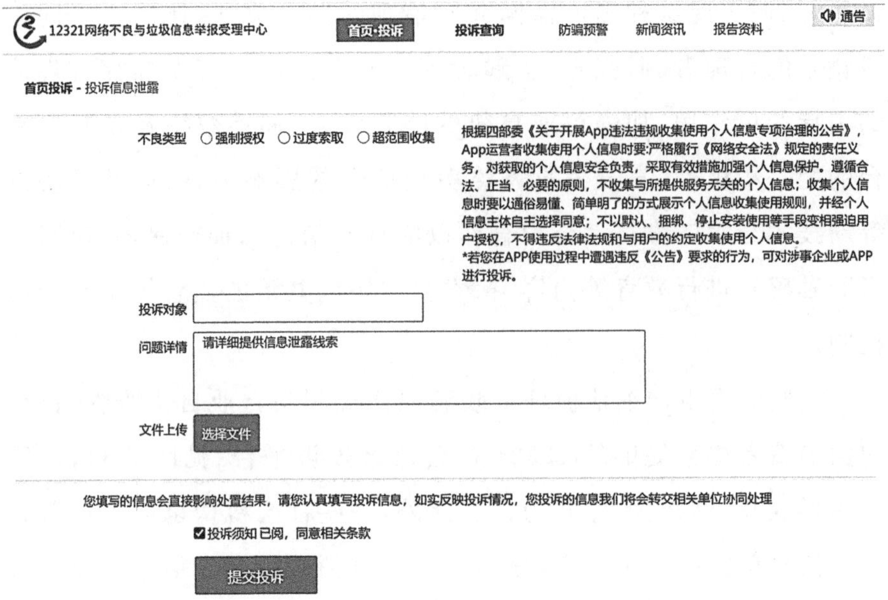

图 7-3　12321 投诉信息泄露网络页面

　　由于消费者个人信息搜集与使用涉及太多的行业,仅仅依靠某些行业的自律显然是不够的,广告行业、社交媒体平台、电子商务平台等需要一起努力,有些信息泄露已经导致诈骗频发,更需要跨行业的合作。与美国和英国的社会监督体系相比,我们还是有不少尚待提高的地方,比如他们的广告行业协会是完全独立的,隐私协会也是依靠社会资助实现独立运作,监督积极性很高,在法律出台、曝光违规企业、约束会员等方面都有一定的影响力。由于美英两国已经有一百多年的行业自律经验,他们的广告行业协会多,会员构成不同,监督侧重点也有差异,他们会就某些广告形式或某些集中性的问题达成联盟合作,这样监督的覆盖面就特别广泛,而且还与多个隐私协会合作,一起保护消费者个人信息权利。通过这种对比可以发现,我国的自律协会无论是数量还是监督范围与力度,都有待提高。如果行业协会能充分发挥带动作用,聚合多方力量一起监管,消费者的权益会得到更好的保障。

第三节　美英网络消费者个人信息
保护的自律监管经验

　　网络消费者个人信息保护问题属于商业经济的监管范畴,早在19世纪下半叶就因商业逐利的本性导致市场运作不规范引起政府的关注,"买者不再认识和信赖卖者,市场上出现了越来越多的次品,甚至带有危险性的商品"[①],"新的竞争方式也产生了一些问题,终于导致(美国)联邦进行管制"[②]。从不断积累丰富的判例到修订完善的法律,加之协会主导的行业自律,以美国和英国为代表的西方商业经济规制体系逐渐成熟。虽然一个半世纪之后的智能媒体时代,又给相关监管带来新的挑战,但是美英两国积累的一些自律监管经验还是值得我们借鉴的。

一、不断完善行业协会制定的监管规范

　　通过对美英两国的行业自律研究,可以看到在广告行业协会的监管范围中,网络数据营销是比较复杂的一项内容,大数据收集能力与分析技术不断增强,迫使对数据营销的监管要不停地创新,才能有效约束新技术对行业规范的影响。

　　我们以两个重要的自律规范为例。首先,以在线行为广告自律规制为例。2009年7月,美国互动广告局、美国广告代理协会、美国广告主协会、商业促进局、美国直销协会五家自律协会合作发布了《在线行

---

　　①[美]吉尔伯特·C.菲特,吉姆·E.里斯.美国经济史[M].司徒淳,方秉铸,译.沈阳:辽宁人民出版社,1981:570-571.
　　②[美]吉尔伯特·C.菲特,吉姆·E.里斯.美国经济史[M].司徒淳,方秉铸,译.沈阳:辽宁人民出版社,1981:435-436.

为广告自律原则》,提出了"透明原则",即营销者应保证将清晰地告知消费者有关第三方在线行为广告数据搜集与使用的相关事宜;"消费者可控原则",即营销者应提供机制确保在线行为广告数据被搜集的使用者,有权选择所搜集与使用的资料是否同意转移给一个出于商业目的独立网站;"数据安全原则",即对在线行为广告搜集与使用的数据,进行限制性保留,并提供安全保障。该自律规制还强调了关于数据收集与应用的政策如有任何变化都需要事先征得用户的同意,对敏感数据要区别对待。五家协会通力合作以确保在线广告生态系统的良性发展。[①] 虽然美国政府也制定了相关规制,但是五家行业协会联合发布的自律规范比政府的规制更为细化,而且强调了知识教育的重要性,明确了第三方的责任,并启动了问责机制。

其次,有关"地理位置信息"自律规制。随着移动媒体终端应用能力的提高,基于地理位置的数据收集与商业信息定向推送开始成为在线营销的新方向,这种有效的广告方式也引起行业协会的关注。美国网络广告促进会在 2008 年到 2020 年的 12 年时间内,五次修订更新其行为准则,不断地将新出现的数据隐私问题纳入监管规范。其中,对有关"精确的位置信息"进行了明确的规范,这与美国联邦贸易委员会 2013 年更新的《儿童在线隐私保护法案》、伊利诺伊州参众两院 2017 年通过的《地理位置隐私保护法案》监管思路是一致的。

美国的广告行业协会及时关注业界最新动态,对于新出现的数据隐私侵犯问题会尽快出台自律监管规范,比如《在线行为广告自律规范》就比政府颁布的规制要早,充分体现了行业自律监管的灵活性、快速性、重要性与价值。有关政府他律与行业自律,一直以来的观点都是两者互为补充,行业自律协会凭借独立于政府、制定规范速度快等

---

①Self-Regulatory Principles for Online Behavioral Advertising[EB/OL]. (2014-12-30)[2022-10-22]. http://www. iab. net/insights＿research/public＿policy/behavioral-advertisingprinciples.

优势,可以根据行业发展中出现的新问题应需而变,不断修订或出台相关的自律规范,这无疑提高了整个国家对消费者信息隐私权的保护力度。

二、增强行业协会的独立性与合作能力

英美两国广告行业协会的经费主要来自会员缴纳的会费,这也确保了协会能真正代表行业的利益,公平公正地颁布规制、处理问题。正是因为行业自治展示出了管理的有效性,从而促使政府放手给予行业更多的自我监管空间。除了经济上的独立自主,美英两国广告行业协会还拥有对会员的惩处权力,协会对行业而言具有较高的威望,一旦被驱逐出会将严重损伤品牌的形象与价值,因此行业协会拥有的这种惩罚权力有较强的约束力。

随着新媒体的兴起与不断发展,政府规制速度难以跟上行业发展速度,因此协会自律的作用愈发明显,我国政府也参考了美英的监管经验,开始从制度上保障协会的自主性,2018 年中国广告协会的脱钩改制就是明证。虽然政府的支持是必要的,但在这个阶段,任何行业协会都必须尽快摆脱过渡阶段的依赖性,把依托行政威慑力形成的影响力转化成通过服务获得的行业认同和信赖。[①] 学者范志国、何鹄志在分析了西方国家自律审查机构的优势之后,提出"中国应建立自己的自律审查机构——中国广告审查机构(CARO)"[②]的建议。周茂君提出我国广告管理体制在完成从"行政主导型"到"行业主导型"的转变以后,其最为显著的特征就是"去行政化",这为我国广告协会的民

①陈刚,季尚尚.微妙地前行——谈中国广告行业协会层面的变化[J].广告大观,2007(8):29.

②范志国,何鹄志.关于构建我国广告自律审查机构的探讨[J].技术经济与管理研究,2008(1):31.

主化管理打下了良好的基础。[①] 王凤翔指出,西方经过了"守夜人政府"(管的少的政府是最好的政府)、"积极干预的政府"(全面干预经济的政府是最好的政府)和"与市场合作的政府"(管得适当的政府是最好的政府)三个阶段。我国政府还在积极探索中,合作治理是理性化的权力运作状态,是我们政府发展的必然目标。[②] 由上述专家、学者的建议可以看到,发挥行业协会自律监管的积极性与主动性,政府大胆放手给予行业协会更多的权力,应该是有效监管网络消费者个人信息保护问题的未来发展趋势。

此外,借鉴美英两国的经验,加强广告协会之间以及广告协会与其他协会之间的合作也是顺应国际发展潮流的一个努力方向。2005年,中国广告主协会与中国商务广告协会综合代理专业委员会(简称中国 4A)先后成立,改变了我国广告行业协会的局面,由原来的单一行业协会走向多个行业协会并存,以利于协会之间的竞合发展。此外,中国互联网协会近年来也颁布了多个与广告相关的自律规范,这对中国广告行业自律起到了极大的推动作用,也为中国广告协会监管行业规范运作增添了合作伙伴。但是这几年新的营销传播方式层出不穷,目前的行业自律协会数量还是不够,跨行业之间的结盟也有待增强,应当根据新媒体开放与兼容的特性,汇聚更多的行业通力合作,这样才能为行业更好的发展注入更强的动力。

三、发挥新媒体互动平台的自律积极性

在大数据与算法时代,通过法律法规监管营销行业的有效性受到了前所未有的挑战,依托关键词搜索、Cookies 技术追踪、用户画像、生物特征识别等技术,网络营销不断地更新发展,使其超出原有规制的

---

①周茂君.中国广告管理体制研究[M].北京:人民出版社,2012:1.

②王凤翔.广告主对大众媒体的影响与控制[M].北京:社会科学文献出版社,2012:236.

监管范围,政府立法速度严重滞后于产业的发展速度。例如基于大数据收集与算法分析能力的广告具有个性化推送与精准传播的能力,不仅可以进行跨媒体平台的信息扩散,而且可以打破国家地域边界的限制,这就使得政府的监管能力日益受到削弱。通过梳理美英两国有关网络消费者个人信息保护的政府法律法规和行业自律规制可以发现,无论是政府监管还是行业协会自律,都难以制定出面面俱到的规制条款,对于无处不在的数据收集与使用行为而言,借助数字互动媒体平台的力量推动营销者和数据公司、媒体平台自律,可以发挥"四两拨千斤"的效力。

2014年5月,脸书推出一款隐私检查工具,启用一只蓝色小恐龙提醒消费者注意隐私检查与保护,同时也对用户隐私政策进行了改善和调整。① 脸书作为数字互动媒体平台,由它直接开发设计与使用的隐私保护工具比政府规制的监管效力来得更快更显著。

图 7-4　脸书推出有蓝色小恐龙形象的隐私检查工具

2018年生效的《通用数据保护条例》催生了一个新的职业——数据保护官(Data Protection Officer,DPO),该条例要求公司必须任命数据保护官来实施《通用数据保护条例》并监测完成的情况,要求数据保护官直接向公司领导层报告,负责推出各项措施来确保不会违反条例的规定。其实,早在2000年IBM公司就宣布任命全球首任首席隐私官(CPO),由专人负责用户的隐私保护问题,这也显示出数字互动

①鼎宏. Facebook将推隐私检查工具:避免信息过度分享[EB/OL]. (2014-5-23) [2022-10-23]. http://tech. sina. com. cn/i/2014-05-23/08109396180. shtml.

媒体平台自律的重要性。可喜的是,我国也有负责任的企业设置了首席隐私官的职位,2012 年谭晓生被任命为 360 公司的首席隐私官,2017 年 7 月芝麻信用宣布由聂正军出任首席隐私官。[①]

四、社会舆论监督促使网络营销者自律

通过研究美英两国广告行业自律的情况发现,互联网为广泛的舆论监督提供了技术上的可能、覆盖面的扩大以及效果方面的提升,任何无视这种力量的营销者与数据公司都会遭受品牌形象的损伤和品牌价值的贬值,这种影响力是前所未有的。例如,美国公民自由联盟的代表指出:"弗吉尼亚州的隐私法案是一个相当薄弱的法案。它是基于选择退出的同意,没有公民权利保护,没有私人诉讼权,很多条款都是对商业模式的肯定。它本质上允许大数据收集公司继续做他们一直在做的事情。"美国的加利福尼亚州、弗吉尼亚州和科罗拉多州已经制定了消费者隐私法,其他州也在跟进,国际隐私专业人员协会用跟踪器跟踪所有这些提案的状态,了解哪些州有隐私立法正在进行中、这些法案处于什么阶段。对于各州的立法积极性,社会舆论监督也给出了反对意见,认为太多的州法律会产生混乱。隐私律师兼数据保护官 Whitney Merrill 指出:"我们需要一部以更加一致的方式思考问题的联邦法律,以确保消费者了解其数据权利及保护该权利的途径。"[②]这些社会监督力量,甚至都可以影响政府的立法。

广泛的社会舆论监督,还会直接将矛头对准违规企业,从而督促政府进行干涉。2018 年,法国一个隐私权利团体投诉亚马逊违反数据隐私法规,亚马逊因此在 2021 年 7 月被处以 8.88 亿美元的巨额罚

---

① 南方都市报.首席隐私官是个什么"官"? [EB/OL].(2017-10-31).https://www.sohu.com/a/201285123_161795.

② 英斯盾(PRivacy in Shield).美国消费者数据隐私法现状[EB/OL].(2022-04-22).https://www.pis360.com/3985/.

款;荷兰数万名家长指责视频应用程序 TikTok 未经许可收集未成年
人的信息,目的是向他们推送定向广告,这些家长要求 TikTok 支付
14 亿欧元的赔偿金;2021 年 4 月,英国儿童权益保护机构也提出了类
似的指控,2021 年 5 月底,欧盟委员会宣布对 TikTok 的商业行为进
行审查。① 以上都是社会监督迫使企业自律的典型案例。

也有一些研究机构发挥着监督作用。例如,美国波耐蒙研究所
(Ponemon Institute)的一项研究显示,"人们越来越清晰地意识到在
线消费者的隐私问题,但绝大多数消费者认为他们没有保护自己隐私
的工具,因此希望政府进行干预"。研究询问了来自美国各地的 650
名成年人,以了解他们对大型社交媒体平台的看法。消费者表示,他
们对在线服务的总体信任有所下降,对搜索引擎和社交媒体平台的担
忧尤其明显。这项研究揭示了当今围绕数字隐私的许多紧张关系,从
而起到对消费者个人信息保护的监督作用。②

网络消费者因数据商与营销者的围困而逐渐丧失自己的个人信
息保护权,这是算法时代一个新的监管难题,仅仅依靠政府部门制定
他律规制是不够的,因为新技术使得营销者收集消费者数据、侵犯消
费者隐私的能力不断提高,立法的速度往往滞后于业界实践。在无规
制或规制不完善的"真空期",如何最大限度地保护消费者的个人信息
隐私权至关重要。互联网生态系统具有自我惩戒的能力,企业营销行
为如果滥用网络消费者的个人信息,即使暂时没有受到来自法律的惩
罚,在未来也会因失去消费者的信任受到市场机制的"惩罚",在多种
权力的制衡作用下不得不规范市场行为。

---

①搜狐,2021 八大数据泄露案例盘点:企业如何实现数据安全与信息保护合规?
[EB/OL].（2021-09-14）[2022-10-23]. https://www. sohu. com/a/489817382_
121123752.

②知乎安全资讯. 新 Ponemon 研究报告揭示消费者在线隐私问题[EB/OL].[2022-
04-20]. https://zhuanlan. zhihu. com/p/183903242.

2018 年 1 月,支付宝"芝麻服务"在网络舆论压力下,向公众道歉并修改协议。最初,2017 支付宝年账单首页入口处,有一行特别不起眼的小字:"我同意《芝麻服务协议》",不但字特别小,而且默认用户选择了"同意"。一位律师发现后,在网络上发文表示不满,支付宝一时间陷入舆论旋涡,并在几天后迅速发表道歉声明。①

关于支付宝年账单首页《芝麻服务协议》的情况说明

1、首先,用户在查阅自己的支付宝年度账单时默认勾选"我同意《芝麻服务协议》"这件事,肯定是错了。本来是希望充分尊重用户的知情权,让用户知道,只有在自己同意的情况下,支付宝年度账单才可以展示他的信用免押内容,初衷没错但用了非常傻逼的方式,愚蠢至极。

2、目前,我们已经调整了页面,取消默认勾选。如果用户希望在自己的年度账单中看到信用免押的内容,可以手动勾选该选项。

3、如果你并不想在年度账单里展示自己的信用免押内容,但是又已经被默认勾选,可以在【支付宝客户端-我的-芝麻信用-信用管理-授权管理】中找到"支付宝"这个选项,然后取消这个授权。

4、此前没有开通芝麻信用的用户,这次不管是被默认勾选还是主动同意,都不会因此而成为芝麻信用的用户,所以也就不存在芝麻信用因此会收集相关信息的可能。

5、很多用户担心自己的信息安全和隐私问题,这些问题同样是芝麻信用的生命线。用户信息的获取、沉淀、使用和分享,都会在严格遵守相关法律法规的前提下,做到用户知情和同意,做到不过度采集,更绝不会滥用数据。对于这次事件给大家带来的恐慌和误解,我们向大家表示深深的歉意,也对年度账单小组表示深深的歉意,给大家添堵了。

图 7-5 支付宝"芝麻服务"发表的情况说明

群众的眼睛是雪亮的,唯有自律才能将营销者与数据公司推向自我保全与自我救赎之路。他们需要时刻提醒自己,公众舆论正如悬在头上的"达摩克利斯之剑",应不断强化自律规范;国家也应给予群众更多的监督权利,既要确保网民在公共平台发声的机会,也能令个人隐私权被侵犯的公众通过正当途径得到补偿。

---

①搜狐.芝麻信用被质疑窥探隐私 紧急道歉:给大家添堵了 [EB/OL]. (2018-01-03) [2022-10-23]. www.sohu.com/a/214475921_561670.

第四节　提升我国网络消费者信息
保护监管效果的建议

大数据时代如何有效保护网络消费者的个人信息安全是一个全球性难题,不断进步的数据采集与分析技术一方面为精准营销创造了条件,另一方面也加剧了网络消费者对营销者的信任危机,只要数据收集技术升级不止,有关网络隐私保护的监管就不会停步,因此,网络消费者个人数据保护规制的制定与完善将是延伸到未来的一场"持久战"。通过对以美国和英国为代表的西方国家相关自律规制的研究,梳理出对我国提升网络消费者个人信息安全保护监管效果的四个建议。

一、完善监管体系,实现协同共治

虽然本书主要以自律规制为研究对象,但是一个完善的规制体系需要将行业自律与政府他律有效地结合起来,充分发挥多方力量,实现协同共治是一种最为理想的监管状态。自律与他律两者的主体虽然不同,但其目的都是规范网络营销的行业运作,保护用户的个人数据隐私,促使行业具备良好的社会责任感以赢得社会公众的信任。早在 1978 年国际商会就提出"对自律规制与法定规制进行优劣比较过于简单了。一大批自律法令被法院作为法律依据来使用,而法定规制也被自律组织作为职业规范来遵守。'行业规则没有法律严格'的想法是错误的,行业规则对商业自由的影响可能与法律相当,甚或更加严格"①。欧洲广告标准联盟也持有相似的观点,"自律在一个有法可

---

①Boddewyn J J. Advertising Self-Regulation: Private Government and Agent of Public Policy[J]. Journal of Public Policy & Marketing,1985(1):137.

依的框架中运作得最好。两者是相辅相成的,就像网球拍的框架与绳子的关系,要想发挥最好的作用需要两者相互配合。法律制定主要原则,例如广告不应误导消费者,而自律规范则用以快速有效地处理具体广告问题。因此,当自律遭遇欺诈或不合法的广告,以及顽固的流氓商家时,可以求助法律手段解决"①。由此可见,自律与他律是一种辩证统一的关系,两者相互补充、互相配合,能更好地实现对网络消费者个人数据隐私的保护。

例如,2017 年 11 月,英国广告协会发布了《数字宪章》,一方面呼吁政府制定《数据保护法案》和其他详细的立法,一方面敦促行业加大对广告生态系统的投资力度,谨慎处理和利用个人数据,将隐私保护作为活动的核心。作为一个有声望的行业协会,广告协会在做好自己力所能及的管理事务之外,也希望政府能提供六方面的帮助:①鼓励主管企业信息收集和发布的首席信息官,澄清即将出台的《通用数据保护条例》中关于同意关键问题的指导意见;②优先考虑英国—欧盟和英国—美国之间的数据共享协议;③根据欧洲数据保护委员会的意见,与业界就未来的合规问题形成共同的思考;④投入足够的政府资源;⑤鼓励首席信息官在英国、欧洲和国际层面支持自愿的行业方法;⑥确保《通用数据保护条例》和其他执行立法对言论和信息自由以及对数据跨国界自由流动至关重要,实施全面的全球发展政策豁免。②由上述呼吁可见,一个负责任的行业协会考虑问题的出发点并非只是自律,还会从更大的格局去思考,对于如何完善整个国家的规制体系

---

①The European Advertising Standards Alliance. EASA Guide to setting up an SRO [EB/OL]. (2014-12-18)[2022-11-03]. http://www. easa-alliance. org/binarydata. aspx? type=doc&sessionId=0aghlz55litk3ybarj14a245/EASA_guide_how_to_set_up_an_SRO. pdf. European edition as of May 2009:8.

②AA. Digital Charter: Advertising Association proposals to Government[EB/OL]. (2017-11)[2022-11-03]. https://www. adassoc. org. uk/wp-content/uploads/2017/12/AA_Digital_Charter_2017_SinglePages_15. 11. 17. pdf.

提出合理化建议。

在我国目前的监管体系中,是以政府规制为主导的,虽然也鼓励行业自律监管和社会监督,但后两者发挥的作用相对有限。对于网络消费者个人信息的保护,仅仅依靠政府规制的力量是比较有限的,因为个人信息保护的问题变化太快,新技术不断催生新的数据采集方式,而出台一部法律法规需要走程序、花时间,规制滞后的问题极大地影响了监管效果。例如,"由于消费者权益保护覆盖面广、涉及多个职能部门,消费领域的新业态、新形式更迭变化快,加上需要平衡经营者利益和消费者权益等方面原因,部分条款争议较大,《消费者权益保护法实施条例》讨论五年也未能出台"①。因此,借鉴美国和英国的行业协会自律监管经验,探索适合我国的协同共治监管方式有助于提升对网络消费者隐私的保护效果。

二、发挥数字互动媒体平台的积极性

企业自律作为一种自内而外的主动性力量,一旦被激发出来,往往比来自外在规制的约束效果更显著。近年来,随着数字互动媒体平台的逐渐发展壮大,其自我管理能力也在不断提升,具体从他们及时更新的隐私政策中可以体现出来。

例如,领英在其 2014 年版的《隐私政策》中声明:"我们遵照数字广告联盟关于线上广告的自律原则以及加拿大数字广告同盟和欧洲数字广告同盟的相关规定。如果您不想接收多数第三方公司的定向广告,可以点击广告内或旁边的 AdChoice 图标(如有),或访问 http://www.aboutads.info、https://www.youronlinechoices.eu 或 https://www.youronlinechoices.ca/choices(加拿大)选择关闭广告。

---

①搜狐.中消协:消费者权益保护法实施条例未能如期出台[EB/OL].(2022-04-22) [2022-10-22]. https://www.sohu.com/a/540269474_12004696.

您也可以专门关闭我们的 Cookies 及类似技术，取消跟踪您在第三方网站上的行为。"①

谷歌则推出了"信得过商户认证"机制。所有拥有良好的发货记录和客户服务的电子商务网站都可以申请加入认证，但需要自愿将发货记录和客户服务数据分享给谷歌，然后谷歌会对这些数据进行分析，用户可随时了解到他们的服务水准和发货准确度。用户与商家一旦出现购物纠纷，即可请求谷歌出面支援，谷歌会帮助双方协调解决问题。另外，谷歌承诺对合法的购物过程拿出 1000 美元作为终身保护。② 对商户进行认证是平台的约束性权利，而且向收集用户个人数据的企业收集数据，并据此分析他们的服务水平，这也是谷歌作为数字互动媒体平台的一种创新性尝试。

2019 年 3 月 6 日，脸书创始人兼 CEO 马克·扎克伯格（Mark Zuckerberg）发布了一篇题为《以隐私为中心的社群网络愿景》的长文："坦白说，目前我们在隐私保护服务方面的声誉并不好，而且我们历来注重更开放共享的方式。但我们可以朝着构建人们真正想要的服务方面发展。"扎克伯格提出希望打造其隐私平台，承诺遵循六大原则：私密互动、加密、减少持久性、安全、互操作性、安全的数据存储。③

另一个代表性的数字互动媒体平台推特也致力于打造一个"隐私友好型"公司，创建了"推特隐私中心"。通过用更新的系统替换旧系统来消除技术债务，将隐私融入新产品，"公司应该对信任他们并提供个人信息的人负责，并且不仅要负责保护这些信息还要向他们解释是

---

① Linkedin. 隐私政策［EB/OL］.（2014-10-23）［2022-11-23］. http://www.linkedin.com/legal/privacy-policy.

② 中文业界资讯站. Google 开始认证"信得过商户"［EB/OL］.（2011-10-4）［2022-11-23］. http://www.cnbeta.com/articles/157134.htm.

③ CSDN. Facebook 洗白？欲打造以隐私为中心的社交平台！［EB/OL］.（2019-03-17）［2019-03-18］. http://www.sohu.com/a/301901076_115128.

如何做到的"①。有了隐私中心,推特可以创建一个通用的隐私、数据和监管信息存储库,不仅满足《通用数据保护条例》和《加利福尼亚州消费者隐私法案》等法律的要求,还能满足未来相关规则和法律的要求。

紧随国际知名数字互动媒体平台在信息保护上的脚步,腾讯于2018年12月27日年发布《腾讯隐私保护白皮书》,建立起全生命周期的数据管理制度和多维度的隐私保护机制,将数据保护策略制度化、数据管理流程规范化。同时,在数据安全技术上,采用数据加密、数据脱敏、去识别化、Private Set Intersection(PSI)算法、量子加密等技术,通过事前防范、事中保护和事后追溯,全方位保障用户数据安全。②

此外,我国的数字互动媒体平台也已经开始尝试跨行业的合作,以提升对新媒体广告的把关力度。2016年8月10日,在北京成立了中国媒体评估委员会,这是我国第一个联合行业共识而创建的媒体评估和认证机构,由腾讯、爱奇艺、合一集团、搜狐四家媒体首先发起,联合互联网综合服务公司、互联网广告技术公司、广告代理商、广告主等机构共同构建。30余家领导品牌将共同参与行业标准的制定、修正与补充,规范行业审计、认证方法,并自觉贯彻执行中国媒体评估委员会审计认证结果。这是借鉴美国的成功经验,引进由美国互动广告局发布行业标准,并由美国媒体分级委员会负责对媒体及第三方监测机构进行认证的广告生态体系。美国的这个体系已被包括广告主、媒体、第三方监测公司在内的多方所认可,并被多个国家复制和本地化,中国将其引入,"带来的不仅是行业的进步和自律,更意味着中国广告

---

①cnBeta. Twitter 推隐私中心:专解释公司如何处理用户数据[EB/OL].(2019-12-03)[2022-11-23]. https://www.cnbeta.com/articles/tech/917197.htm.

②界面新闻.腾讯发布隐私保护白皮书[EB/OL].(2018-12-27)[2022-11-23]. https://baijiahao.baidu.com/s? id=16209902654876887238wfr=spider&for=pc.

产业与国际标准的无缝对接,这是一种发展思维上的进化"①。

虽然数字互动媒体平台也在积极探索行业自律监管,但我们也应看到,有时候他们对消费者个人信息保护的控制与监管也会失灵。2017 年,我国公安部破获了一起盗卖公民信息的特大案件,50 亿条公民信息遭到泄漏,而嫌疑犯是京东网络安全部试用期的员工;2018 年脸书深陷数据丑闻。② 各方协同共治的监管方式需要相互取长补短才能更好地发挥协同作用。

三、加大对消费者隐私保护的教育力度

如何充分发挥社会监督在网络消费者个人信息安全保护中的作用呢? 首先需要让用户知道他们的信息正在被收集,然而在不断更新的技术面前,很多用户是不知所措的,平台或商家往往会运用大数据和算法"杀熟",导致消费者在不知情的情况下"被溢价"。即使在美国这样比较重视消费者隐私保护的国家,相关调查也发现情况并不乐观,"2200 名美国成年人中有 73%认为保护个人数据在是否信任公司方面是非常重要的因素,但只有 1/4 的受访者(25%)信任大公司在保护数据隐私方面的努力"③。

我国的消费者隐私保护问题更严峻。2018 年 8 月 29 日,中国消费者协会发布了《App 个人信息泄露情况调查报告》,调查结果显示我国的个人信息泄露总体情况比较严重,"遇到过个人信息泄露情况的人数占比为 85.2%;当消费者个人信息泄露后,约 86.5%的受访者曾

①RTBChina. CMRC (China Media Rating Council) 成立,中国广告行业迎来首个媒介评估认证机构[EB/OL]. (2016-08-10)[2022-09-13]. https://www. rtbchina. com/ngo-china-media-rating-council-founded. html.

②快科技. 京东泄露 50 亿条国人敏感信息! 官方:试用员工所为[EB/OL]. (2017-03-10)[2022-10-15]. http://news. mydrivers. com/1/522/522963. htm.

③199IT. Morning Consult:2020 年消费者的信任报告[EB/OL]. (2020-02-07)[2022-10-31]. http://www,199it. com/archives/1001813. html.

收到推销电话或短信的骚扰,约 75% 的受访者曾接到诈骗电话,约 63.4% 的受访者曾收到垃圾邮件"。个人信息泄露的主要途径为"经营者未经本人同意收集个人信息,约占调查总样本的 62.2%;经营者或不法分子故意泄露、出售或者非法向他人提供个人信息,约占调查总样本的 60.6%;网络服务系统存有漏洞造成个人信息泄露,约占调查总样本的 57.4%;不法分子通过木马病毒、钓鱼网站等手段盗取、骗取个人信息,约占调查总样本的 34.4%;经营者收集不必要的个人信息,约占调查总样本的 26.2%"。最值得关注的是,当个人信息泄露后,约 1/3 的受访者选择"自认倒霉",一方面可能是基于无力应对的选择,另一方面也可能是应对无效后的接受现状。[1] 从上面这份调查报告可以看到,我国网络消费者个人信息泄露的问题还是很严重的,而且隐私被侵犯后很多用户束手无策,因此加强对网络消费者的隐私信息保护教育还是非常重要的。

2021 年 3 月 15 日,中国消费者协会发布的消费维权年主题调查结果显示,个人信息泄露依然是消费安全热点问题,具体表现在以下几个方面:一是互联网平台以提供"免费"或"个性化"服务为名收集个人信息甚至隐私,消费者让渡自身部分数据权利后,并不一定能获得便利快捷、公平安全的"等价"体验。同时,网络交易中的信息采集,哪些必要且必须,哪些则属于过度采集或过度索权,实践中还存在边界不清的情况。二是 App 收集使用"周边信息"未让消费者获得知情同意。App 广告后台大量调取用户周边信息形成"用户画像",而消费者往往并未知情同意。信息采集方式和后果告知不充分,易加重隐私泄露,频繁而不分场景的个性化推送,易引发部分消费者内心不适和不安全感。三是与网络交易同步的各类互联网金融产品消费过程中,存

---

[1]中国消费网.中消协发布调查报告:超八成消费者遭遇隐私泄露[EB/OL].(2018-08-31)[2022-10-22]. http://www. ccn. com. cn/html/news/xiaofeiyaowen/2018/0831/363964. html.

在个人信息或隐私泄露风险。App 的消费借贷、支付功能等要求消费者绑定个人银行账号,消费者个人信息因此被 App 或平台获取掌握,但多数 App 或平台对用户网络交易及由此产生的相关数据的保护水平远未达到用户金融数据应有标准。[①]

美国的广告行业协会曾发起"广告选择图标"(Advertising Option Icon)活动,以此来提醒消费者注意网络信息安全保护。2011 年 9 月,国家广告审查理事会发布《基于兴趣的在线广告问责程序》,由商业促进局理事会负责监管,规定任何出于在线广告目的的搜集数据行为都需要使用"广告选择图标"。[②] 美国数字广告联盟也制定了"广告选择图标"的相关规定:"在线广告附近或出于在线行为广告目的进行数据收集的网页,推广使用图标与对应语言。广告选择图标表明,广告已加入自我监管的计划,消费者点击它之后就能链接到一个明确的公开声明中,被告知与广告相关的数据收集与使用实践行为以及一个易于使用与退出的机制。"该联盟还设置了"你的广告选择"按钮,以便消费者增强对基于兴趣的广告数据收集的透明性与可控力,网站还专门开设图标使用教育专区,告诉消费者点击图标的价值是什么、哪里可以发现这个图标、如何拦截广告、图标如何运作、"你的广告选择"项目的内容以及如何向商业促进局与广告协会投诉。[③] 2014 年 4 月,又开发了移动平台端的数字广告联盟图标"DAA Icon",同时推出新网站 www.digitaladvertisingalliance.org,旨在通过增强消费者保护

---

①中国消费者协会.中国消费者权益保护状况年度报告(2021)[EB/OL].(2022-04-22)[2022-10-24].https://p.cca.cn/ueditor/files/2022-04-22/d0613f91-5be7-4e89-b0fc-a97835ff3005.pdf.

②4A'S.NARC Announces New Procedures Governing Internet-Based Advertising Accountability Program[EB/OL].(2015-3-26)[2022-10-24].https://www.aaaa.org/news/press/Pages/092011_narc_oba.aspx.

③Your AdChoices.Put the YourAdChoices Icon to Work for You[EB/OL].(2022-04-18)[2022-10-24].https://youradchoices.com/learn.

在线隐私的能力。2015 年 2 月，该联盟向消费者推出两个新的移动工具——"应用程序选择"（AppChoices）与"移动网页消费者选择页面"（The DAA Consumer Choice Page for Mobile Web）。①

图 7-6　美国数字广告联盟启用的"广告选择图标"

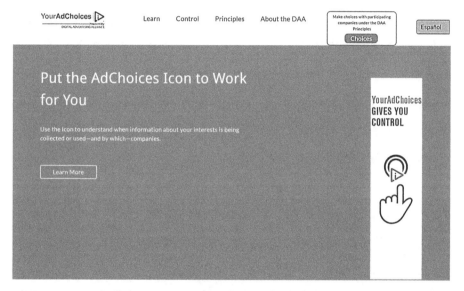

图 7-7　Your AdChoices 网站上的图标使用教育专区界面

广告选择图标的含义与应用价值通过知识教育得以在消费者群体中扩散，各广告行业协会也在《在线行为广告自律规范》中提到加强教育的重要意义。关于教育的效果，欧洲传播代理协会针对欧洲十国在线行为广告图标做了一项消费者调研，发现"教育对广告图标的选

①DAA. Digital Advertising Alliance Enhances Privacy Controls in the Mobile Marketplace with Launch of Two New Tools for Consumers[EB/OL]. (2015-3-26)[2022-10-24]. http://www. aboutads. info/news.

择与使用起到了积极的促进作用"①。美国联邦贸易委员会的委员莫林·K.奥哈森(Maureen K. Ohlhausen)大力肯定了行业协会有关消费者隐私"选择性退出"项目,认为"是这个领域内的一个成功案例"。她指出:"面对隐私挑战,为解决互联网用户持续关切的在线隐私问题,行业已经做出快速的应对。广告选择图标可以让消费者更容易发现基于兴趣的广告,这是有关消费者隐私选择的一个创新途径。"②

对网络消费者开展教育,除了能增强他们保护个人隐私的能力之外,还有更深层次的意义,这一点正如美国在线前董事长兼首席执行官提姆·阿姆斯特朗(Tim Armstrong)所言,"道德规范的关键在于提高透明度,让消费者能够轻松做出选择",通过与消费者进行数千次"一对一"的对话,在"帮助"消费者的地方,道德可以"在线"建立起来。③ 信任是商业经济运行的基石,保护网络消费者的个人信息安全,其实是在保护网络营销活动。

中国消费者协会联合政府有关部门,近年来已经开始探索多渠道的教育传播。"公安、市场监管、文旅等部门持续开展消费提示警示工作,注重行政手段与技术手段并重,采用多种媒介方式,提升维权体验,切实保障消费者的知情权、参与权和监督权。广泛利用户外宣传、提示、标语等线下方式和微信朋友圈、抖音直播间等网络平台,帮助消

①EACA. European Advertising Consumer Research Report 2014[EB/OL]. (2015-5-21)[2024-10-24]. http://media. wix. com/ugd/4a7b21 _ a93a8163e7f846c4869658061e4b8247. pdf.

②ANA. FTC Commissioner Ohlhausen Applauds Industry's Successful Self-Regulation Privacy Program[EB/OL]. (2015-8-8)[2024-10-24]. http://www. ana. net/blogs/show/id/25859.

③AAF. Principles and Practices for Advertising Ethics[EB/OL]. (2020-02-04)[2024-10-24]. http://www. aaf. org/_PDF/AAF％20Website％20Content/513_Ethics/IAE_Principles_Practices. pdf.

费者提升维权意识,拓展维权渠道。"①

一些媒体也积极参与到消费者个人信息保护的教育传播中来。央视近年的"3·15"晚会,都会揭露行业潜规则和消费者信息领域的违法侵权行为。新华网大数据中心联合京东电器、京东消费及产业发展研究院发布《2021 年中国电器新消费报告》;时代数据传媒联合中银消费金融发布《当代青年消费报告》等;中消协联合央广经济之声《天天 315》、央视财经客户端、央视频、新浪微博、快手、抖音、百度、中国消费者报等多家媒体(栏目)开展"中国消费者协会专家律师在线答疑视频直播活动";澎湃新闻、腾讯新闻、百度新闻等启动关于保障消费者权益的媒体策划,开设相关专栏;一些新闻媒体还邀请各行业协会代表、消费维权专家学者、监管部门工作人员等做客直播间,接听热线电话,受理消费者电话咨询、投诉、举报;人民网《两会时刻》访谈节目围绕"新业态新模式引领'新消费'"主题,讨论完善相关领域立法、加强行政监管和社会监督、建立消费投诉公示制度等问题。② 与中国消费者保护协会的积极努力相比,中国广告行业协会还需要做出更多的行动。

四、探索行业联盟与国际合作之路

美国广告行业协会通过与其他协会结成联盟或与其他自律组织结盟实现共同监管方式,还是值得我国参考借鉴的。比如 1997 年 5 月万维网联盟推出个人隐私选择平台,旨在借助技术支持增进用户对网络的信任与信心。该平台提供的是网站如何收集、处理与使用用户

---

①中国消费者协会.中国消费者权益保护状况年度报告(2021)[EB/OL].(2022-04-22)[2024-10-24].https://p.cca.cn/ueditor/files/2022-04-22/d0613f91-5be7-4e89-b0fc-a97835ff3005.pdf.

②中国消费者协会.中国消费者权益保护状况年度报告(2021)[EB/OL].(2022-04-22)[2024-10-24].https://p.cca.cn/ueditor/files/2022-04-22/d0613f91-5be7-4e89-b0fc-a97835ff3005.pdf.

个人信息的"快速成像"服务,使得网络浏览器与其他应用"易读"、"易于理解"自动呈现的信息,并能根据用户自己设置的隐私偏好对不匹配情况进行及时提醒,使得网络传播更加轻松、透明、可控。[①] 美国广告联合会、美国广告主协会、美国广告代理商协会与其他协会、TRUSTe 隐私监管公司以及诸多知名 IT 公司一起,在 1998 年组成美国在线隐私联盟,并于同年 6 月发布了《在线隐私指引》,规定网站要公开隐私政策,在合法收集个人信息、使用个人信息或另作他用时须事先征得主体的同意。[②]

数据民主中心和美国消费者联盟等 34 个隐私保护组织联合发布《公共利益隐私权立法原则》,呼吁加快隐私保护相关立法,并提出四个原则:①隐私保护必须有力、有意义和全面。所有个人数据都是公平、平等的,尊重个人对数据应如何处理的期望,规定数据的可移植性,以及防止滥用数据的保障措施,包括取消识别和聚合数据。②数据实践必须保护公民权利,防止数据滥用,促进机会平等。自动决策方面具有基本的公平性和透明度,必须根据其对人民的实际可能和实际影响来判断,必须公平,保护弱势群体和受反歧视保护的阶层的利益。③各级政府要发挥保护和落实隐私权的作用。立法应规定强有力的机构监督,包括增强规则、执法人员、执法工具的权威性。不要阻止州或地方通过法律建立更有力的保护,不使边缘化社区处于不利地位。④立法应为侵犯隐私提供补救措施。立法应避免要求显示金钱损失或其他有形损害,并应明确侵犯隐私本身是一种具体的、个别的

---

①P3P. What is P3P and How Does it Work? [EB/OL]. (2015-6-26)[2022-10-24]. http://p3ptoolbox.org/guide/section2.shtml♯IIa.

②OPA. Guidelines for Online Privacy Policies[EB/OL]. (2015-6-26)[2022-10-24]. http://www.privacyalliance.org/resources/ppguidelines.shtml.

损害；此外，立法还应要求及时通知相关数据被泄露的用户。①

我国也有跨行业联盟合作解决共同问题的尝试，比如中国互联网协会成立了绿色网络联盟、反垃圾短信息联盟，2009 年 3 月 10 日发布了《"中国互联网协会网络诚信推进联盟"发起倡议书》，和百度、腾讯、新浪、搜狐、网易、凤凰网六家企业倡议、共同发起成立中国互联网协会网络诚信推进联盟。② 不过，与美国相比，我国的行业联盟影响力还不够强大，跨行业合作的力度也相对较小。由于新媒体技术具有开放与兼容的特性，将会汇聚更多的行业通力合作，协会之间结成联盟、通力合作的趋势已经形成并将发挥更强的发展潜力。

此外，不断发展的新媒体技术改变了网络经济的传播环境，"开放"与"共享"已经成为大数据时代的潮流。为了顺应互联网时代无国界传播的特点，维护系统内的利益均衡，美英两国以及国际广告自律组织在监管方面加强了相互间的交流与合作，以解决本国自律规制"溢出"到他国后出现互不兼容等问题。此外，不断出现的新问题也迫使各大组织加强国际合作，以共同探寻解决方案。我们以"数据可携权"为例。2017 年，欧盟在《通用数据保护条例》背景下发布《数据可携权指南》，英国数字、文化、媒体和体育部也编制了《数据移动性》报告。为了符合新规制的要求，脸书专门发布了一份旨在为数据迁移和隐私问题提供指南的白皮书，重点探讨了由个人用户选择发起的数据传输，列出了五个基本问题：什么是"数据可携性"？ 哪些数据应具有可携性？ 谁的数据应具有可携性？ 如何在实现数据可携性的同时保障隐私？ 数据传输后，若出现滥用或保护不当问题，应由谁负责？ 数

---

①CDD. 34 Civil Rights, Consumer, and Privacy Organizations Unite to Release Principles for Privacy Legislation [EB/OL]. (2018-11-13) [2022-10-24]. https://newamericadotorg. s3. amazonaws. com/documents/Public_Interest_Privacy_Principles. pdf.

②中国互联网协会. "中国互联网协会网络诚信推进联盟"发起倡议书[EB/OL]. (2011-8-13)[2022-10-24]. http://www.isc.org.cn/hyzl/hyzl/listinfo-15613.html.

据可携性能够帮助人们控制其个人数据,并能帮助人们更加轻松地在众多在线服务提供商中进行选择。脸书希望通过白皮书的形式引导全球利益相关者展开一系列对话,最终形成一个数据可携性框架,以便改进企业的产品开发工作,倡导行业合作,并为未来的相关立法提供指导。① 脸书的这种努力,就是寻求合作的一种尝试。

中国广告协会也开始寻求国际合作,2014 年 2 月中国广告协会网络分会获得美国互动广告局的独家授权,成为全球第 42 个获得授权的协会,得以更好地参与国际标准化建设,学习国际先进技术与经验。② 2020 年 4 月,中国广告协会与广告行业的自律组织"可信责任组织"(Trustworthy Accountability Group,TAG)开始合作,双方于2021 年 3 月 2 日共同发布面向中国市场的 TAG 国际标准。③

美国电气和电子工程师协会互联网孵化器主席奥列格(Oleg)说:"互联网正在深刻地改变我们的生活方式,与此同时,人类在互联网领域也面临三大共同的问题,即网络安全、网络隐私及互联网治理。"④国家主席习近平在 2016 年互联网大会开幕式上指出:"互联网发展是无国界、无边界的,利用好、发展好、治理好互联网必须深化网络空间国际合作,携手构建网络空间命运共同体。"⑤网络消费者个人信息保护监管也需要加强国际合作,共同探寻在大数据与人工智能时代有效的监管方式。

---

①凤凰网区块链. Facebook 隐私保护白皮书(中文版)[EB/OL]. (2019-10-16)[2022-10-22]. https://tech. ifeng. com/c/7qouUxIwAXd.

②现代广告. 中国广告协会互动网络分会加入 IAB 全球网络,提升中国互动广告的全球影响力[EB/OL]. (2014-02-16)[2022-10-23]. http://www. maad. com. cn/index. php? anu=news/detail&id=4373.

③中国广告协会. CAA 与 TAG 发布新国际标准 共同防止数字广告欺诈行为[EB/OL]. (2021-03-02)[2022-10-23]. http://www. china-caa. org/cnaa/newsdetail/416.

④搜狐. 技术政策专家论坛首次在中国举办 网络安全需国际合作[EB/OL]. (2016-05-25)[2022-10-23]. http://www. sohu. com/a/77192167_161188.

⑤集思广益增强合作 让互联网更好造福人类[N]. 人民日报,2016-11-17(001).

结　语

　　2013 年 9 月,我进入上海大学攻读博士学位,加入导师查灿长教授主持的"新媒体广告规制研究"国家社科基金项目团队,开始了对新媒体时代广告行业自律监管领域的关注与思考。由于当时国内外可以直接参考的研究文献较少,我花费将近两年的时间,梳理出了美国和英国及代表性国际广告行业协会官网发布的自律规制原文,挑选出重要的一手资料进行翻译、整理与内容研究,初步形成了研究成果。美英两国的广告行业协会,在新媒体时代展现出勇于探索与主动担当的精神,值得我们学习借鉴。

　　博士毕业之后,我对这个领域的研究意犹未尽。2017 年 3 月,我进入浙江大学博士后工作站师从邵培仁、卫军英教授从事后续研究,以"消费者隐私保护的自律规制"为研究对象,缩小了研究范围,主要关注消费者个人信息的保护问题。这几年,我一边关注业界发展与监管规制的变化情况,一边从社交媒体平台用户隐私保护、行业自律规制内容、协会联盟共治、算法时代广告监管的转向等不同角度撰写研究文章与申报课题。

　　经过不断积累,我在博士后出站报告的基础上,将相关研究内容整合成一本专著,以更加完整与体系化的方式呈现自己的学术思考,这既是对以往研究的总结与梳理,也是不断丰富研究成果、完善理论观点的一种努力。本书于 2020 年完成初稿的撰写,又经过近两年的反复修改逐渐"成型",但并不"完善",因为这个研究内容太"新"了。

业界不断地探索如何利用新的技术收集更多消费者信息,政府不断地颁布新的监管规制,行业协会也在不断地更新、修订与发布新的自律规范,因此,每一次修改书稿,我都要重新查询国内外出台了什么新法规,进入一些主要的行业自律协会官网查找有没有出台新的规制。这些资料搜集与内容研究,花费了我大量的时间与精力,但我对此依然是忐忑不安的,唯恐遗漏了某些重要的规制而导致观点的表述不够准确。

2020年,本书刚刚完稿时,发生了几件与本研究相关的事情:1月1日,被认为是美国国内最严格的隐私立法——《加利福尼亚州消费者隐私法案》正式生效,这是继2018年5月25日欧盟《通用数据保护条例》生效之后又一个影响深远的法案。该法案虽然只是美国的一个州立法,却表达出美国政府准备监管在线隐私保护的态度与决心。[①] 回想2012年2月奥巴马政府曾经做出的努力,当时该政府不仅提出了一系列保护隐私的原则,还正式提出了《消费者隐私权利法案》(*Consumer Privacy Bill of Rights*),不过,这个法案当时没有获得国会通过。时隔六年,大数据、云计算和人工智能技术的发展,不断改变着营销传播的环境,消费者个人信息保护的重要性被提到了新的高度。2020年1月《纽约时报》报道了一家名为 Clearview AI 的创业公司,因其设计了一款人脸识别程序,可以从脸书、油管等社交媒体上抓取照片,由此开发了基于"数十亿张图像"的面部识别系统,只要将某人拍的照片传到程序上,就可以查看这个人的所有公开照片,包括这些照片的地址链接。[②] 该新闻一出,舆论哗然,这一新技术无疑加大了对

---

①东方财富网.美国或将出现联邦级别的隐私法案 科技巨头若侵犯隐私或将被重罚 [EB/OL].(2019-11-28)[2022-10-22].http://finance.eastmoney.com/a/201911271305431547.html.

②新浪科技.爬取30亿人脸数据,被600家执法机构使用,这家公司揭了美国数据隐私的老底[EB/OL].(2020-01-21)[2022-10-22].https://tech.sina.com.cn/roll/2020-01-21/doc-iihnzahk5557967.shtml.

网络消费者隐私保护的难度,也在挑战着美国目前的隐私规制体系。

我们再来看英国2020年的一件大事。英国在2020年1月31日正式"脱欧","脱下"了长达40年的欧共体成员国身份。英国法不承认所谓的一般隐私权,英国也没有颁布专门的隐私权法案,英国脱欧之后虽然会继续受到欧洲人权公约及欧洲人权法院判例的历史性影响以及《通用数据保护条例》的约束,但是在如何更好地保护本国网络消费者的个人隐私信息方面,英国也亟须尽快探索更为有效的规制体系。

2020年7月16日,欧盟法院判决《欧盟—美国隐私盾协议》无效,宣告美国与欧盟联手保护消费者隐私的行动告一段落。消费者个人信息保护后面有太多利益的诱惑、监管的干扰与国际争论,"隐私盾"项目继"安全港"之后再次失效,证明在消费者个人信息保护方面寻求国际合作困难重重。

政府监管有难度,那么行业自律是不是一个很好的监管方式呢?美英两国的广告行业协会都有着一百多年的自律监管历史,而且两国均有"轻规制、重自律"的传统,从本研究的内容分析中我们也可以看到两国的行业协会在保护网络消费者个人信息方面非常注重"与时俱进",不断修订、出台针对新媒体技术在营销活动应用中的数据收集与使用行为规范,成为政府他律规制的有力补充。不过,即使行业自律已经尽了最大的努力,自律监管这个制度本身依然存在一定的问题。

2018年11月,数据民主中心和美国消费者联盟等34个隐私保护组织联合发布《公共利益隐私权立法原则》,相关调查报告显示,"虽然个人经常试图删除或掩盖自己的数字足迹,但认为自己对数据缺乏控制,对社交媒体平台是不信任的,希望政府能做更多的工作来保护他们"。隐私保护组织指出,"目前美国的数据隐私制度主要是以行业自律为前提的,是失败的。不负责任的数据做法导致了广泛的危害,包括就业、医疗保健和广告方面的歧视,数据泄露、个人控制信息的丢失,现有的执行机制未能使数据处理器承担责任,对隐私侵权行为几乎没有救济",并呼吁"强有力的、全面的联邦立法来保护公众的隐私,并提供有意义的补救措施。隐私立法对确保基本公平、防止歧视、促进平等、保护言论自由以及提升公众对个人信息收集公司的信任至关重要"。①

行业自律在美英两国的监管体系中占有重要地位,尤其是广告行业,但是自律还需要与政府他律规制配合,才能发挥更好的效果。诺贝尔经济学奖得主哈耶克(Friedrich Hayek)曾在《通往奴役之路》(*The Road to Serfdom*)一书中指出:"如果国家什么事都不做,没有任何机制可以被理性地维护","一个有效的竞争机制需要聪明的设计和不断调整法律架构"。② 因此,在行业自律规制还不能发挥最优效果时,一定程度的政府干预也是必需的。这一点,正如安德鲁·布朗(Andrew Brown)所言,"广告商相信,为了使广告规制更有效率,拥有相应的规范、充足的资金、相应的体系以及没有商业因素干扰的独立审判权的自律体系必须被包含进来……广告自律也需要来自消费者、竞争对手以及第三方的监督,重要的还在于服从规制"③。

因此,只有在行业自律与政府他律协同发挥作用时,对网络消费者个人信息与数据隐私保护的监管效果才会足够显著。欧洲广告标准联盟指出:"在所有国家,有两个因素型塑着广告自律:传统与机会。每个国家的自律体系都反映了该国的文化、商业及法律传统;自律与他律互为补充,只有当法律领域留给它足够的机会与空间,自律才会

---

①CDD. 34 Civil Rights, Consumer, and Privacy Organizations Unite to Release Principles for Privacy Legislation [EB/OL]. (2018-11-13)[2022-10-28]. https://newamericadotorg. s3. amazonaws. com/documents/Public_Interest_Privacy_Principles. pdf.

②Hayek F A. The road to serfdom[M]. London:Routledge,2001:38-39.

③Brown A. Advertising regulation and co-regulation: the challenge of change[J]. IEA Economic Affairs,2006(6):32.

更有效。"①此外,广泛的社会监督也会加强规制的效果。理查德·乔治在《经济伦理学》中提出,对于广告的不道德行为,有五个主体拥有不可推卸的责任:产品生产商、广告机构、广告媒体、公众、政府部门与监管机构,②其中媒体与公众就承担着社会监督的职能,广泛存在的社会舆论是制衡行业自律的一支重要的力量。

本研究虽然主要以智能环境下网络消费者个人信息安全保护的自律规制为研究对象,也提出美国和英国的行业自律监管经验对我国有一定的参考价值,但也强调自律须在与他律协同共治下才能成为更好的监管方式。整合政府、行业、数字互动媒体平台以及社会等方面的力量,才能更好地应对不断更新的技术对于网络消费者个人信息保护带来的负面影响,避免更多新生科技企业透支用户对行业的信任。

2020—2022 年,是我国消费者个人信息保护尤为重要的 3 年,相关法律规制正在快速完善。我国在这 3 年相继出台《信息安全技术个人信息安全规范》《民法典》《数据安全法》《个人信息保护法》《网络交易监督管理办法》,这些新的法规与《消费者权益保护法》《电子商务法》《广告法》等原有规制一起,为消费者个人信息构筑起一张立体的"保护网"。比较遗憾的是,在政府规制"高歌猛进"之时,我国的广告行业协会却行进缓慢,行业协会自我监管的力度暂时跟不上法律更新的速度,这样就很难发挥他律与自律的合力,一定程度上影响了监管的效果。另外,中国消费者协会等行业组织的监管力度以及数字互动媒体平台的自律规范也都不尽完善,利用新技术保护消费者个人信息的能力也有待提升,缺少客观、公正的第三方认证与保护力量,行业协

---

①The European Advertising Standards Alliance. EASA Guide to setting up an SRO [EB/OL]. (2014-12-18). http://www. easa-alliance. org/binarydata. aspx? type = doc&sessionId=0aghlz55litk3ybarj14a245/EASA_guide_how_to_set_up_an_SRO. pdf. European edition as of May 2009:11.

②[美]理查德·T. 德·乔治. 经济伦理学[M]. 李布,译. 北京:北京大学出版社, 2002:323-326.

会之间结盟共治与跨国合作的力度也有待提高,消费者自身对个人信息保护的意识亟须通过教育被唤醒,因此,在智能媒体环境下消费者个人信息保护依然任重道远。

随着书稿的完成,本研究告一段落,由于缺少法学、伦理学和社会学的知识背景,相关内容更多是从广告学的视角去思考,因此本研究的理论价值有待深挖。

笔者的研究虽暂时结束,但我国网络消费者个人信息保护才刚刚开始。希望我国的广告行业协会能借鉴美英两国以及国际行业协会的一些成功监管经验,积极承担起更多的责任,更多地参与到保护消费者个人信息的队伍中,为整个行业赢得更多的社会信任,从而实现企业发展与消费者权益保护之间的平衡。

参考文献

[1]　Middleton K R，Lee W E. The law of public communication (8th Edition)［M］. New Jersey：Pearson，2012.

[2]　［美］J. B. 施尼温德. 自律的发明：近代道德哲学史［M］. 张志平，译. 上海：上海三联书店，2012.

[3]　［美］克利福德·G. 克里斯琴斯，马克·法克勒，佩吉·J. 克里谢尔. 媒介伦理：案例与道德推理（第九版）［M］. 孙有中，郭石磊，范雪竹，译. 北京：中国人民大学出版社，2014.

[4]　［美］理查德·斯皮内洛. 铁笼，还是乌托邦——网络空间的道德与法律（第二版）［M］. 李伦，等，译. 北京：北京大学出版社，2007.

[5]　［美］约翰·D. 泽莱兹尼. 传播法判例：自由、限制与现代媒介（第四版）［M］. 王秀丽，译. 北京：北京大学出版社，2007.

[6]　［美］乔纳森·休斯，路易斯·P. 凯恩. 美国经济史（第七版）［M］. 邸晓燕，邢露，等，译. 北京：北京大学出版社，2011.

[7]　［美］唐·R. 彭伯. 大众传媒法（第十三版）［M］. 张金玺，赵刚，译. 北京：中国人民大学出版社，2005.

[8]　［美］菲利普·帕特森，李·威尔金斯. 媒介伦理学［M］. 李青藜，译. 北京：中国人民大学出版社，2006.

[9]　［美］马特斯尔斯·W. 斯达切尔. 网络广告：互联网上的不正当竞争和商标［M］. 孙秋宁，译. 北京：中国政法大学出版社，2004.

[10] [英]维克托·迈尔·舍恩伯格,肯尼思·库克耶.大数据时代:生活、工作与思维的大变革[M].盛杨燕,周涛,译.杭州:浙江人民出版社,2012.

[11] [英]维克托·迈尔·舍恩伯格.删除:大数据取舍之道[M].袁杰,译.杭州:浙江人民出版社,2013.

[12] [美]安德雷斯·韦思岸.大数据和我们——如何更好地从后隐私经济中获益?[M].胡小锐,李凯平,译.北京:中信出版集团,2016.

[13] [英]约翰·帕克.全民监控——大数据时代的安全与隐私困境[M].关立深,译.北京:金城出版社,2014.

[14] [美]布莱恩·克雷布斯.裸奔的隐私:你的资金、个人隐私甚至生命安全正在被侵犯![M].曹烨,房小然,译.广州:广东人民出版社,2016.

[15] [法]马尔克·杜甘,克里斯托夫·拉贝.赤裸裸的人——大数据,隐私与窥视[M].杜燕,译.上海科学技术出版社,2017.

[16] [美]丹尼尔·F.史普博.管制与市场[M].余晖,何帆,钱家骏,等,译.上海:格致出版社,上海三联书店,上海人民出版社,2008.

[17] [英]安东尼·奥格斯.规制:法律形式与经济学理论[M].骆梅英,译.北京:中国人民大学出版社,2009.

[18] [美]理查德·A.斯皮内洛.世纪道德:信息技术的伦理方面[M].刘钢,译.北京:中央编译出版社,1999.

[19] [美]保罗·萨缪尔森,威廉·诺德豪斯.经济学(第18版)[M].萧琛,主译.北京:人民邮电出版社,2008.

[20] [英]戴夫·查菲,埃利斯-查德威克.网络营销:战略、实施与实践[M].马连福,等,译.北京:机械工业出版社,2015.

[21] [美]理查德·T.德·乔治.经济伦理学[M].李布,译.北京:北

京大学出版社,2002.

[22] [美]伽摩利珀.全球传播(第二版)[M].尹宏毅,译.北京:清华大学出版社,2008.

[23] [美]朱迪·斯特劳斯,雷蒙德·弗罗斯特.网络营销(第七版)[M].时启亮,陈育君,译.北京:中国人民大学出版社,2015.

[24] [美]Kenneth C.Creech.电子媒体的法律与管制[M].王大为,于晗,李玲飞,等,译.北京:人民邮电出版社,2009.

[25] [美]约书亚·梅罗维茨.消失的地域:电子媒介对社会行为的影响[M].肖志军,译.北京:清华大学出版社,2002.

[26] [法]米歇尔·福柯.规训与惩罚[M].刘北成,杨远婴,译.北京:生活·读书·新知三联书店,2012.

[27] [美]凯斯·桑斯坦.网络共和国:网络社会中的民主问题[M].黄维明,译.上海:上海人民出版社,2003.

[28] [美]杰里米·里夫金.零边际成本社会——一个物联网、合作共赢的新经济时代[M].赛迪研究院专家组,译.北京:中信出版集团,2017.

[29] [美]威廉·穆贾雅.商业区块链——开启加密经济新时代[M].林华,等,译.北京:中信出版社,2018.

[30] [意]卢西亚诺·弗洛里迪.第四次革命:人工智能如何重塑人类现实[M].王文革,译.杭州:浙江人民出版社,2016.

[31] [德]齐美尔.社会是如何可能的——齐美尔社会学文选[M].林荣远,编译.桂林:广西师范大学出版社,2002.

[32] [美]凯文·凯利.失控:全人类的最终命运和结局[M].东西文库,译.北京:新星出版社,2012.

[33] [美]弗朗西斯·福山.信任:社会美德与创造经济繁荣[M].彭志华,译.海口:海南出版社,2001.

[34] [美]布鲁斯·宾伯.信息与美国民主:技术在政治权力演化中

的作用[M].刘钢,等,译.北京:科学出版社,2010.

[35] 展江,吴薇.开放与博弈——新媒体语境下的言论界限与司法规制[M].北京:北京大学出版社,2013.

[36] 魏永征,张咏华,等.西方传媒的法制、管理和自律[M].北京:中国人民大学出版社,2003.

[37] 马志刚.中外互联网管理体制研究[M].北京:北京大学出版社,2014.

[38] 范志国.中外广告监管比较研究[M].北京:中国社会科学出版社,2008.

[39] 唐才子,梁雄健.互联网规制理论与实践[M].北京:邮电大学出版社,2008.

[40] 郝振省.中外互联网及手机出版法律制度研究[M].北京:中国书籍出版社,2008.

[41] 安青虎.国外广告法规选译[M].北京:中国工商出版社,2003.

[42] 高丽华,赵妍妍,王国胜.新媒体广告[M].北京:清华大学出版社,北京交通大学出版社,2011.

[43] 张维迎.信息、信任与法律[M].上海:上海三联书店,2006.

[44] 张久珍.网络信息传播的自律机制研究[M].北京:北京图书馆出版社,2005.

[45] Boddewyn J J. Advertising self-regulation: private government and agent of public policy[J]. Journal of Public Policy & Marketing,1985(1).

[46] Harker D. Towards effective advertising self-regulation in Australia:the seven components[J].Journal of Matketing Communications,2003(9).

[47] Tene O, Polonetsky J. To track or "do not track": advancing transparency and individual control in online behavioral

advertising[J]. Minnesota Journal of Law，Science & Technology，2012(1).

[48]　Tucher C. Social networks，personalized advertising，and perceptions of privacy control[J]. Research Program on Digital Communications，2011(summer).

[49]　Patel，Kunur. Know what your phone knows about you? [J]. Advertising Age，2011(10).

[50]　喻国明.区块链变革与主流媒介的角色与担当[J].新闻与写作,2018(9).

[51]　高奇琦,张纪腾.区块链与全球经济治理转型——基于全球正义经济秩序构建的视角[J].学术界,2019(9).

[52]　顾理平.无感伤害:大数据时代隐私侵权的新特点[J].新闻大学,2019(2).

[53]　宋远方,冯绍雯,宋立丰.互联网平台大数据收集的困境与新发展路径[J].中国流通经济,2018(5).

[54]　张文祥."限广令"、规制与行政法治——以西方国家广播电视业政府规制为比较视角[J].西北大学学报(哲学社会科学版),2013(3).

[55]　高丽华,卢晓明.植入式广告规制问题探析——基于规制经济理论的视角[J].北京工商大学学报(社会科学版),2012(7).

[56]　罗以澄,夏倩芳,刘建明.从儿童广告规约与网上隐私权保护规约的效果比较看自律原则对网络传播的适用性[J].新闻与传播研究,2002(1).

[57]　杨海军.广告舆论传播研究——基于广告传播及舆论导向的双重视角[D].上海:复旦大学,2011.

[58]　吴晓平.新媒体语境下国外个人信息失控与保护研究[D].上海:复旦大学,2014.

附录1　美英及国际组织的主要规制

一、美英及国际组织的主要监管机构

1. 美国

美国国会（U.S. Congress）

全国州议会会议（National Conference of State Legislatures,NCSL）

联邦贸易委员会（Federal Trade Commission,FTC）

联邦通信委员会（Federal Communications Commission, FCC）

食品与药物管理局（Food and Drug Administration, FDA）

美国司法部（U.S. The Justice Department）

美国联邦贸易委员会消费者保护局（Federal Trade Commission Bureau of Consumer Protection,FTCBCP）

佛罗里达州最高法院（The Supreme Court of Florida）

美国证券交易委员会（the Securities and Exchange Commission,SEC）

酒类/烟草/火器及爆炸物管理局（the Bureau of Alcohol,Tobacco,and Firearms,BATF）

2. 英国

英国议会（British Parliament）

独立广播局（Independent Broadcasting Authority,IBA）

公平交易办公室（Office of Fair Trading,OFT）

通信办公室(The Office of Commuciations,OFcom)

广告实践广播委员会(the Broadcast Committee of Advertising Practice,BCAP)

3. 欧盟

欧洲议会(European Council and European Parliament,ECEP)

欧洲联盟(European Union,EU)

二、美英及国际组织的主要自律协会

1. 美国

美国广告主协会(Association of National Advertisers, ANA; http://www.ana.net/)

商业促进局(Better Business Bureau, BBB; http://www.bbb.org/council/)

美国广告代理商协会(The American Association of Advertising Agencies,4A's;http://www.aaaa.org/)

美国直销协会(Direct Marketing Association,DMA; http://thedma.org/)

美国广告联合会(American Advertising Federation,AAF; http://www.aaf.org/)

美国互动广告局(Interactive Advertising Bureau,IAB;https://www.iab.com/)

网络广告促进会(Network Advertising Initiative,NAI;https://thenai.org/)

数字广告联盟(Digital Advertising Alliance,DAA;https://www.aboutads.info/)

广告警示协会(Commercial Alert;http://www.commercialalert. org/)

电子零售协会（Electric Retailing Association，ERA；http://www. retailing. org/）

2. 英国

广告标准局（Advertising Standards Authority，ASA；http://www. asa. org. uk/）

广告实践委员会（Committee of Advertising Practice，CAP；http://www. cap. org. uk/）

英国广告标准财务委员会（British advertising standards board of finance，Basbof；http://www. basbof. co. uk/）

广告从业者学会（Institute of Practitioners in Advertising，IPA；http://www. ipa. co. uk/）

英国广告主联合会（Incorporated Society of British Advertisers，ISBA；https://www. isba. org. uk/）

英国直销协会（Direct Marketing Association，DMA；https://dma. org. uk/）

广告协会（Advertising Association，AA；https://adassoc. org. uk/）

英国互动广告局（Interactive Advertising Bureau，IAB；http://www. iabuk. net/）

3. 国际与区域性

世界广告主联合会（World Federation of Advertisers，WFA；http://www. wfanet. org/en）

国际商会（International Chamber of Commerce，ICC；http://www. iccwbo. org/）

国际广告协会（International Advertising Association，IAA；

https://www.iaaglobal.org/)

欧洲广告标准联盟(The European Advertising Standards Alliance,EASA;http://www.easa-alliance.org/)

欧洲互动数字广告联盟(European Interactive Digital Advertising Alliance,EDAA;http://www.edaa.eu/)

欧洲数字广告联盟(European Digital Advertising Alliance,EDAA; http://status.youronlinechoices.eu)

欧洲互动广告局(IAB Europe;http://www.iabeurope.eu/)

欧洲直销与互动营销联盟(Federation of European Direct and Interactive Marketing,FEDMA;http://www.fedma.org/)

世界直销协会联盟(World Federation of Direct Selling Associations,WFDSA;http://www.wfdsa.org/)

全球数据与营销联盟(Global Data and Marketing Alliance,GDMA)https://globaldma.com/

三、美英两国及国际组织颁布的相关规制

1.美国

Federal Communications Commission：*Cable Communications Policy Act*(1984)

U.S. Congress：*Electronic Counication Policy Act of 1986*(1986)

U.S. Congress：*Computer Fraud and Abuse Act*(1986)

U.S. Congress：*Computer Security Act*(1987)

U.S. Congress：*The Computer Matching and Privacy Protection Act*(1988)

U.S. Congress：*Video Privacy Protection Act*(1988)

Federal Communications Commission：*Chidrens Television Act*(1990)

U.S. Congress：*The Nutrition Labeling and Education Act*（*1990*）

Federal Communications Commission： *CableTelevition Consumer Protection and Competition Act*（*1992*）

U.S. Congress：*Computer Abuse Amendments*（*1994*）

U.S. Congress：*Child Pornography Prevention Act*（*1996*）

Federal Communications Commission：*Telecommunications Act*（*1996*）

U.S. Congress：*Communications Act*（*1996*）

U.S. The Justice Department：*Communication Decency Act*（*1996*）

U.S. Congress：*National Information Infrastructure Protection Act*（*1996*）

Federal Communications Commission：*The Internet and Telecommunications Policy*（*1997*）

Food and Drug Administration：*The Food and Drug Administration Mordernnization Act of 1997*（*1997*）

The United States：*Communications Decency Act*（*1997*）

U.S. Congress：*Child Online Protection Act*（*1998*）

Federal Trade Commission：*Children's Online Privacy Protection Act*，*COPPA*（*1998*）

U.S. Congress：*Children's Internet Protection*，*CIPA*（*2000*）

Federal Trade Commission Bureau of Consumer Protection：*Advertising and Marketing on the Internet*：*Rules of the Road*（*2000*）

Federal Trade Commission：*Electronic Commerce*：*Selling Internationally A Guide for Businesses*（*2000*）

Federal Trade Commission：*Com Statement*：*Online Advertising Infos*（*2000*）

Federal Trade Commission：*Advertising and Marketing on the*

Internet：Rules of the Road（2000）

Federal Trade Commission：*Selling on the Internet：Prompt Delivery Rules*（2001）

Federal Trade Commission：*"Remove Me" Responses and Responsibilities：Email Marketers Must Honor "Unsubscribe" Claims*（2002）

National Conference of State Legislatures，NCSL：*Security Breach Notification Laws，SBN*（2002）

U. S. Congress：*Controlling the Assault of Non-Solicited Pornography and Marketing Act*（2003）

Federal Trade Commission：*Securing Your Server：Shut the Door on Spam*（2004）

Interactive Advertising Bureau：*Rich Media Creative Guidelines*（2008）

Federal Trade Commission：*CAN-SPAM Act：A Compliance Guide for Business*（2009）

Federal Trade Commission：*Advertising Regulation Amendments*（2009）

Federal Communications Commission：*Net Neutrality Norms*（2010）

Federal Trade Commission：*Marketing Your Mobile App Get It Right From The Start*（2013）

Federal Trade Commission：*. com Disclosures：How to Make Effective Disclosures in Digital Advertising*（2013）

The Supreme Court of Florida：*Summary of New Lawyer Advertising Rules*（2013）

Federal Trade Commission ：*The FTC's Endorsement Guides：*

What People Are Asking（2013）

FTC：*Protecting the Privacy of Customers of Broadband and Other Telecommunications Services*（2016）

United States House of Representatives：*Email Private Act*（2017）

California：*California Consumer Privacy Act*（2018）

Virginia：*Consumer Data Protection Act*（2021）

2. 英国

Independent Broadcasting Authority(IBA)：*British Code of Advertising Standards and Practice*（1973）

UK Parliament：*Data Protection Ac*（1984）

Office of Fair Trading(OFT)：*Control of Misleading Advertising*（1988）

UK Parliament：*Data Protection Ac*（1998）

UK Parliament：*Freedom of Information Act*（2000）

British parliament：*The Communications Act*（2003）

UK Parliament：*Privacy and ElectronicCommunications Regulations*（2003）

The Office ofCommuciations(OFcom)：*TV and broadcast service standards*（2005）

British parliament：*Consumer Protection from unfair Trading Regulation*（2008）

Office of Fair Trading(OFT)：*Business Protection from Misleading Marketing Regulation*（2008）

BCAP：*The UK Code of Broadcast Advertising*（2009）

British parliament：*Digital Economy Bill*（2010）

The Office ofCommuciations(OFcom)：*OFCOM code on broad-

casting（2010）

The Office ofCommuciations（OFcom）：*Regulations on Product Marketing*（2010）

The British government：*Consumer Rights Act*（2015）

UK Parliament：*New Data Protection Law*（2017）

The British government：*The Security of Network and Information Systems Regulations*（2018）

3. 欧盟

European Parliament：*The Convention for the Protection of Individuals with regard to Automatic Processing of Personal Data*（1981）

European Council and European Parliament：*Directive 95/46/EC on the protection of individuals with regard to the processing of personal data and on the free movement of such data*（*Data Protection Directive*）（1995）

European Union：*Telecoms Data Protection Directive*（97/66/EC）（1997）

European Union：*The Electronic Commerce Directive*（0/31/EC）（2000）

European Union：*E-Privacy Directive*（2002/58/EC）（2002）

European Union：*The Electronic Commerce*（*EC Directive*）*Regulations 2002*（2002）

European Council and European Parliament：*Directive 2002/58 on Privacy and Electronic Communications*（*E-Privacy Directive*）（2002）

European Union：*Privacy and Electronic Communications*（*EC Directive*）*Regulations 2003/2426*（2003）

European Union：*Audiovisual Media Services Directive*（*AVMSD*）（2010）

European Union：*The Directive on Security of Network and Information Systems*（*2016*）

European Union：*General Data Protection Regulation*（*GDPR*）（*2018*）

四、美英两国广告协会及国际组织发布的自律规制

1. 美国

BBB：*BBB Code of Online Business Practices*（*2001*）

ANA：*ANA's Legislative，Regulatory，and Legal Tracking System For the 114th Congress*（*2015－2017*）

Mobile Marketing Association：*Mobile Advertising Guidelines*（*North America*）（*2007*）

NAI：*Self-Regulatory Code of Conduct*（*2008*）

IAB：*IAB Digital Video Ad Control Bar Style Guide and Tech Specs*

World Federation of Advertisers：*The Global Online Behavioral Advertising Self-discipline Norm*（*2009*）

DAA：*Self-Regulatory Principles for Online Behavioral Advertising*（*2009*）

AAF：*Principles and Practices for Advertising Ethics*（*2011*）

IAB：*IAB Rich Media Display Guidelines*（*2011*）

DAA：*Multi-Self-Regulatory Principles for Muti-Site Data*（*2011*）

IAB：*Best Practices for Conducting Online Ad Effectiveness Research*（*2011*）

NAI：*NAI Mobile Application Code*（*2013*）

DAA：*Application of self-Regulatory Principles to the Mobile environment*（*2013*）

DMA：*Direct Marketing Association Guidelines for Ethical Business Practice*（2014）

DAA：*Application of the Self-Regulatory Principles of Transparency and Control to Data Used Across Devices*（2015）

NAI：*Guidance for the use of non-Cookies technologies*（2015）

4A's：*4A's Transparency Guiding Principles of Conduct*（2016）

NAI：*Guidance for NAI Members：Use of Non-Cookies Technologies for Interest-Based Advertising*（2017）

NAI：*Code of Conduct*（2018）

DAA：*Self-Regulatory Principles for Political Advertising May*（2018）

4A's：*The 4A's Member Code of Conduct*（2018）

NAI：*Guidance for NAI Members：Opt-In Consent*（2019）

NAI：*NAI Code of Conduct*（2020）

2.英国

ASA：*Communication White Paper*（2000）

CAP：*British Code of Advertising，Sales Promotion and Direct Marketing*（2003）

CAP：*CAP Code*（Edition 12）*Appendix 3：Online Behavioral Advertising*

IAB：*Digital Video Ad Serving Template*（VAST）（Version 2.0）（2009）

IAB：*The AMC's Software Application Code of Conduct*（2010）

CAP：*The UK Code of Non-broadcast Advertising Sales Promotion and Direct Marketing*（2010）

IAB：*How to guide Email and Cookies legislation*（2012）

ASA：*Advertising Standard Authority Advertising Codes of Prac-*

tice（2013）

ASA：*Children and advertising on social media websites*（2013）

Advertising Standards Authority：*Advertising Codes of Practice*（2013）

Asbof：*The Advertising Standards Board of Finance*（2014）

DMAUK：*Code of Ethics*（2014）

DMA UK：*The DMA Code*（2014）

IAB：*Performance Marketing Council Best Practice Guides*（*Affiliate Audits*）（2015）

IAB：*Performance Marketing Council Code of Conduct – Downloadable Software*（"*the Code*"）（2015）

ISBA：*Influencer Marketing Code of Conduct*（2021）

3.国际组织

（1）国际商会

ICC Paper on Code Drafting：maintaining the effectiveness of self-regulation in marketing communications（2010）

ICC Advertising and Marketing Communication Practice Consolidated ICC Code（2019）

ICC Policy Statement：Safeguarding Against the Misplacement of Digital Advertising（2014）

ICC Resource Guide for Self-Regulation of Online Behavioral Advertising

ICC's Advertising and Marketing Communications Code（2018）

（2）欧洲广告标准联盟

EASA Guide to setting up an SRO Practical advice on setting up and developing an advertising self-regulation system（2009）

International Guide to developing a self-regulatory organization

（2009）

EASA Best Practice Recommendation on Online Behavioral Advertising（2011）

EASA Digital Marketing Communications Best Practice Recommendation（2015）

（3）欧洲直销与互动营销联盟

FEDMAcode one-commerce & interactive marketing（2000）

The EASA Best Practice Self-Regulatory Model（2004）

European code of practice for the use of personal data in direct marketing electronic communications annex（2010）

Guidance document for the implementation of the FEDMA Electronic Communication Annex（2011）

European code of practice for the use of personal data in direct marketing（2016）

（4）欧洲互动广告局

IAB Europe EU Framework for Online Behavioral Advertising（2011）

Technical Specifications for implementing the IAB Europe OBA Framework andEASA BPR in Europe（2012）

Self-certification criteria for signatories of the IAB Europe OBA Framework（2012）

Request for Proposals for providing Certification of Compliance with the European Self-Regulatory Programmer on OBA（2012）

E-Privacy transposition chart（2014）

Transparency and Consent Framework（2019）

（5）欧洲数字广告联盟

European Industry Self-Regulatory Framework on Data-Driven

Advertising（2011）

Application of the European Industry Self-Regulatory Frame-work on Data Driven Advertising in the Mobile Environment（2012）

Ad Marker Implementation Guidelines For Mobile（2015）

（6）全球数据和营销联盟

Global Privacy Principles（2021）

附录 2 中国消费者个人信息安全保护相关规制

一、政府颁布的他律规制

2000 年 9 月 20 日,国务院《互联网信息服务管理办法》

2012 年 12 月 28 日,全国人大常务委员会《关于加强网络信息保护的决定》

2013 年 2 月 1 日,实施《信息安全技术、公共及商用服务信息系统个人信息保护指南》

2014 年 3 月 15 日,修订《中华人民共和国消费者权益保护法》

2015 年 9 月 1 日,施行《中华人民共和国广告法》

2016 年 11 月 16 日,国家工商总局公布《消费者权益保护法实施条例(征求意见稿)》

2017 年 6 月 1 日,施行《中华人民共和国网络安全法》

2017 年 12 月 29 日,全国信息安全标准化技术委员会发布《信息安全技术个人信息安全规范》

2018 年 5 月 1 日,施行《信息安全技术个人信息安全规范》

2018 年 8 月 31 日,全国人大常委会通过《中华人民共和国电子商务法》

2019 年 4 月 10 日,公安部网络安全保卫局、北京网络行业协会、公安部第三研究所联合发布《互联网个人信息安全保护指南》

2019 年 5 月 28 日,国家互联网信息办公室发布《数据安全管理办法(征求意见稿)》

2019 年 10 月 1 日,施行《儿童个人信息网络保护规定》

2019 年 12 月 20 日,国家互联网信息办公室发布《网络信息内容生态治理规定》

2020 年 2 月 13 日,实施《个人金融信息保护技术规范》

2020 年 3 月 6 日,中国电子技术标准化研究院《信息安全技术个人信息安全规范》

2020 年 5 月 28 日,全国人民代表大会通过《中华人民共和国民法典》

2020 年 11 月 23 日,国家广播电视总局发布《关于加强网络秀场直播和电商直播管理的通知》

2021 年 3 月 12 日,国家互联网信息办公室秘书局、工业和信息化部办公厅、公安部办公厅、国家市场监督管理总局办公厅联合印发《常见类型移动互联网应用程序必要个人信息范围规定》

2021 年 3 月 15 日,市场监督总局《网络交易监督管理办法》

2021 年 6 月 10 日,全国人大常委会《数据安全法》

2021 年 8 月 20 日,全国人大常委会《中华人民共和国个人信息保护法》

2021 年 12 月 31 日,国家互联网信息办公室、中华人民共和国工业和信息化部、中华人民共和国公安部、国家市场监督管理总局《互联网信息服务算法推荐管理规定》

2022 年 1 月 1 日,中国人民银行施行《征信业务管理办法》

二、行业发布的自律规制

2002 年 3 月 26 日,中国互联网协会《中国互联网行业自律公约》

2003 年 2 月 25 日,中国互联网协会《国互联网协会反垃圾邮件规范》

2004 年 9 月 1 日,中国互联网协会《中国互联网协会互联网公共电子邮件服务规范(试行)》

2004 年 12 月 22 日,中国互联网协会《搜索引擎服务商抵制违法和不良信息自律规范》

2006 年 12 月 2 日,中国互联网协会《抵制恶意软件自律公约》

2007 年 6 月 13 日,中国广告协会互动网络委员《中国互动网络广告行业自律守则》

2007 年 8 月 21 日,中国互联网协会《博客服务自律公约》

2008 年 7 月 17 日,中国互联网协会《短信息服务规范(试行)》

2008 年 7 月 17 日,中国互联网协会《反垃圾短信息自律公约》

2008 年 12 月 28 日,中国广告协会互动网络分会《中国互联网广告推荐使用标准(试行)》

2010 年 12 月 28 日,中国电子商务协会《电子商务网络广告标准》

2010 年 12 月 28 日,中国电子商务协会《中小企业网络营销标准》

2010 年 12 月 28 日,中国电子商务协会《企业商用邮箱标准》

2010 年 12 月 28 日,中国电子商务协会《中小企业网络营销网站标准》

2011 年 8 月 1 日,中国互联网协会《互联网终端软件服务行业自律公约》

2012 年 11 月 1 日,中国互联网协会《互联网搜索引擎服务自律公约》

2013 年 3 月 3 日,中国广告协会互动网络分会《互联网 IP 地理信息标准准库》

2013 年 4 月 8 日,中国互联网协会《网络营销与互联网用户数据保护自律宣言》

2014 年 3 月 15 日,中国广告协会互动网络委员《中国互联网定向广告用户信息保护框架标准》

2015 年 2 月 15 日,中国广告协会互动网络分会《中国互联网 IP

地理信息数据库清洗标准》

2015 年 3 月 11 日,中国广告协会互动网络分会《中国移动互联网广告标准》

2015 年 3 月 11 日,中国广告协会互动网络分会《移动互联网广告标准》

2015 年 6 月 22 日,中国互联网协会《漏洞信息披露和处置自律公约》

2015 年 11 月 24 日,中国互联网协会《互联网企业社会责任宣言》

2016 年 4 月 19 日,中国广告协会《广告行业抵制庸俗低俗、奢靡之风广告自律公约》

2016 年 6 月 16 日,中国广告协会《坚持正确宣传导向 抵制不良广告行为 倡议书》

2016 年 6 月 21 日,中国互联网协会《中国互联网分享经济服务自律公约》

2019 年 7 月 11 日,中国互联网协会《用户个人信息收集使用自律公约》

2020 年 6 月 24 日,中国广告协会《网络直播营销行为规范》

2022 年 1 月 25 日,中国互联网协会《移动互联网环境下促进个人数据有序流动、合规共享自律公约》